KÖNIGS ERLÄUTERUNGEN SPEZIAL

REISEN – UNTERWEGS SEIN

Ein Abriss der deutschen Lyrik vom Mittelalter über Barock, Klassik und Romantik bis zur Gegenwart

von Rüdiger Bernhardt

Alle erforderlichen Infos für Abitur, Matura, Klausur und Referat

Bange Verlag

Über den Autor dieser Erläuterung:
Prof. Dr. sc. phil. Rüdiger Bernhardt lehrte neuere und neueste deutsche sowie skandinavische Literatur an Universitäten des In- und Auslandes. Er veröffentlichte u. a. Studien zur Literaturgeschichte und zur Antikerezeption, Monografien zu Henrik Ibsen, Gerhart Hauptmann, August Strindberg, Peter Hille und Julius Mosen, gab die Werke Ibsens, Peter Hilles, Hermann Conradis und anderer sowie zahlreiche Schulbücher heraus. Von 1994 bis 2008 war er Vorsitzender der Gerhart-Hauptmann-Stiftung Kloster auf Hiddensee. 1999 wurde er in die Leibniz-Sozietät gewählt, 2018 erhielt er den Vogtländischen Literaturpreis.

Titel mit den Siglen (C = Cornelsen), (K = Klett) und (R = Reclam) verweisen auf aktuelle Anthologien zum Thema im Literaturverzeichnis. Die Zeichen / und // in den Texten weisen auf Vers- und Strophenende hin.

Hinweis:
Die Rechtschreibung wurde der amtlichen Neuregelung angepasst.

1. Auflage 2019
ISBN 978-3-8044-3090-7
PDF: 978-3-8044-5090-5; EPUB: 978-3-8044-4090-6

Druck und Weiterverarbeitung: Tiskárna Akcent, Vimperk

VORWORT

Zwei Gedichte: Mehr als 200 Jahre liegen zwischen ihnen, und sie sind doch ähnlich. Das erste stammt von 1806, das zweite von 2009:

Mein Koffer rollt, der Morgen kühlet, / Ach, die Straßen sind so still,
Und was da mein Herze fühlet, / Nimmermehr ich sagen will.[1]

Abschied von Bremen

Koffer sind Koffer / sind Abschied
sind Leder / sind Fass-mal-an
sind Pack-mich voll / und wieder aus
sind Wir-ziehen-von-hier-nach-dort / und von dort
ach ja / nach weiter

Koffer von Ilma Rakusa

Gedicht: *Koffer* (K)

Die Gedichte des Reisens und Wanderns, des Unterwegsseins, weisen auf den Koffer hin. Der Koffer ist ein Requisit des Reisens und nach wie vor in der Dichtung präsent: **Rose Ausländer** (1901–1988), eine Dichterin des Unterwegsseins und der Vertreibung, dichtete 1985 in *Heimatlos* „Mit meinem Seidenkoffer / reise ich in die Welt / Ein Land nüchtern / eines toll / Die Wahl fällt mir schwer // ich bleibe heimatlos". Das gleiche Requisit verwendete die welterfahrene Iranerin **Nasrin Siege** (geb. 1950), eine in Afrika lebende Kinderbuchautorin, die mit neun Jahren nach Deutschland kam, 1993 im gleichnamigen Gedicht *Heimatlos*: „Der Heimatlose ist ein Reisender, / der in fremden Hotels aus dem Koffer lebt, / an neuen Stränden nach Muscheln sucht, / und in den Gesichtern das Vertraute, / das Lächeln und etwas Liebe."[2]

Koffer als Requisit des Reisens

Gedichte: *Heimatlos* (K) von N. Siege, *Heimatlos* (K) von R. Ausländer

---

1 Arnim/Brentano, S. 199.
2 Nasrin Siege: *Heimatlos*, in: Hans Eichel (Hrsg.): Mir fremd, doch nah. Vom Miteinander in Hessen. Frankfurt a. M.: Insel Verlag, 1993, S. 24.

Formaler Vergleich

Koffer machen Menschen zu Reisenden. Formal ist die Kürze der beiden eingangs zitierten Gedichte vergleichbar. Der Rhythmus ist schlicht, einmal jambisch und trochäisch wechselnd, einmal freirhythmisch. Damit hören die Ähnlichkeiten jedoch auf. Nimmt es das erste Gedicht genau mit Ort und Person, will das zweite möglichst ungenau sein: Die Auflösung oder Vertreibung des Ichs aus der Dichtung, damit seine Anonymisierung und Auslöschung, hat Fortschritte gemacht. Seine Interessen sind im 21. Jahrhundert eingeschränkt, überschaubarer; sein Gefühl ist abgestorben. Das Reisen hat den Charakter des Menschen verändert: Im ersten Gedicht ist der Koffer das Zeichen dafür, dass ein Individuum reisen will und unterwegs ist. Im zweiten Gedicht ist der Koffer am wichtigsten, das Individuum und das Unterwegssein spielen kaum eine Rolle mehr, sind zum Dauerzustand geworden. Was den Vertriebenen aus diesem Land im 20. Jahrhundert noch schmerzliche Erfahrung war (und Menschen mit Migrationswurzeln allzuoft noch ist), scheint den Dichtern heute beliebig geworden. Stellt man beide Gedichte nebeneinander und ordnet sie einem gemeinsamen Thema *Reisen und Unterwegssein* unter, werden die Unterschiede deutlich. Die Entwicklung der letzten Jahrhunderte hat beim Vorgang des Reisens entscheidende Spuren hinterlassen.

Schmerzliche Erfahrung versus Beliebigkeit

Reisen, Wandern und Unterwegssein werden vom Beginn der Geschichtsschreibung an als wesentliche Merkmale des menschlichen Zusammenlebens begriffen; diese Vorgänge begleiteten die Geschichte der Menschheit. Sie waren wesentlich für die Entwicklung des Menschen, verloren aber in der Gegenwart zum Teil an existenzieller Bedeutung und wandelten sich im Zeitalter der Reise- und Tourismusindustrie (z.B. Kreuzfahrtschiffe) zu einer teils inhaltsleeren Beschäftigung bzw. zu Formen von Massenkonsum („all inklusive"). Haben die alten Inhalte einer Reise- und Wanderlyrik also allenfalls noch museale Bedeutung? Sicher ist, dass der militant-existenzbedrohende Teil des „Reisens“, man denke etwa an die Flüchtlingsströme aus Gebieten, die von Krieg oder den Folgen des Klimawandels betroffen sind, geblieben ist und gerade heute als Thematik wieder zugenommen hat.

Dichtung und Reisen können auch eine andere Beziehung eingehen: 1990 beschloss der Lyriker **Thomas Rosenlöcher**, „einmal für ein paar Tage in den Harz wandern zu gehen, um wenigstens andeutungsweise wieder Gedichte schreiben zu können“ (*Die Wiederentdeckung des Gehens beim Wandern*, S. 9). Der Harz ist, glaubt man den Dichtern, eine inspirierende Landschaft, die sich durch Reisen und Wandern zu erobern lohnt. Bei Goethe war das zu betrachten, bei Heinrich Heine und nun bei Thomas Rosenlöcher, stellvertretend für viele Dichter werden sie genannt. Was hat es mit einer bestimmten Landschaft, mit Landschaften überhaupt, Orten und Reisezielen in der Dichtung auf sich? Sie werden zu Spiegeln der Individualität, und die Gedichte werden die Fassungen für diese Spiegel.

In einer begrenzten und strengen Auswahl werden im folgenden Abriss bekannte und weniger bekannte Gedichte, die das Reisen in der jeweiligen Zeit thematisieren, vorgestellt und interpretiert, ihrer Bedeutung für die Literaturgeschichte folgend. Mehrere Gedichte wurden bisher in keinen Kanon aufgenommen, ohne dass es dafür inhaltliche oder formale Gründe gäbe. So entstand ein einseitiges Bild vom Reisen, Wandern und Unterwegssein in der Lyrik. – Es wird bei allen Beispielen, die in einer strengen Auswahl, geprägt von der historischen und literarischen Bedeutung, mitgeteilt werden, grundsätzlich zu fragen sein: Was bedeutet das Reisen in der jeweiligen Zeit, was ist der Grund für eine Reise und was ihr Ziel?

1. GESCHICHTE, THEORIE, MODELLE UND VORBILDGESTALTEN

Synonyme Begriffe

Wichtige Begriffe zu diesem Thema werden oft synonym gebraucht, vor allem „reisen“ und „wandern“. **Eduard Mörikes** (1804–1875) Gedicht *Fußreise* (1828) beginnt „Am frischgeschnittnen Wanderstab, / Wenn ich in der Frühe / So durch die Wälder ziehe, / Hügel auf und Hügel ab (...)“[3]. Zu „reisen“ (Fußreise) und „wandern“ (Wanderstab) gesellt sich „ziehen“. **Friedrich von Logau** (1605–1655) schrieb mehrere *Sinngedichte* über Reisen und Wandern. Nr. 45 (Titel: Ziehen, das ist Reisen) lautete, ebenfalls mit dem „ziehen“ arbeitend:

Rochus soll von hinnen ziehn; ist er denn wohl wert,
Dass er tun soll solchen Dienst, den sonst tut ein Pferd?[4]

Soziale Unterschiede

Aus der frühen Menschheitsgeschichte sind Reisen als Wanderungen ganzer Völker, aber auch in Form von Flüchtlingsströmen und Vertreibungen, überliefert. Handelswege wurden erschlossen und wichtig für die Existenz von Völkern. Das wurde Gegenstand von Berichterstattung und Literatur, angefangen bei den Ägyptern über die Antike bis in die Neuzeit. Aber auch Wissenschaft und Abenteuerlust, manchmal miteinander vereint, waren Anlass großer Reisen, von Odysseus' Fahrt durch das Mittelmeer bis z. B. zur Südpolexpedition Robert Falcon Scotts (1868–1912) oder den Expeditionen zum Mond. Wissenschaftliche Literatur, Reisebeschreibungen, Tagebücher entstanden. Die Begriffe *reisen* und *wandern* unterschieden sich in der Art der Fortbewegung: Die Menschen *wander-*

---

3 Mörike, Bd. 1, S. 22.

4 Friedrich von Logau: *Sämtliche Sinnsprüche*. Hrsg. von Gustav Eitner für den Literarischen Verein in Stuttgart, Tübingen, 1872, S. 400 (Desz andren Tausend zehendes Hundert).

ten zu Fuß, sie *reisten* mit Pferd und Kutsche. Darin lag oft ein sozialer Unterschied: „Postreisende gehörten meist den höheren Schichten an. Die armen Teufel gingen zu Fuß, mit ihnen Scharen wandernder Gesellen und einzelne Bürgersöhne (…)“.[5] Diese spätere Erkenntnis war den Zeitgenossen bewusst: Als das Reisen in der Zeit der Romantik besonders beliebt wurde und die Menschen sowohl einzeln als auch in Gruppen wanderten und reisten, schrieb einer ihrer damals einflussreichen Dokumentaristen: „Das Fußreisen gleicht der Gründlichkeit, das Fahren der Oberflächlichkeit.“[6]

Völkerwanderungen und Eroberungen

Die Geschichtsschreibung europäischer Länder beginnt oft mit gigantischen Wanderbewegungen, die aus kriegerischen Ereignissen entstanden, allen voran die Völkerwanderung, die mit dem Einfall der Hunnen 375/76 und dem Einfall der Langobarden in Italien 568 verbunden war. Eine andere große Wanderungsbewegung war der Zug der Mauren 711, die zur Eroberung des Westgotenreiches führten und bis ins 10. Jahrhundert auch Südfrankreich beschäftigten. Erst im 17. Jahrhundert war diese Eroberung endgültig beendet, und die Mauren zogen sich wieder nach Nordafrika zurück bzw. wanderten als *Fahrendes Volk* durch Europa. Eine europäische Wanderung, die sich zwischen 1095 und dem 13. Jahrhundert wiederholte, waren die Kreuzzüge. Zu diesen Reisebewegungen gehören in der Frühzeit, an der Grenze zwischen Mythos und Geschichte, vor etwa 3000 Jahren der mythische Auszug der Juden aus Ägypten und ihre 40 Jahre dauernde Wanderung durch die Wüste als Gründungsmythos ihres Staates, eine Reise der Völker Israels, die von Gott befohlen und geleitet sein sollte (4. Mose 12):

---

5 Preisendörfer, S. 69.
6 Weber, Bd. 4, S. 845.

> „Und die Kinder Israels brachen auf und zogen aus der Wüste Sinai, und die Wolke blieb in der Wüste Pharan. // Es brachen aber auf die ersten nach dem Wort des Herrn durch Mose."

Menschheitsgeschichte als Wanderungsbewegung

Die Geschichte der Menschheit ist auch als eine Reise-, Flucht- und Wanderungsbewegung über alle Kontinente zu betrachten, die im 20. und 21. Jahrhundert erneut einen Höhepunkt erreicht hat, auch in diesem Falle ausgelöst durch kriegerische Ereignisse und Vertreibungen. Fluchtbewegungen vollzogen sich im großen Stil: Im 19. Jahrhundert zogen Menschen von Ost nach West, von Kriegen vertrieben wie in der Völkerschlacht 1813 oder nach dem Aufstand 1830 in Polen, der Industrialisierung folgend, aber auch als Bettlerzüge. Andererseits wanderten zahlreiche Deutsche im 18. und 19. Jahrhundert in die USA aus. Im 20. Jahrhundert flohen Menschen zu Millionen, darunter viele Künstler und Literaten, vor dem deutschen Faschismus in andere Länder, und im frühen 21. Jahrhundert waren und sind riesige Flüchtlingsströme v. a. aus arabischen Staaten und Afrika weltweit unterwegs.

Das Wort „reisen"

Ahdt. reisa

Das Wort „reisen" hat sich im Laufe der sprachlichen Entwicklung kaum verändert. Im Althochdeutschen als reisa (Reise) bedeutete es Aufbruch, Zug, Heerfahrt und behielt immer eine ähnliche Bedeutung bei. Reisige waren in der Regel berittene Kriegsteilnehmer. Das zugehörige Verb – im Mittelhochdeutschen *risen* – bedeutete „erheben, steigen". Oft, besonders in der Bibel (*Apostelgeschichte*), wird „reisen" auch synonym gebraucht zu „wandern, ziehen". Beide Wörter sind in der deutschen Sprache bereits seit dem Althochdeutschen bekannt und werden seither in ihrer weitgehend gleichbleibenden Bedeutung gebraucht. Sie zielten auf die damalige Fortbewegung, die sich über große Strecken zu Fuß voll-

Fortbewegung zu Fuß

zog. So wanderten im 18./19. Jahrhundert sowohl Privilegierte wie Goethe nach Italien, aber auch sehr viel weniger Bemittelte wie Karl Philipp Moritz und Johann Gottfried Seume: Das Ziel war die Suche nach der antiken vorbildhaften Kunst und die Bestimmung des eigenen künstlerischen und sozialen Standortes. Salopp und freizügig beschreibt Bruno Preisendörfer, unter Verwendung literarischer Zitate von Goethe und Winckelmann, dieses Ziel:

> „Mancher fand das eine oder andere in Italien, dem Sehnsuchtsland, in dem die Zitronen blühten, gefällige Mädchen nicht viel kosteten und in edler Einfalt und stiller Größe überall antike Ruinen für die moderne humanistische Bildung herumstanden. Italien – das war Arkadien für Körper, Seele und Geist.“ [7]

Kennst du das Land, wo die Zitronen blühn

Sinnbild des Reisedranges nach Italien, vorwiegend von Künstlern und Dichtern, wurde **Goethes** Gedicht *Kennst du das Land, wo die Zitronen blühn* (entstanden bereits 1783), gesungen von Mignon, aus *Wilhelm Meisters Lehrjahre* (1795/96). Goethe gibt im 3. Buch, 1. Kapitel dem Lied eine Interpretation mit:

> „Sie fing jeden Vers feierlich und prächtig an, als ob sie auf etwas Sonderbares aufmerksam machen, als ob sie etwas Wichtiges vortragen wollte. Bei der dritten Zeile ward der Gesang dumpfer und düsterer; das ‚Kennst du es wohl?‘ drückte sie geheimnisvoll und bedächtig aus; in dem ‚Dahin! Dahin!‘ lag eine unwiderstehliche Sehnsucht, und ihr ‚Lass uns ziehn!‘ wusste sie bei jeder Wiederholung dergestalt zu modifizieren, dass es bald bittend und dringend, bald treibend und vielversprechend war.“ [8]

---

7 Preisendörfer, S. 81.
8 Goethe, Bd. 10, S. 150. Das Gedicht findet sich bereits in *Wilhelm Meisters theatralischer Sendung*, die aber erst 1911 veröffentlicht wurde.

In *Wilhelm Meisters Wanderjahre* wird das Lied während einer Reise auf Mignons Spuren von einem singenden Maler erneut kurz zitiert (s. S. 67 dieser Erläuterung); es ist bis heute ein Symbol des Reisens im Allgemeinen und nach Italien im Besonderen.

Neue Fortbewegungsmittel

Die Entwicklung des Reisens und Wanderns wurde im weiteren Verlauf zwar von der schnellen technischen Entwicklung beeinflusst (von Schiff und Eisenbahn im 19. Jahrhundert über Auto, Flugzeug bis hin zum Raumschiff im 20.), aber alle früheren Möglichkeiten der Fortbewegung standen/stehen weiter zur Verfügung. Auch das Wandern zu Fuß (die Kreuzwege, der Jakobsweg[9] mit seinen zahlreichen Varianten, 2018: 327.378 Pilger[10]) nahm seit den 1980er Jahren wieder zu. Mit der industriellen Revolution veränderte sich das Reisen grundsätzlich; Entfernungen wurden leichter überwindbar, und es begann eine Entwertung der natürlichen Landschaft, an deren Stelle zunehmend exotisch entfernte bzw. touristisch strukturierte Ziele kamen bis hin zum „Instagram-Tourismus“ unserer Tage.

Reisen oder wandern?

Dass *reisen* und *wandern* nebeneinander gebraucht werden, aber unterschiedlichen Inhalt vermitteln, wird an Titeln deutlich: Als Johann Wolfgang von Goethe 1786 nach Italien aufbrach, wanderte er nicht, sondern fuhr mit einer Kutsche; er „reiste“. Das Dokument der Erlebnisse nannte er *Italienische Reise* (1816/17). Johann Gottfried Seume zog es 1801/02 durch Italien nach Syrakus; er wanderte die gesamte Strecke, mit wenigen Ausnahmen, und nannte seine Reise *Spaziergang nach Syrakus im Jahre 1802* (1803). Drei Bedeutungen von *wandern*

Bedeutungsvielfalt

→ als umherziehen des Menschen ohne festen Wohnort,
→ als Aufgabe der Handwerker, um Meister zu werden,

---

9 Vgl. Paulo Coelho: *Auf dem Jakobsweg*, in: Kampa, Wanderlust, S. 92 ff.
10 Vgl. https://www.pilgern.ch/jakobsweg/statistik/ [Stand: 3.7.2019].

→ sowie als das freiwillige Durchstreifen der Natur sind bis heute verbreitet.[11]

Gedankenreisen

Nach 1815 bekam das *Wandern* als Reaktion auf den Wiener Kongress durch die Burschenschaften eine zusätzliche Bedeutung: Es beschrieb den nationalen Aufbruch der Jugend. Friedrich Ludwig Jahn zählte auf, wie „wortreich (…) unsere Sprache (…) die mancherlei Arten des Gehens sowohl nach ihrer äußerlichen Bewegung, als auch nach ihren inneren Antrieb"[12] bezeichne: gehen, wandern, wandeln, wallen, wallfahrten, pilgern (welgern), schlendern (lendern), stapeln, wanken. Autoren wie Seume fügten hinzu Begriff wie *tornistern*.

Wandern und reisen können jedoch auch kontemplativ als ein Schweifen im Alleingang verstanden werden: Die Gedanken wandern/reisen zu anderen Orten, Personen und Vorgängen; eine Bedeutungsvariante dazu stellt die Wanderung der Blicke dar. Statt Bewegung herrscht Betrachtung vor. Zur Verfügung stehen dabei unbeschränkte Räume, auch die der Fantasie. Nicht zufällig ist das Sinnbild der Poesie Pegasus, das geflügelte Pferd.

Das Leben als Lebensreise

Kreuzweg als Beispiel

Mit der Geschichte der Menschheit verbindet sich die Vorstellung, das Leben des Einzelnen als eine Lebensreise zu verstehen. Beispiele bieten die Mythologien der Ägypter und der antiken Griechen, ausgeprägt sind Abläufe im Christentum. Bereits der Weg Jesu Christi zur Kreuzigung, als Kreuzweg bezeichnet – mit 7, 14 oder ausnahmsweise 15 Stationen versehen – ist eine Wanderung zu Tod und Erlösung. Die Erlösung als Sinn einer „Lebensfahrt"

---

11 Vgl. Hans-Joachim Althaus: *Bürgerliche Wanderlust*, in: Albrecht/Kertscher, S. 30.
12 Friedrich Ludwig Jahn: *Neue Runen-Blätter*. Naumburg: Wild'sche Buchhandlung, 1828, S. 4.

wird in einem Barockgedicht des deutschen Mystikers **Gerhard Tersteegen** (1697–1769) deutlich, der von Angelus Silesius beeinflusst wurde:

Ein Tag, der sagt's dem andern,
mein Leben sei ein Wandern
zur großen Ewigkeit.
O Ewigkeit, so schöne,
mein Herz an dich gewöhne
mein Heim ist nicht von dieser Zeit.[13]

Das Leben als Durchgangsstufe

Der Mensch führt sein Leben als Wanderung oder Reise im höheren Auftrag, der in der Ewigkeit endet. Erst dort werden Heimat und Heim sein, nicht auf dieser Erde. Deshalb wird das Leben zu einem ständigen Unterwegssein. Seine Erfüllung findet das Leben nach seinem irdischen Ablauf in der Ewigkeit, das Leben selbst ist eine Durchgangsstufe. Dieses Verständnis für Reisen herrschte bis in die Zeit der Aufklärung.

Leben als Pilgerweg

Die Berufung auf Verstand und Moral machte das Leben zum vorgezeichneten Weg, der abgewandert werden muss. Das verdichtete sich bis zum Sprichwort wie in dem Gedicht des einst beliebten **Ludwig Christoph Heinrich Hölty** (1748–1776), der zum Göttinger Hain gehörte. Die erste Strophe seines Gedichtes *Der alte Landmann an seinen Sohn* (auch mit dem Titel: *Die weise Fröhlichkeit*) erklärt das menschliche Leben als einen von Gott vorherbestimmten Weg, der gepilgert werden muss; das Pilgern ist eine besonders zielstrebige Form des Reisens, der Pilger etymologisch ein Wallfahrer (lat. peregrinus). Zeitgenossen verwendeten die Begriffe synonym: „Reisen sind das wahre Bild unserer

---

13 Abgedruckt in *Kinderharfe* 1909, Nr. 171, einem evangelischen Gesangbuch für Kindergottesdienste. Gerhard Tersteegen blieb durch sein Gedicht *Ich bete an die Macht der Liebe*, das zum Großen Zapfenstreich gehört, bis heute bekannt.

Pilgrimschaft hinieden."[14] Reisen spielten im kurzen Leben Höltys keine Rolle, doch der Gedanke des Lebens als einer Reise im göttlichen Auftrag war ihm gegenwärtig. Eine seiner Strophen wurde zu einem bürgerlichen Leitspruch und zierte im 19./20. Jahrhundert Wandteller:

Üb' immer Treu und Redlichkeit, / Bis an dein kühles Grab;
Und weiche keinen Fingerbreit / Von Gottes Wegen ab.
Dann wirst du, wie auf grüner Aun, / Durchs Pilgerleben gehen;
Dann kannst du, sonder Furcht und Graun, / Dem Tod ins Auge sehn.[15]

Wirkungsvoll für die Ansicht vom Leben als Reise war *Die Offenbarung des Johannes.* So wie die Stämme Israels das irdische Jammertal durchwandern, um von Gott geleitet anzukommen, so wird auch das menschliche Leben als eine Wanderung durch Zeit und Raum und die Apokalypse verstanden, ehe der Mensch in das himmlische Jerusalem eintritt, das zum eigentlichen Ziel der Wanderung wird. Dieses Thema bestimmt einen großen Teil geistlicher Dichtung.

Bildungs- und Erlösungsreisen

Walther von der Vogelweide, der bedeutendste Dichter des Mittelalters und ein „Fahrender" durch viele Länder, bedichtete einen Kreuzzug von 1228 so, dass nach der Ankunft in Palästina daraus eine Bildungs-, Erlösungs- und Religionsreise wurde, deren Probleme bis heute aktuell sind:

Aktuelle Problematik

---

14 Weber, Bd. 4, S. 807.
15 Ludwig Christoph Heinrich Hölty: *Gesammelte Werke und Briefe.* Hrsg. von Walter Hettche. Göttingen: Wallstein Verlag, 1998, S. 226 u. 529.

Im gelobten Land

Nun ich erst zufrieden werde, / Da mein sündig Auge sieht
Dieses Landes heilige Erde, / Die man singt und preist im Lied.
Ward erfüllt doch, was ich bat: / Nun ich schauen darf den Pfad, /
Den der Herr als Mensch betrat.
(...)
Christen schwören, Juden, Heiden, / Dass dies Land ihr Erbteil sei,
Diesen Zweifel zu entscheiden / Einst des Himmels heilige Drei!
Alle Welt dies Land begehrt, / Und ward drauf ein Recht beschert,
Unser sei es unversehrt! [16]

Frauen als Reisende

Reisen im Gehäuse

Frauen waren in der Dichtung seit der Antike – wie Penelope – vor allem die Wartenden; sie warteten auf ihre Männer, die im Kriege waren. Frauen als Reisende kamen lediglich in der Götterwelt vor – die Urgottheit Eurymone, die Himmel und Erde trennte und die Welt schuf, Artemis, die Göttin der Jagd, oder in Ausnahmen. In der zweiten Hälfte des 18. Jahrhunderts gingen auch Frauen auf Wanderschaft; aber sie bewegten sich nicht auf „ihren eigenen Füßen, sondern stets in einem Gehäuse, das heißt in einem Wagen, einer Kutsche, Karre oder Karosse. Weibliche Mobilität und Wagenfahrt seien eng miteinander verflochten gewesen.“ [17] Allenfalls in die Gärten durften die Frauen und Mädchen gehen, wie es in Volksliedern geschieht („Es ging ein Mägdlein zarte, / Früh in der Morgenstund' / In einem Blumengarten [...]“ [18]).

---

16 Zit. n. Zoozmann, S. 483 ff.
17 Heidi Ritter: *Über Gehen, Spazieren und Wandern von Frauen in der zweiten Hälfte des 18. Jahrhunderts.* In: Albrecht/Kertscher, S. 91.
18 *Der Tod und das Mädchen im Blumengarten*, in: Armin/Brentano, S. 15.

Grundsituationen des Reisens

Einige Wanderer/Reisende der Weltliteratur aus Antike und Mittelalter sind in poetischen Werken bis zum heutigen Tage präsent: Odysseus, der ewige Jude Ahasver und andere. Sie wirken bis in die Gegenwart als Modell und Vorbild für vergleichbare Schicksale als Reisende, Wanderer oder Vertriebene.

Vertreibung aus dem Paradies

Ursprung und Beginn allen Reisens/Wanderns werden manchmal in der Vertreibung der Menschen aus dem Paradies gesehen. **Nikolaus Lenau** (1802–1850) beschrieb diesen Anfang in seinem Gedicht *Der gute Gesell*: „Des Menschengeschlechts uralter Gefährte, / Der nie von seiner Seite gewichen / Seit dem Verluste des Paradieses“. Von da an sei den Menschen „ein Cicerone der Schöpfung“ gefolgt, den keiner nenne:

Der gute Gesell

Der einsame Wandrer im fremden Gebirg, / Der, ohne Heimat und Reisepfennig,
Entgegenzweifelt der Nachtherberge: / Mit einmal fühlt er den Mut gehoben
Und schreitet rüstig durch's dämmernde Tal, / Und fester greift er den Wanderstab,
Denn der unsichtbare gute Gesell / Geht mit und lüpft ihm die schwere Bürde,
Und raunt ihm ein lustiges Hoffnungsliedlein.[19]

Reisen als Ausbruchsversuch

Wandern und Reisen wurden für Lenau der fortwährende Ausbruchsversuch des Menschen zu anderen Ufern, die Freiheit und Lebenserfüllung versprachen, aber nie erreicht wurden. Der Flüchtling wurde neben dem „irrenden“ Wanderer sein bevorzugter Typ des Reisenden. Das führte in seinen Gedichten zu einer zerstörerischen Zerrissenheit und Ziellosigkeit. Lenau stellt in einer Geschichte der Lyrik des Wanderns und Reisens eine Ausnahme dar. Erlösung ist nur denkbar durch die Erwartung des

---

19 Lenau, S. 148 ff.

Menschen an „Glaube, Liebe, Hoffnung“, die aus der *Offenbarung des Johannes* verkündete Zukunft.

Odysseus

Die frühen Zeugnisse der Menschheitskultur stellen uns, in der europäischen Zivilisation, berühmte Beispiele vor: **Homers** (ca. 2. Hälfte des 8. Jh. – 1. Hälfte des 7. Jh. v. d. Z.) Epen sind eine erste Fundgrube. **Odysseus**, der „listenreiche“, ist eine häufig benutzte Gestalt der Weltliteratur und gilt zu allen Zeiten als der herausragende Reisende und Umhergetriebene[20]. Bei Odysseus ist es eine Wanderschaft nach der Heimat. Sie wird gesteuert von fortwährend neu eintretenden Beziehungen: Wesentliche Stationen sind der einjährige Aufenthalt bei der Zauberin Circe, sieben Jahre bleibt er bei der Nymphe Kalypso, und schließlich trifft er auf die phäakische Königstochter Nausikaa, von der aus er nach Ithaka aufbricht und das Ende seiner Wanderungen mit der Erneuerung seiner Beziehung zu seiner Frau Penelope verbindet.

„Odyssee“ als Synonym für Irrfahrten

Die zehn Jahre dauernden Fahrten des Odysseus und seiner Gefährten, die in dem Homer zugeschriebenen Epos *Odyssee*, etwa an der Wende 800/700 v. d. Z. entstanden, wurden als *Odyssee* ein Synonym für Irrfahrten und ziellose Reisen. Der 1. Gesang beginnt:

Odyssee

Nenne mir, Muse, den Mann, den vielgewandten, der vielfach
Irrte umher, nachdem er die heilige Troia zerstörte.
Vieler Menschen Städte und Wesen schaute sein Auge,
Vielerlei Leiden ertrug sein Herz auf den Fluten des Meeres.[21]

---

20 Vgl. dazu die allerdings einseitige Auswahl in: Bernd Seidensticker/Peter Habermehl (Hrsg.): *Unterm Sternbild des Hercules. Antikes in der Lyrik der Gegenwart.* Frankfurt a. M., Leipzig: Insel Verlag, 1996 (insel taschenbuch 1789), S. 103–125.

21 Homer: *Odyssee*. Verdeutscht von Thassilo von Scheffer. Leipzig: Dieterich'sche Verlagsbuchhandlung 1955 (1938). Sammlung Dieterich 14, S. 1.

Die lange Zeit gültige Übersetzung von Johann Heinrich Voß von 1781 begann ähnlich, ein Unterschied fällt allerdings auf. Voß sah die Strafe für Odysseus als Wanderung:

Sage mir Muse, die Taten des *vielgewanderten* Mannes,
Welcher so weit geirrt, nach der heiligen Troja Zerstörung.

Odyssee

Aus der Wanderschaft des Odysseus wurde das Modell einer ungewollten, fremdbestimmten Wanderung, das für Flüchtlinge verwendet werden konnte. Odysseus hat gerade in der deutschen Literatur für Schriftsteller im Exil während des Dritten Reiches als Beispiel gedient. Mit ihm gelangte ein Attribut der Reise und Fahrten in die Literatur: das Schiff. Für Odysseus wurde es das entscheidende Transportmittel während seiner zehnjährigen Irrfahrt. Später wurde es zur literarischen Metapher, die nicht nur Sinnbild der Reise wurde, sondern auch das Sinnbild gesellschaftlicher Querschnitte, wie es seit Sebastian Brants *Das Narrenschiff* (1494) mit seinen 111 Narren an Bord üblich wurde, im Barock einige Höhepunkte fand und bis in die Gegenwart aktuell blieb (Gerhart Hauptmanns *Atlantis*, B. Travens *Das Totenschiff* u.a.). Das Schiff verband sich auch in Formen wie „Schifflein“ oder „Kahn“ mit dem Untergang des Menschen wie in Joseph von Eichendorffs *Die zwei Gesellen* (1818) und Heinrich Heines *Loreley* (1824).

Odysseus als erster Exilant

Schiffe als Metapher

Ahasver, der ewige Jude

Der Jude Ahasver musste zu einer ewig dauernden Reise in der Weltgeschichte in Folge seines Verhaltens antreten. Die Legende regte eine große Zahl literarischer Werke an und geht bis auf die Kreuzigung Jesu zurück: Ahasver hatte auf dem Wege zur Richtstätte dem das Kreuz tragenden Christus eine Ruhepause verwehrt und ihn zur Eile angetrieben. Deshalb sei ihm von Jesus prophezeit worden, er werde auf Erden warten müssen, bis Jesus Christus am

Legende

Tage des Jüngsten Gerichts zurückkehre. Seither reist er ruhelos durch die Welt, verjüngt sich alle hundert Jahre und wartet, inzwischen bekehrt und als Büßer, auf den Jüngsten Tag.

Das Thema ist umstritten; es bekam eine zusätzliche Last durch die deutsche Geschichte zwischen 1933 und 1945 aufgebürdet, als die Figur des „ewigen Juden" von den Nazis missbraucht wurde. Oft hat man geurteilt, der Fluch Christi über den Sünder Ahasver sei aus einer frühchristlichen Priesterschaft gekommen, die rachsüchtig und strafpredigend gewesen sei. – Zu den großen Gestaltungen einer übersteigerten Reise gehörte neben Goethes gleichnamiger Dichtung z. B. *Der ewige Jude. Eine lyrische Rhapsodie* (1783) von **Christian Friedrich Daniel Schubart** (1739–1791). Sie beginnt mit dem Anlass der ewigen Wanderung:

Schubarts *Der ewige Jude*

Der ewige Jude

Aus einem finstern Geklüfte Karmels
Kroch Ahasver. Bald sind's zweitausend Jahre,
Seit Unruh' ihn durch alle Lande peitschte.
Als Jesus einst die Last des Kreuzes trug
Und rasten wollt' vor Ahasveros Tür'.
Ach! Da versagt' ihm Ahasver die Rast,
Und stieß den Mittler trotzig von der Tür:
Und Jesus schwankt' und sank mit seiner Last.
Doch er verstummt. Ein Todesengel trat
Vor Ahasveros hin und sprach im Grimme:
„Die Ruh' hast du dem Menschensohn versagt;
Auch dir sei sie, Unmenschlicher! versagt,
Bis dass er kömmt!"
Ein schwarzer höllentflohner
Dämon geißelt nun dich, Ahasver,
Von Land zu Land. Des Sterbens süßer Trost,
Der Grabesruhe Trost ist dir versagt! [22]

---

22 Christian Friedrich Daniel Schubart: *Gedichte*. Hrsg. v. Gustav Hauff. Leipzig o. J., S. 366 ff.

Schubarts Ahasver kann nicht sterben; inzwischen treffen sich um ihn die Totenköpfe seiner sieben Frauen, die sich gesammelt haben, und die Schädel seiner Kinder. Jerusalem ist untergegangen, die Römer sind vergangen, aber trotz aller Bemühungen – selbst der Ätna speit ihn wieder aus – kann Ahasver nicht sterben. Er stürzt sich in Kriege, provoziert Tyrannen, aber er bleibt am Leben. Ein Engel erlöst ihn von seiner ewigen Wanderung: „Gott zürnt nicht ewig!"

Das Thema beschäftigte in den nächsten Jahrzehnten Adelbert von Chamisso (*Der neue Ahasverus*[23], 1828), Wilhelm Müller (*Der ewige Jude*[24]), Clemens Brentano (*Blätter aus dem Tagebuch der Ahnfrau*, 1830), Nikolaus Lenau (*Ahasver, der ewige Jude; Der ewige Jude*), Ernst Ortlepp (*Rede des ewigen Juden*, 1834) und Julius Mosen (*Ahasver*, 1838). Der ewig wandernde Jude Ahasver blieb aktuell, allerdings mit unterschiedlichen, ja gegensätzlichen Akzentuierungen seiner unendlichen Reise: **Klabund** schrieb *Ahasver* (1927)[25] und verglich den Dichter Johann Christian Günther mit dieser Figur, an anderer Stelle sah er sich als Ahasver vor Else Lasker-Schüler[26] und führte den zweiten Teil seines Pseudonyms Kla*bund* auf *Vagabund* zurück. Auch ein Gedicht Marie Luise Kaschnitz' heißt *Ahasver*. In der nachgelassenen Lyrik **Gertrud Kolmars** (1894–1943) *Das Wort der Stummen* (1978) steht *Ewiger Jude* (1933) (s. a. S. 151 ff.); das lyrische Subjekt nimmt hier im Angesicht der nationalsozialistischen Bedrohung die Rolle des ewigen Juden an. Es wird gedemütigt, geschlagen, getreten und umgebracht. Es ist die Zeit, in der ihm „das Zeichen, gelbes Zeichen"

Identifikationsfigur während des Holocaust

---

23 „Bis der Herr am jüngsten Tage / Ruft die Toten aus dem Grabe, / Und auch er vernimmt das Wort; / und er wankt am Wanderstabe / Fort und fort." (Chamisso, S. 69)
24 Müller, *Vermischte Schriften*, Band 1, S. 161 ff.
25 Klabund, S. 42.
26 Ebd., S. 343.

auf die „Lumpen“ genäht wird, ehe man ihm die Todeswunde schlägt, „ewig dem, der niemals sterben kann“[27]. Gertrud Kolmar hat ihrem Leiden an der Judenverfolgung in ihrer Dichtung umfangreichen Raum gegeben, es verband sich für sie mit dem zunehmenden Verlust der Liebe zu Deutschland, die sie nie auslöschen konnte. Im Gedicht *Heimweh* stand „Ist noch immer Hauch auf meinen Wangen, / Auf der Lippe noch ein Lied“[28], und eine Reise in den Tod wird angedeutet, den die Augen schon sehen, ehe die Wirklichkeit eintritt. Bilder aus dem leidvollen Weg der Juden, ihrer Flucht aus Ägypten drängten sich auf im Gedicht *Wir Juden*. Das Schicksal des *Ewigen Juden* legt sie dem Schicksal der deutschen Juden auf („… ich leide doch schwer unter der Zeit“) und macht das durch den gelben Stern deutlich, denn alle Juden tragen mussten: „Meine Schuhe / Bringen Staub der tausend Straßen mit. / Keine Ruhe, keine Ruhe; / Immer weiter schleppt mich böser Schritt. // Zittrig Schleichen / Um die Menschenstimme, die mich schmäht. / Ach, das Zeichen, gelbes Zeichen, / Das ihr Blick auf meine Lumpen näht.“[29] Ein Beispiel für die ungebrochene Aktualität des Modells ist der Roman von Stefan Heym *Ahasver*, 1981, in den auch Gedichte eingefügt sind („Mir ist, ich weiß nicht, wie…“). Er gilt als eines der schönsten Bücher des Schriftstellers.

---

27 Kolmar, S. 739.
28 Zit. n. Dieter Kühn: *Gertrud Kolmar: Leben und Werk, Zeit und Tod.* Frankfurt am Main: S. Fischer Verlag, 2010, S. 205.
29 Ebd., S. 207.

2. BEISPIELE FÜR REISEN, WANDERN UND UNTERWEGSSEIN IN DER LYRIK

2.1 Reisegedichte vom Mittelalter bis zum Barock

Minnesang

Um 1150 herrschte in der Dichtung der Minnesang – eine Huldigungsdichtung in Form von Liebesliedern der fahrenden Sänger/Dichter für die hochgeborene Frau des Herrschers –, der ohne Wanderung nicht zu denken ist; er stellte mit ihnen einen Übergang zu einer neuzeitlichen Kunst und Kultur dar. Begonnen hatte es bei den provenzalischen Troubadours, dehnte sich aber bald auf die fahrenden Ritter in anderen Ländern Europas aus. Den Dichtern war das so selbstverständlich, dass sie das Reisen/Fahren in ihre Bezeichnung als „fahrende Sänger“ aufnahmen. Jedoch wurde kaum darüber geschrieben, wie sie von Hof zu Hof, zu Dichterwettstreiten und höfischer Unterhaltung zogen. Gleichzeitig trafen sie auf ein erstmals entstehendes städtisches Publikum. Sie reisten weit, Paris, Byzanz, Rom, Bagdad und andere Städte gehörten zu den von ihnen besuchten Orten. Man zog von Schloss zu Schloss, sang seine (Minne-)Lieder und wurde dafür aufgenommen und versorgt, bis zur nächsten Etappe. Der bekannteste Sänger des beginnenden 13. Jahrhunderts war **Walther von der Vogelweide** (um 1170 – um 1230; s. S. 15 f.). Er war ein vielseitiger Dichter und Sänger des Mittelalters, der die Rolle des Ratgebers wie die des Propheten spielen konnte. Sein Fundus war sein auf seinen Reisen erworbenes Wissen; er bot es bei seinen Auftritten wie eine Ware an: zur Unterhaltung, zur Belehrung, für den Minnedienst und für politische Entscheidungen. Es ist eine Zeit, in der die Feudalkultur sich mit dem städtischen Aufschwung verband. Die Hochkultur der Zeit war eine Stadtkultur, in der bürgerliche Baumeister dem Adel

Fahrende Sänger

Gedichte: keine

die Burgen und Schlösser bauten und der hohe Adel samt der Geistlichkeit in den Städten sich präsentierte, oft auf den Hoftagen der Könige. Vor diesem Hintergrund ist Walthers Dichtung zu sehen, in die schon bürgerliches Empfinden und Verhalten Eingang gefunden hatte. Er rückte „mit Troubadours und Vaganten enger zusammen“[30]. Neben der Minne war „Frau Welt“ sein großes Thema, der er dienen wollte, was nichts anderes bedeutete, als sich fortwährend auf Reisen zu begeben:

„Frau Welt“

Wie soll man dir dienen, Welt / drehst und windest dich wie rauch
Glaubst, du seist mir schon entschnellt / nun, ich dreh mich eben auch //
Magst du noch so jagen / erst in fernen tagen / will ich dir den abschied
sagen (...)[31]

Wie selbstverständlich das Reisen von Hof zu Hof war, wird aus einem der heiter-sarkastischen Gedichte Walthers über einen der bekanntesten Höfe jener Zeit deutlich, an dem auch der Sängerkrieg auf der Wartburg stattgefunden haben soll:

Wenn einer ohrenkrank ist oder nervenschwach
der meide, rat ich sehr, den hof zu eisenach
sonst wird man sein gehör noch ganz zerstören
ich habe mitgedrängt, solange ichs ertrug
ein gehn und kommen tag und nacht, und nie genug
ein wunder, kann am end noch einer hören //
und der herr landgraf, er vertut
mit seinen stolzen helden alles hab und gut
mit alten kämpen, die das raufen lieben
wie edel sein verschwendersinn:
käm wein das fuder tausend pfund, er gäb es hin
bei ihm ist nie ein becher leer geblieben[32]

———

30 Hubert Witt, in: Walther von der Vogelweide, S. XVf.
31 Walther von der Vogelweide, S. 149.
32 Ebd., S. 213.

Kritische Beobachtungen

Es ist ein aufschlussreiches Zeugnis über die Vorgänge an den Höfen, die die Fahrenden erlebten. Ähnliche Lieder und Gedichte sind bei Walther von der Vogelweide zahlreich. Seine Kritik wurde sogar grundsätzlich, wenn er die Erfahrungen auf seinen Wanderungen zusammenfasste:

seht, wie das reich daniederliegt, doch wie die kirche steht[33].

In den Dichtungen Walthers sind zahlreiche Orte und Landschaften genannt, die er besucht haben dürfte. Immer galt es, dem Gastgeber zu dienen, auch wenn er, wie der „herr von meißen", „nicht so viel verstand / dass er mir bietet lohn und hand / da lässt ers eben bleiben"[34]. Manchmal gab Walther von der Vogelweide ein umfassenderes Bild seiner Reisen und der gemachten Erfahrungen einschließlich der Aufgaben, die erfüllt oder absichtsvoll nicht erfüllt wurden, so in dem Zyklus *der unmutston*:

der unmutston

Von der seine zur mur sah ich auf mancher fahrt
und erkenn vom po zur trave alle menschenart:
die meisten wollen raffen, unbekümmert wie
mein hoher sinn, er ginge schlafen, wenn ich tät wie sie
geld war immer angenehm, doch ehren galten
weit mehr. heut geht das gut vereint mit den gewalten
noch vor der ehre bei den schönen frauen aus und ein
könige und fürsten wolln von ihm beraten sein
weh, gut, wie schlimm es steht im reich. o nein
du bist nicht gut, hast zu sehr an die schande dich gehalten[35]

33 Ebd., S. 227.
34 Ebd., S. 241.
35 Ebd., S. 247.

Orte in ganz Mitteleuropa

Walthers Dichten ist eingängig. Seine Verse sind knapp und direkt; er verwendet wenige, wiederkehrende Reime, was die Verbreitung der Gedichte beförderte. Orte und Ziele werden direkt angesprochen (Seine, Mur, Po, Trave). Sie sind gleichbedeutend mit der Ausdehnung Mitteleuropas und repräsentieren Westen, Osten, Süden und Norden. Sehr pragmatisch sprach er darüber, dass Ehren schön sind, aber Geld notwendig und beides vereint für die Leistung des Dichters geboten werden muss, wobei sich diese Leistung auch auf den politischen Rat erstreckte. Die Bildung jener Zeit lassen die Kontrastargumentation erkennen, wie sie scholastische Disputationen auszeichneten: Das beginnt mit den Flussnamen, die gegensätzlich angeordnet sind, führt über den Gegensatz von raffen und hohem Sinn, Geld und Ehren und endet bei Reich und Schande.

Kontrast-argumentation

Dieser (Kontrast-)Methode bedienten sich auch andere Sänger, so dichtete **Konrad von Landeck** zu St. Gallen (urkundlich nachgewiesen 1271–1306):

(...)
Der viel Süßen, der ich diene
Sing' ich diesen Sang von Wiene
Wo der König liegt zu Feld.
Der bedenkt des Reiches Not,
Ich bedenk', welch holde Grüße
Einst mir minniglich und süße
Gab ihr Mündlein rosenrot![36]

---

36 Zit. n. Zoozmann, S. 337.

Reisende Ritter im Mittelalter, Aquarell von Moritz von Schwind

Während Rudolf I., der erste römisch-deutsche König aus dem Geschlecht der Habsburger, gegen den böhmischen König Ottokar um den Erhalt seiner Hausmacht kämpfte, bedichtete Konrad von Landeck in Wien Rudolfs Frau Gertrud (Anna) von Hohenberg (von Habsburg) (1225–1281), nachdem er zu ihr gereist war, um ihr zu dienen. Diese Reisen waren geradezu alltägliche Übungen und Pflichten der fahrenden Sänger.

Jüdischer Minnesänger

Gelegentlich nahmen die wandernden Dichter auch politische Zusammenhänge in Dichtungen auf, zum Beispiel **Süßkind von Trimberg** (2. Hälfte des 13. Jahrhunderts), der in Würzburg möglicherweise am Hofe des Bischofs lebte und sich der höfisch favorisierten Dichtung widmete. Der einzige nachgewiesene jüdische Sänger in der deutschen Literatur des Mittelalters, der außerdem Arzt gewesen sein soll, beschrieb seine Lage in einem Wandergedicht:

Abschied von der Kunst

Ich zieh nun wie ein Tor dahin / Mit meiner Kunst fürwahr,
Denn darben lässt der harte Sinn / Der Herrn mich immerdar.

Die Höfe will ich fliehen / Und lass nach alter Juden Art
Mir stehn den langen grauen Bart: / So will durchs Land ich ziehen.

Den Kaftan lass ich hängen lang / Tief unterm großen Hute,
Demütiglich soll sein mein Gang, / Will nicht mehr singen Habedank,
Seit mir die Herren nicht geben mehr von ihrem Gute.[37]

Das lyrische Ich zieht durch die Lande, ohne als Sänger anerkannt zu sein. Es ist anzunehmen, dass es deshalb auf Märkten und Festen der Bauern als Sänger auftritt und von den dort erhaltenen Almosen lebt. Deshalb lehnt es die feste und rituale Dankesdichtung des höfischen Habedank – besonders im Barock gebraucht für einen formelhaften Dank im Sinne von „habe Dank“ – ab und wird zum Wandersänger der Juden. Aus den höfischen Strophen werden nun Verse, die sich der jüdischen Spruchdichtung nähern, wie sie sich in den alttestamentarischen Sinnsprüchen findet. Deren Attribute häufen sich, nachdem das lyrische Ich seine Enttäuschung beschrieben hat: langer grauer Bart, Kaftan, großer Hut.

Thema Abschied

Innerhalb der Minnelyrik war auch das Thema des Abschieds zur großen Wanderung wichtig. Dabei schlichen sich echte Gefühle in die normativen Verskonstruktionen ein. **Friedrich von Leiningen** (im 13. Jahrhundert) schrieb ein solches Abschiedsgedicht, ehe er auf eine größere Reise ging:

Fahr' hin zu guter Stunde!

Und muss ich scheiden so von ihr, / Dass ihre Minne mangelt mir,
O weh der leiden Reise, / Die gen Apulien ich tu':
Deine Gnade, Sel'ge, gib dazu / Dich nicht so hart erweise.
Ein wenig sänft'ge deinen Mut / Und sprich aus rotem Munde

---

37 Zit. n. ebd., S. 209 f.

Zu mir allein das kurze Wort, / Daran liegt meiner Freuden Hort:
Fahr' hin zu guter Stunde! //
„Zu guter Stund' sei deine Fahrt / Und Leib und Seele dir bewahrt,
Und Lob und Heil und Ehre. / Mein Wille hielte dich nicht hier,
Mein Flehn, noch Dräun; doch glaube mir, / Dass ich es heiß begehre.
Da deine Fahrt unwendbar ist, / Zwei Herzen in die Weite
Führst du, meins und deines hin, / Davon ich immer traurig bin:
Sei Gott denn dein Geleite."[38]

Der Dialog zwischen den Liebenden bekommt fast szenischen Charakter: Während die Geliebte zu Hause bleibt, muss der Mann zu einer dringenden Verpflichtung aufbrechen. Da er als Reiseziel Apulien angibt, kann man annehmen, dass er sich in die dort tobenden Auseinandersetzungen um die Macht nach dem Tod Kaiser Friedrich II. einzubringen gedenkt. Der Abschied kann endgültig sein, weil er mit dem Tode rechnen muss.

Gedichte: keine

Bekannter wurden die Dichtungen des **Oswald von Wolkenstein** (vermutl. 1376–1445). Er gilt neben Walther von der Vogelweide als der herausragende fahrende Sänger seiner Zeit und war von nachhaltiger Wirkung.

Abenteuerliches Leben

Oswald von Wolkenstein führte ein abenteuerliches Leben, diente zahlreichen Herrschern und musste harte Schicksalsschläge einstecken. Er kämpfte gegen die Türken, machte eine Pilgerreise nach Jerusalem usw. Reine Dichterfahrten führten ihn nach Lissabon, Granada, Kastilien, Südfrankreich und sogar Persien, er kehrte jedoch immer wieder in sein Heimatland Tirol zurück. Über sein wanderreiches Leben gibt ein Gedicht Auskunft:

38 Zit. n. ebd., S. 352, übersetzt von Simrock.

Land- und Meerfahrten

Nach Preußen und Litauen, Türkei und Tartarei,
Nach Frankreich, Lombardei und Spanien dabei,
Fuhr ich auf eignen Sold dahin mit Königen zwei:
Ruprecht und Sigmund, mit des Adlers Streifen.
Französisch, katalonisch, auch mohrisch, kastilianisch,
Lateinisch, windisch, russisch, lombardisch und romanisch,
Auch lernt ich geigen, trommeln, pauken, pfeifen.
Im Inselmeer fuhr ich umher
Nach manchem Strand
Auf großen Schiffen. Die Stürme pfiffen,
Der Tag verschwand.
Die wilden Wogen mit Zischen flogen
Auf Schiffesrand.
Im Schwarzen Meer lernt' ich ein Fass ergreifen.
Denn mir zerbrach mit Ungemach
Mein Schiff, zum Hohn,
Dass ich sogar ein Kaufmann war!
Ich kam davon,
Ein Reuß und ich. Das Fahrgut wich
Mit Zins und Lohn
Hinab zum Grund, und ich schwamm auf den Reifen. [39]

Reisen als Normalzustand

Für Oswald von Wolkenstein wurde das Reisen ein normaler Zustand, er war in persönlichen und in politisch-dienstlichen Aufgaben unterwegs. Seine Fahrten und Wanderungen hat er durchgehend zum Gegenstand seiner Dichtungen gemacht, sich selbst hat er als „pilgrim" [40] gesehen samt dem Bekenntnis, die Welt besehen zu wollen. In biografisch angelegten Gedichten und Gedichtzyklen über Reisen (*Im Frankenreich, in Spanien; Durch Berberei, Arabien*) verarbeitete er diese Erfahrungen. Er suggerierte, dass das, was er bedichtete, auch von ihm erlebt wurde. Das schließt neben einem sinnenfrohen Anspruch

---

39 Zit. n. ebd., S. 376 f.
40 Oswald von Wolkenstein, S. 64.

auch politische und soziale Interessen ein; die Nennung zweier Könige – Ruprecht und Sigismund – weist darauf hin. Seine Lust, sich mitunter gegen die geltenden Normen zu entscheiden, führte zur Auflösung der strengen Formen der höfischen (Minne-)Dichtung. In seinen Gedichten werden wirkliche Leidenschaften und Gefühle besungen. Wolkensteins Lebensfahrt, die er schon mit zehn Jahren begonnen haben will, war immer auch ein Kampf um das Leben; seine Wanderungen waren gefährlich, seine Fahrten bedrohlich:

Es fügte sich, da war ich kaum zehn Jahre alt,
ich wollt besehn der Welt Lauf und Gestalt,
in Elend, Armut, manchem Winkel heiß und kalt
hab ich gehaust bei Christen, Griechen, Heiden.[41]

Wenig Minne, viel Kampf und Leid

Als Dichter bediente sich Oswald von Wolkenstein nicht nur der Minnedichtung, sondern verarbeitete auch Volksliedelemente, setzte antike Traditionen fort und nahm sich der vielfältigen Formen der Spielleute einfachster Herkunft an. Er verdiente sich bei seinen Fahrten sein Geld mitunter als Söldner, trat in fremde Dienste, kämpfte gegen die Slawen und die Mauren und wahrscheinlich auch 1431 gegen die Hussiten. In seinen Gedichten ist deshalb wenig von den ritterlichen Tugenden und der Minne die Rede, sondern mehr von Kämpfen und Leiden, von Arbeit und Niederlage, von Händeln aller Art, die gar nicht ritterlich verliefen. Vieles bei ihm erscheint modern: Von Rechtsfällen ist die Rede, von Verwaltungsaufgaben, von Schulden und Flucht. Dazu kamen Pilgertouren wie 1409/10 ins Heilige Land.[42]

---

41 Ebd., S. 62.
42 Der DDR-Lyriker Paul Wiens (1922–1982) hat in seinen Oswald von Wolkenstein nachempfundenen Gedichten dessen Biografie verwendet wie z. B. den Schiffbruch am Schwarzen Meer (vgl. *Neue Harfenlieder des Oswald von Wolkenstein,* in P. W.: *Vier Linien aus meiner Hand. Gedichte 1943–1971.* Leipzig: Reclam, 2. Aufl. 1976.).

Vagantenlieder

Zu den fahrenden Sängern gehörten auch die Vaganten mit ihren Vaganten- oder Wanderliedern; sie entsprachen den französischen Goliardendichtern. Der Höhepunkt ihres Wirkens lag zwischen 1155 und 1255; die Dichtungen wurden aus dem Lateinischen übersetzt. Der Dichter Archipoeta (Erzdichter) kannte sich in den verschiedenen Sprachräumen, auch dem deutschen, aus. Der heute noch bekannteste Dichter ist **François Villon** (1431–1463), der auch in der deutschen Dichtung zahlreiche Nachfolger (Peter Hille, Klabund usw.) fand. Den Vaganten waren geselliges Reisen, Trinken und Spielen sowie das Wandern zur Existenzform geworden (lat. vagare = umherstreifen, ziellos unterwegs sein). Die Themen der lateinischen und deutschen Gedichte waren Armut und Umherziehen.

Nachwirkungen der Vaganten im 20. Jahrhundert

Besonders in der deutschen Boheme des frühen 20. Jahrhunderts hat es Nachfolger und Nachwirkungen gegeben. Peter Hille (s. S. 126 ff.) dieser Erläuterung), von der Schriftstellerin Gertrud Fussenegger als „Großstadt-Vagabund“[43] bezeichnet, hat in seine Erziehungstragödie *Des Platonikers Sohn* sein Gedicht *Vagantenweihe* eingefügt, das die Charakteristika der Vagantendichtung verwendet:

Vagantenweihe

Zugvögel ziehn in grauem Ernst, / Da stehst du, Walter, nun und lernst,
O vanitatum vanitas.
Die Jahre welken 's greise Haupt, / Fast steht der Hain schon blattberaubt –
Wie kalt des Regens dünnes Nass![44]

Paul Zech (s. S. 141 f.) sah sich als Vagant und dichtete Verse Villons adäquat nach. Selbst Ingeborg Bachmann sah im Vagabunden eine Lebensform (S. 187 ff.). Klabund schrieb über Villon seinen Zyklus *Der himmlische Vagant* und außerdem sein *Vagabundenlied* (1923/24):

Gedicht: *Vagabundenlied* (K)

---

43 Gertrud Fussenegger: *Aufruhr der Elemente*, in: Reich-Ranicki, 5. Bd., S. 18 f.
44 Hille, Bd. 1, S. 98.

In der Heimat ohne Fremde / Bin ich ganz auf mich gestellt.
Und mein Herze und mein Hemde / Sind mein alles auf der Welt.[45]

Meistersang

Als der Minnesang seit dem späten 14. Jahrhundert an Bedeutung verlor, rückte der bürgerlich geprägte Meistersang in den Vordergrund, der Minnegesang und Vagantendichtung aufnahm und eine strenge Form von Gesang und Gesangstechniken einführte. Die überlieferten Meisterlieder zeichnen sich durch formale Strenge, aber wenig literarische Bedeutung aus. Wenige trugen literarisch Gültiges bei, einer von ihnen war **Hans Sachs** (1494–1576), der auch zur Bedeutung des Reisens in einem Bilanzgedicht in Form eines Meistergesangs am 1. Januar 1567 sich äußerte:

Summa, aller meiner Gedichte vom 1514. Jahr an bis ins 1567. Jahr

(...) Als die Lehrzeit vollendet war, / Tät meinem Handwerk ich nach wandern
Von einem Orte zu dem andern, / Zuerst gen Regensburg, Passau,
Gen Salzburg, Hall und gen Braunau, / Gen Wels, München und gen Landshut,
Gen Oettingen und Burghausen gut, / Gen Würzburg und Frankfurt darnach,
Gen Koblenz, Köllen und gen Ach (d.i. Aachen); / Wirkt' also in dem Handwerk mein
In Baiern, Franken und am Rhein. / Fünf lange Jahr' ich wandern tät
In diese und viel andre Städt'. (...)[46]

Göttliche Komödie

Die wirkungsmächtigste europäische Dichtung zum Reisen in der Renaissance schrieb der Italiener **Dante Alighieri** (1265–1321) mit der *(Göttlichen) Komödie* (1307–1321, gedruckt erstmals 1472). Es wurde das bedeutendste Werk der italienischen Literatur, aber gleichzeitig ein Werk von kaum überschaubarer Ausstrahlung auf die europäische, besonders die deutsche Literatur und ihre Reise-

---

45 Klabund, S. 13.
46 Sachs, *Ausgewählte poetische Werke*, 1. Bd., S. 242 f.

und Wanderdichtungen, für die Dante Modelle schuf. Der Begriff der „divina" (göttlichen) Komödie, den Boccaccio geprägt hatte, wurde erstmals 1555 verwendet. Sie wurde für die weitere Entwicklung der deutschen Literatur von ähnlicher Bedeutung wie die Epen Homers. Ihre Wirkung reicht bis in die Gegenwart, über Gerhart Hauptmann *Der große Traum* bis zu Karl Mickels *Vita nova mea.*

Renaissance

Die Renaissance machte die große Reise zu einem Grundvorgang des Lebens und damit der Dichtung: Dante unternahm sie im Jenseits, Petrarca im Reich der Allegorien und Leonardo da Vinci „in die Tiefe der Wirklichkeit, um das, was den Sinnen verschlossen scheint, zu erkennen und darzustellen".[47] Dante, Vergil und Beatrice wirkten als vorbildhafte Wanderer in Gerhart Hauptmanns Terzinenepos *Der große Traum* nach. Einzelne Episoden finden sich in Karl Mickels Dichtung, wie das Schicksal des Odysseus (26. Gesang des *Inferno*): Zwei der größten Reisen aller Zeiten überlagern sich bei Mickel – Dantes Reise durch die Unterwelt und die Irrfahrten des Odysseus, die gegenüber dem antiken Vorbild nochmals ausgeweitet werden: Odysseus kehrt nicht nach Ithaka zurück, sondern bricht zu neuen Ufern auf, fährt über die *Säulen des Herakles* bei Gibraltar hinaus und verlässt aus Wissensdrang die alten Grenzen des Mittelmeers.

Barock

Abend

Mit der Poetik *Buch von der deutschen Poeterei* (1624) von Martin Opitz erhielt die deutsche Literatur ihre sprachliche Eigenständigkeit; es war der Beginn des Barock. Ihm folgten die meisten Dichter dieser Zeit, auch der bekannteste von ihnen, **Andreas Gryphius** (1616–1664). Sein Sonett *Abend* (1650) ist in dem von Opitz empfohlenen Versmaß des Alexandriners geschrieben. Es hält außerdem alle Merkmale des Sonetts ein (14 Verse, gegliedert in zwei Quartette und zwei Terzette). Gemeint ist nicht der Abend

47 Klaus-Rüdiger Mai: *Leonardo da Vinci*. Leipzig: Evangelische Verlagsanstalt, 2019, S. 164.

des Tages, sondern der des Lebens. Das verbindet sich mit dem barocken Wahlspruch des Memento Mori (Gedenke des Todes). Nach dem Tod beginnt das eigentliche Leben; deutlich wird es in dem Vers „Lass / wenn der müde Leib entschläft / die Seele wachen“ (V. 12). Der Körper des Menschen stirbt nicht, sondern schläft nur. An seiner Statt übernimmt die Seele die Zukunft, das ewige Leben. Der Weg zum ewigen Leben ist die Lebensreise, die bevorzugtes Thema der Barockdichtung wurde.

Gedichte: Gryphius: *Abend* (K), Greiffenberg: *Lebens-Lauf* (K)

Andreas Gryphius dichtete in *Abend* den Übergang aus dem Leben, „dem Tal der Finsternis“, zu Gottes „ewighelle(m) Glanz“ [48]. Das war auch als Erkenntnis des eigenen Lebens zu verstehen, das ihn zu Reisen zwang, um schweren Schicksalsschlägen zu entgehen und sich in Sicherheit zu bringen. **Catharina Regina von Greiffenberg** (1633–1694), eine der ersten Dichter*innen*, die auf Bildungsreisen die Welt kennenlernte, wünschte in *Auf meinen bestürmeten Lebens-Lauf* am Lebensende: „bring’ an den Hafen mich, mein Gott, es ist genug!“ [49]

Leben als Wanderung

Im Titel trägt **Angelus Silesius’** (1624–1677) *Der cherubinische Wandersmann* das Thema des Lebens als eine Wanderung, die zu Gott führt; dabei wird der Mensch geführt von dem Cherub (Engel). Die Lebensreise wird als mystischer Vorgang verstanden, die Dichtung von Angelus Silesius (eigentlich Johannes Scheffler) macht es deutlich, der mit seinen Ideen auf Meister Eckhart und Jakob Böhme zurückging: Hier ist ein unruhiger und suchender Geist auf der Wanderschaft zu Gott und teilt seine Mystik in Sinngedichten (Epigrammen) mit. Silesius sah den Menschen in unaufhörlicher Bewegung, der aus sich selbst dazu angetrieben werde:

Gedicht: *Die Unruh kommt von dir* (K)

---

48 Andreas Gryphius: *Abend*, in: Freund, S. 12.

49 Catharina Regina von Greiffenberg: *Geistliche Sonette, Lieder und Gedichte zu gottseligem Zeitvertreib.* Nürnberg: Michael Endrers, 1662, S. 58.

Die Unruh kommt von dir (1657)

Nichts ist, das dich bewegt, du selber bist das Rad,
Das aus sich selbsten läuft und keine Ruhe hat.[50]

Lange Wirkungsgeschichte

Seine *Geistreichen Sinn- und Schlussreime* (1657) erschienen in einer umfangreicheren zweiten Auflage unter dem Titel *Cherubinischer Wandersmann* (1675). Die Sammlung begründete die Wirkung des schlesischen Dichters, der sich schon in seinem Pseudonym als „unterwegs" zeigte: Angelus Silesius bedeutet „schlesischer Bote oder Engel". Er wirkte in seiner Zeit, später auf die Romantiker wie Friedrich Schlegel, Joseph von Eichendorff und Karl August Varnhagen von Ense, aber auch auf eine realistische Autorin wie Annette von Droste-Hülshoff und im 20. Jahrhundert auf Dichter wie Hermann Hesse.

Auf dem Weg zu Gott

Das lyrische Subjekt sucht einen eigenen Weg zu Gott und wandert auf diesem Weg, andere Möglichkeiten ablehnend, wie Sprüche aus dem *Ersten Buch* mitteilen:

Gott kann allein vergnügen (1657)

Weg, weg, ihr Seraphim, ihr könnt mich nicht erquicken!
Weg, weg, ihr Engel all' und was an euch tut blicken!
Ich will nun euer nicht; ich werfe mich allein
Ins ungeschaffne Meer der bloßen Gottheit ein.

Gott lebt nicht ohne mich
Ich weiß, dass ohne mich Gott nicht ein Nu kann leben,
Werd ich zu nicht, er muss von Not den Geist aufgeben.

Ich hab's von Gott und Gott von mir
Dass Gott so selig ist und lebet ohn' Verlangen,
Hat er sowohl von mir, als mich von ihm empfangen.

Ich bin wie Gott und Gott wie ich
Ich bin so groß als Gott, er ist als ich so klein:
Er kann nicht über mich, ich unter ihm nicht sein.[51]

---

50 Angelus Silesius, S. 38.
51 Ebd., S. 35.

Silesius' Leben und Werk

Angelus Silesius begriff seine Entwicklung und sein Leben als eine Wanderschaft: Geboren in Breslau, studierte er in Straßburg, Leyden und Padua, kehrte als Arzt nach Schlesien zurück, widmete sich dann jedoch der religiösen Auseinandersetzung, trat zur katholischen Kirche über und bekam 1661 die Priesterweihe. Das Ich ist auf dem Wege zu Gott, aber Gott ist auch ein Teil des Ichs. Pantheistisches Denken schimmert durch. Das Ich setzt sich gegen religiöse Dogmen zur Wehr und erkennt lediglich die Identität zwischen Gott und dem Menschen an. Das geschieht auf eine für die Zeit volkstümliche Art und Weise, die zwischen dem Menschen und Gott eine Übereinstimmung ohne Unterschied behauptet. Die Epigramme der Sammlung sind Texte der Verehrung, die aber auch den Respekt der Gottähnlichkeit des Menschen gegenüber enthält. Sie richten sich gegen die Hektik einer Wanderung, die nur ein Ziel sucht, und setzt den „Himmel in dir“ dagegen, zu dem es zu wandern gilt. Es ist eine ausschließlich individuell begründete Suche.

Gedicht:
Reisen ins Ausland (K)

Scharfzüngig attackierte **Christian Wernicke** (1661–1725) die willkürlich-sinnlosen Reisen seiner Zeit.

Wernicke schuf mit seiner bedeutenden Epigrammatik den Übergang vom Barock zur Frühaufklärung. Sein durchweg satirisch-kritisches Werk, das auch antifeudal und antihöfisch angelegt war, richtete sich auch gegen die wahllosen Reisen. Er selbst hatte mehrere Bildungsreisen nach Holland, Frankreich, England und Dänemark unternommen.

Auf die törichten Reisen der Deutschen (Reisen ins Ausland)

Als Krato reisen wollt, und von uns Abschied nahm
Da war er noch zu müd vor einen weiten Ritt;
(Da war er noch zu jung für einen weiten Ritt)
Drum bracht er auch hernach, als er nach Hause kam,
(Drum bracht er, als er wiederkam)
Aus fremden Ländern nichts als ihre Torheit mit:
Der Geck war außer Lands des Vaterlandes Schande, (So war er außer Lands)
Und fremder Länder Schimpf in seinem Vaterlande.[52]

Das Epigramm *Reisen ins Ausland* übernahm F. L. Jahn 1828 in seine Abhandlung vom *Reisen und Wandern* (s. S. 111 f. dieser Erläuterung). Eines der berühmtesten deutschen Gedichte wurde *Der Palmbaum* (auch: *Annchen von Tharau, Ännchen von Tharau*) von **Simon Dach** (1605–1659), dem bedeutendsten Lyriker des sogenannten Königsberger Dichterkreises. Er soll es anlässlich der Hochzeit seines Freundes, des Pfarrers Johannes Portatius (Partatius) mit Anna, der Tochter des Pfarrers Andreas Neander in Tharau (heute: Wladimirowo bei Kaliningrad), gedichtet und der eigenen Liebe zu Anna darin Ausdruck gegeben haben. Herder hat es als *Annchen von Tharau*[53] in seine Volkslieder (1. Teil, 1778) aufgenommen. Das Gedicht ist eines der geschichtsträchtigsten und in der Rezeption vielschichtigsten in der deutschsprachigen Literatur.[54] Der Grund der Reise des lyrischen, sprechenden und singenden Subjekts ist die Trennung von der Geliebten; das Ziel der Reise ist, sie zu finden und sei es unter größten Opfern. Das Gedicht geht zurück auf eine unglückliche Liebe. Die Liebe wird als eine Kraft beschworen, die im Falle einer Trennung der Liebenden die Reise des lyrischen Subjekts zur Geliebten veranlasst:

---

52 Christian Werni(c)ke: *Poetische Versuche in Überschriften. Wie auch in Helden und Schäfergedichten.* Neue und verbesserte Auflage. Zürich: bei David Geßner, 1749, (Siebendes Buch), S. 186.

53 Herder, Bd. 2, S. 169 f.

54 Vgl. Antanas Stanevičius: *Rätselraten um Ännchen von Tharau*. Übersetzt aus dem Litauischen von Daina und Ulrich Fischer. Klaipėda: Rytas, 1992.

Der Palmbaum (Ännchen von Tharau)

Annchen von Tharau ist, die mir gefällt,
Sie ist mein Leben, mein Gut und mein Geld. //
Annchen von Tharau hat wieder ihr Herz
Auf mich gerichtet in Lieb' und in Schmerz. //
Annchen von Tharau, mein Reichtum, mein Gut,
Du meine Seele, mein Fleisch und mein Blut! //
Käm' alles Wetter gleich auf uns zu schlahn,
Wir sind gesinnet bei einander zu stahn. //
Krankheit, Verfolgung, Betrübnis und Pein,
Soll unsrer Liebe Verknotigung sein. //
Recht als ein Palmenbaum über sich steigt,
Je mehr ihn Hagel und Regen anficht, //
So wird die Lieb' in uns mächtig und groß,
Durch Kreuz, durch Leiden, durch allerlei Not. //
Wurdest du gleich einmal von mir getrennt,
Lebtest da, wo man die Sonne kaum kennt; //
Ich will dir folgen durch Wälder, durch Meer,
Durch Eis, durch Eisen, durch feindliches Heer. //
Annchen von Tharau, mein Licht, meine Sonn',
Mein Leben schließ' ich um deines herum. (...)[55]

Ursprünglich war das Gedicht in samländischem Niederdeutsch (preußisches Plattdeutsch) geschrieben:

Anke van Tharaw öß, de my geföllt,
Se öß mihn Lewen, mihn Goet on mihn Gölt.

Johann Gottfried Herder hat es in die hochdeutsche Fassung gebracht. Es hat 17 Strophen und wurde später um die letzten sieben auf 10 Strophen verkürzt in die *Des Knaben Wunderhorn*-Sammlung aufgenommen. Im Zentrum der Langfassung (17 Strophen) steht die entscheidende 9. Strophe, die auf die Trennung der Liebenden mit der Reise reagiert:

---

55 Vgl. ebd., S. 13; Herder, Bd. 2, S. 169 f.

Eck wöll dy fälgen dörch Wöler, dörch Mär,
Dörch Yhß, dörch Ihsen, dörch fihndlöcket Hähr.
Ich will dir folgen durch Wälder, durch Meer,
Durch Eis, durch Eisen, durch feindliches Heer.

Liebe in Zeiten des Krieges

Im Text wird eine bewegte kriegerische Zeit erkennbar, in der nicht nur die Liebe zweier Menschen gefährdet ist, sondern auch das Leben dieser Menschen, die vom Krieg getrieben fortwährend unterwegs sind. Es ist die Zeit des Dreißigjährigen Krieges. Das Leben des Menschen wird zur Flucht vor Vernichtung, die vom Menschen wie von der Natur droht. Die anziehenden Eigenschaften des Mädchens überwinden die Trostlosigkeit der Umgebung, die drohenden Gefahren und die Not. Sie verheißen in der Gemeinsamkeit Liebe und Rettung. Irdischer Reichtum, äußerliche Schönheit und vergängliches Glück treten hinter die überirdische Vollkommenheit des geliebten Partners zurück; Verderben und Tod werden von der Liebe überwunden. Es ist in einer trostlosen Zeit Ausdruck der Lebensbejahung.

Exemplarischer Wanderdichter

Gedicht: *Auf der Reise nach Jauer* (R)

Lebensbejahend und selbstbewusst wie Simon Dach wirkte **Johann Christian Günther** (1695–1723), der den Übergang zur Aufklärung darstellt, gleichzeitig aber die Inkarnation des Wanderers – stets umhergetrieben und vertrieben – wurde: ein „Wanderdichter", der sich rigoros durchzusetzen versuchte und dabei keine Rücksicht auf geltende Normen nahm. Klabund nannte ihn einen „ahasverischen Wanderer"[56]. Er war in erster Linie Lyriker.

Günthers Reisen vollzogen sich immer von seiner Heimat Schlesien aus nach Orten, die ihm hätten Zukunft sein können, es aber nicht wurden. Ein schönes, umfangreiches Gedicht entstand am 2. September 1719, nachdem er in Dresden gescheitert war, wo ihm Freunde vergeblich eine Anstellung als Hofdichter bei August dem Starken zu verschaffen versucht hatten. In dem Gedicht erinnert sich

---

56 Klabund, S. 308.

Günther an seine medizinischen Studien in Leipzig – das Rosental wird genannt – und an seine weiblichen Partnerinnen. Aber nun wendet er sich wie einst Odysseus seinem Ithaka, der Heimat, wieder zu:

Auf der Abreise von Dresden in sein geliebtes Schlesien

(…) Du aber, seliges Gefilde, / Sei hunderttausendmal gegrüßt!
Nun seh ich, wie gerecht und milde / Des Himmels weise Führung ist;
Nunmehr erfahr ich dessen Freude, / Der dort den Rauch von Ithaka
Nach glücklich überstandnem Leide, / Wie ich mein Striegau, wiedersah. //
Du weis- und ewiges Erbarmen / Das überschwenglich ist und tut,
Vergnüge mich in Lenchens Armen / Und schenk uns nur ein kleines Gut;
Erhalt mir Weisheit, Kunst und Dichten / Und lass mich, wenn mein
Körper fällt,
Kein blind und giftig Urteil richten, / So neid ich keinen auf der Welt.[57]

Dichtung gerät zur autobiografischen Abrechnung und lässt den Funktionswandel erkennen, wie er sich vom Barock zur Aufklärung vollzog. Vorbei ist der ornamentale Aufwand des Barock, wie er besonders in der schlesischen Dichtung betrieben worden war; Sachlichkeit und Schlichtheit sind angesagt. Dichtung wurde für Günther eine biografische Selbstverständigung, in der Sachlichkeit, Wirklichkeitstreue und Bescheidenheit die Richtung auf die Aufklärung andeuteten. Doch spricht aus dieser Lyrik – insbesondere auch aus *Auf der Reise nach Jauer* (1720) – bei allen Unbilden, die das alltägliche Leben bereithält, ein ungetrübter Lebenswille und ein Bewältigen der Schwierigkeiten, wie sie die klar und geradlinig denkenden Aufklärungspoeten auszeichneten:

Auf der Reise nach Jauer

Bruder, komm und lass uns wandern, / Habe Leid und Lust gemein;
Kommt ein Wetter nach dem andern, / Hilf mir doch beständig sein.
Der Verdruss vergangner Tage / Zeit viel süß Erinnerung;
Wir erdulden schwere Plage, / Aber wir sind auch noch jung.
(…)[58]

---

57 Günther, S. 151. Wiedergegeben werden die letzten zwei von zehn Strophen.
58 Ebd., S. 169.

2.2 Gedichte über Reisen in der Aufklärung und im Sturm und Drang

Vernunft und Belehrung

Die Rationalität der Aufklärung hatte ein gebrochenes Verhältnis zu Gedichten des sinnlichen Lebens. Die Vernunft und Belehrung war ein Schwerpunkt der Dichtung, auch in Gedichten des Reisens. Es ging der Dichtung vor allem um den Ausweis eines bürgerlichen Selbstbewusstseins; „Vernunft", aber auch „Licht" und ähnliche Metaphern dominierten. Das wird auch in den wenigen Gedichten der Epoche deutlich, die sich dem Thema des Reisens widmen. Doch darf nicht übersehen werden, dass Aufklärung (nach 1700–1785), Sturm und Drang (1765–1790), Klassik (1786–1832) und Romantik (1798–1835) nicht konsequent nacheinander ablaufen, sondern streckenweise parallel.

Gedichte: keine

Johann Peter Uz (1720–1796) ist für die Aufklärung ein treffendes Beispiel:

Der Weise auf dem Lande

Ihr Wälder, ihr belaubte Gänge! / Und du, Gefilde! Stille Flur!
Zu euch entflieh ich vom Gedränge, / O Schauplatz prächtiger Natur!
Wo ich zu lauter Lust erwache / Und, auf beglückter Weisen Spur,
Im Schoße sichrer Ruhe lache.

Ich fühl, o Freund, mich neugeboren / Und fange nun zu leben an,
Seit, fern vom Trotze reicher Toren, / Ich hier in Freiheit atmen kann.
Hier kann ich ohne Missgunst leben, / Wenn manchen ungerechten Mann
Die Fittiche des Glückes heben.

Wer will, mag stolz nach Würden trachten, / Ich sehe, mit zufriednem Sinn,
Sie unter ehrnem Joche schmachten, / Verliebt in mühsamen Gewinn.
Sie drängen sich durch List und Gaben / An ihre Ruderbänke hin,
Dieweil sie Sklavenseelen haben.

Den leichten Rauch der falschen Ehre / Erkauf ich nicht mit wahrem Weh.
Mein Geist sei, nach der Weisheit Lehre, / So stille wie die Sommersee:
So ruhig im Genuss der Freuden, / Als dort, im buntbeblümten Klee,
Die unschuldvollen Lämmer weiden.
(...)
Mir gnüget ein zufriednes Herze / Und was ich hab und haben muss
Und, kann es sein, bei freiem Scherze, / Ein kluger Freund und reiner Kuss:
Dies kleine Feld und diese Schafe, / Wo, frei von Unruh und Verdruss,
Ich singe, scherze, küsse, schlafe.[59]

Vernunft als dominierende Instanz

Suche nach Natürlichkeit

Johann Peter Uz gehörte dem Halleschen Dichterkreis an und übersetzte u. a. den Pseudo-Anakreon, später den Horaz. Er versuchte, sinnliches Leben und Vernunft miteinander zu verbinden und bewies dabei viel Gespür. Der Rückzug in die Natur wird für den Verständigen („Weisen") zur Lebenswanderung. Er fühlte sich deshalb nur bedingt zur Anakreontik wie zur Rokokolyrik hingezogen und überwand beide. Deshalb wird in diesem langen Gedicht deutlich, wie die Vernunft – „der Weise" – die beherrschende Instanz ist. Er rettet sich und die Vernunft in die Natur, um sie nicht in einer Welt höfisch-aristokratischer Sitten untergehen zu lassen. Das ist ein durchaus fortschrittlicher Gedanke, der die vorrevolutionäre Stimmung von 1789 ahnen lässt. Damit wendet er sich einer von Aufklärung und Sturm und Drang nicht zuletzt unter dem Einfluss von Jean-Jacques Rousseau bevorzugten Wirklichkeit, der Natur, zu. Uz versteht Wandern und Unterwegssein als Suche nach Natürlichkeit, Bedürfnislosigkeit, das Auffinden von Freundschaften, die er besonders lobt. Letztlich ist diese Wanderung des lyrischen Subjekts, die als „Flucht" vor der Zivilisation erscheint, eine poetische Reise durch die zeitgenössische Gesellschaft, bei der die vorhandenen Strukturen als Einengung und

59 Golz, S. 200 ff.

Versklavung gefühlt werden, während die Natur als Ort der Freiheit und der Dichtung betrachtet wird. Wandern wird zum ästhetischen Vorgang, mit dem die schwierige gesellschaftliche Struktur verständlich gemacht wird.

Gedicht: *Der Zürchersee* (K)

Eine andere Bedeutung bekommt die Reise/Wanderung in **Friedrich Gottlieb Klopstocks** (1724–1803) Schaffen. Darin finden sich auf den ersten Blick keine Gedichte, die derartige Themen betreffen. Die Ode *Der Zürchersee* (1750), von der im Folgenden aus Platzgründen nur die ersten vier Strophen wiedergegeben werden, ist eine Ausnahme: Das lyrische Subjekt tritt in ein selbstverständliches Gespräch mit der Natur ein, deren Schöpfungen es bewundert.

Der Zürchersee

Schön ist, Mutter Natur, deiner Erfindung Pracht / Auf die Fluren verstreut, schöner ein froh Gesicht,
Das den großen Gedanken / Deiner Schöpfung noch *einmal* denkt. //
Von des schimmernden Sees Traubengestaden her, / Oder, flohest du schon wieder zum Himmel auf,
Komm in röthendem Strale / Auf dem Flügel der Abendluft, //
Komm, und lehre mein Lied jugendlich heiter sein, / Süße Freude, wie du! gleich dem beseelteren
Schnellen Jauchzen des Jünglings, / Sanft, der fühlenden Fanny gleich. //
Schon lag hinter uns weit Uto, an dessen Fuß / Zürch in ruhigem Thal freie Bewohner nährt;
Schon war manches Gebirge / Voll von Reben vorbeigeflohn. //
(…)[60]

Es ist unterwegs von Zürich in die Alpen, vorbei an Weinbergen, mit den Gesängen der Freunde Gleim, Haller u. a. im Ohr und selbst mit den Freunden singend wie Hagedorn. Bei dieser irdischen Wanderung strebt das lyrische Subjekt vollen Sinnengenuss

———

60 Zit. n. Echtermeyer: *Deutsche Gedichte. Von den Anfängen bis zur Gegenwart. Auswahl für Schulen.* Hrsg. v. Elisabeth K. Paefgen zus. m. Peter Geister. Berlin: Cornelsen, S. 136.

an und sieht sich damit nicht im Widerspruch zu Ewigkeit und Erlösung, sondern auf dem Wege dorthin: „So das Leben genießen, / Nicht unwürdig der Ewigkeit!“ Aber: Die meisten Oden Klopstocks sind Loblieder auf Gott, Himmel und Religion, in denen die Natur Versatzstücke des Göttlichen sind. Das gehörte zu Klopstocks Streben nach einer „großen Dichtung“ in hoher Sprache, die sich mit der Größe der antiken Dichtung messen konnte und mit der zeitgenössischen Lyrik anderer Nationen vergleichbar sein sollte. Seine poetischen Gegenstände wählte er in diesem Rahmen nach den bildenden Wirkungen für die menschliche Seele aus. Eher profane Themen wie das Reisen gehörten dazu nicht. Andererseits war das Wandern in seiner Dichtung präsent, weil nur durch das Streben nach dem ständigen Aufstieg zu Höherem der

Klopstocks Zürichseefahrt nach einer Zeichnung von Eugen Klimsch © picture alliance / akg-images

Mensch seine moralische Vollkommenheit im Auge behält, die die irdische Lebenswanderung bestimmen und auf das Jüngste Gericht vorbereiten soll. Deutlich wird das in Klopstocks an Personen gerichtete Gedichte (*Wingolf*, acht Lieder, 1747). Ein eindrucksvolles Beispiel für eine Wanderung zu Gräbern ist *An Ebert* (1748).

An Ebert (d. i. Johann Arnold Ebert, Dichter und Freund Klopstocks)

Ein Verehrer Klopstocks war der wegen seiner Freundschafts-, Wander- und Landschaftsgedichte berühmte **Friedrich (von) Matthisson** (1761–1831), ein Lyriker in der Tradition des Göttinger Hains, dessen Gedichte zu den meistvertonten der deutschen Literatur zählen. Landschaften zu beschreiben, denen der Wanderer während einer Reise begegnet, gehörte zu seinen bevorzugten Themen; er selbst war lebenslang auf großer Reise bis nach Kopenhagen im Norden und Italien im Süden. Ein landschaftlich wichtiger Ruhepunkt von diesen Reisen wurde sein Aufenthalt in Wörlitz von 1795 bis 1811, im Dienste des Fürsten/seit 1807 Herzogs Leopold III. von Anhalt-Dessau (Vater Franz). Seit 1812 war Matthisson in Stuttgart am Königshof als Oberbibliothekar tätig. Dort wurde er zum Gegenpol der Romantiker Uhland und Kerner und zum Partner der Autoren um das *Morgenblatt für gebildete Stände*, die sich dem Klassizismus verschrieben hatten. Das brachte es mit sich, dass er statt der von den Romantikern gepflegten altdeutschen Vergangenheit der Antike huldigte.

Landschaftsbeschreibungen

Gedichte: *Abendlandschaft* (K), *Der Alpenwanderer*, *Die Landschaft*, *Lugano* (R)

Zuruf

Alles kann sich umgestalten! / Mag das dunkle Schicksal walten.
Mutig! auf der steilsten Bahn. / Trau' dem Glücke! trau' den Göttern!
Steig', trotz Wogendrang und Wettern, / Kühn, wie Cäsar, in den Kahn. //
Lass den Schwächling angstvoll zagen! / Wer um Hohes kämpft,
muss wagen!
Leben gelt' es oder Tod. / Lass die Woge donnernd branden!
Nur bleib immer, magst du landen / Oder scheitern, selbst Pilot![61]

---

61 Friedrich von Matthisson: *Gedichte*. Leipzig: Philipp Reclam o. J. (1870), RUB 140, S. 109.

Das lyrische Subjekt schaut auf den zurückgelegten Lebensweg und gibt seine Erfahrungen an ein partnerschaftliches Du weiter. Der Standort des Betrachters ist am Ufer kurz vor Besteigen des Bootes, wobei das Boot ebenso ins Leben wie in den Tod fahren kann. Damit wird bei dem Fluss auch an Lethe gedacht, denn auch der Tod gehört zum „Alles". Aber eines muss sicher sein, der Betrachter entscheidet. – Geschrieben ist dieser Rat als ein Spruch, der sich nur am Größten misst: an Cäsar. Das bedeutete Eroberungswillen – der „Kahn" als Zeichen für die Eroberung Englands –, Liebeswollen (Kleopatra) – und ständige Bedrohung (Cäsars Ermordung). Auffallend ist der Schluss: Der Mensch solle als Pilot sein Leben gestalten. Das Wort, im 17. Jahrhundert aus dem Niederländischen gekommen, war damals relativ neu im Deutschen und bedeutete den sicheren und zuverlässigen Führer eines Schiffes. Die Lebenswanderung wird zur Bootsfahrt; das assoziiert vom Lebensschifflein bis zur Überfahrt am Fluss Lethe Anfang und Ende des menschlichen Lebens. Matthissons Reisegedichte galten zu seiner Zeit als vorbildhaft, allen voran das umfangreiche, 43 Vierzeiler umfassende Gedicht *Der Genfersee*, zwischen 1788 und 1790 geschrieben, das ein Vorbild für Schillers *Der Spaziergang* (1795) wurde. August Wilhelm Schlegel befand 1796 dieses Gedicht „als das beste Muster ‚der schildernden oder Landschaftspoesie', von dessen ‚Harmonie' und Musikalität schöne Wirkungen ausgegangen seien"[62].

Pilot des Lebens

Dass damals auch Frauen das Reisen entdeckten, belegt **Anna Louisa Karsch (Karschin)** (1722–1791); sie schrieb in der Aufklärung Verse über das Wandern. Seit ihrer Jugend hatte sie sich zu Fuß bewegt und behielt das „später in Berlin, als es ihr möglich war, auch im Wagen zu fahren" bei; sie ist eine „große Fußgänge-

Große Fußgängerin

62 Hartung, Bd. 2, S. 139.

rin geblieben“[63]. Bei *Spazier-Gaenge(n) von Berlin* beteiligte sie sich nicht am gesellschaftlichen Schaulaufen, sondern „fern vom geschäftigen Getümmel / Wohnt die Natur, die das Einsame liebt / In euch, und rund umher wölbt sich ein heitrer Himmel / Von keinem Rauch der stolzen Stadt getrübt“[64], und in Magdeburg sah sie 1762 Elend und soziale Not (*An Palemon*. Der Spaziergang auf dem Fürstenwall*):

*An Palemon**

Auch ich ging einst in abgetragner Hülle, / Und Kinder stammelten um Brot.
Mit Seufzern unterbrach ich nächtlich meine Stille /
Und träumte Morgen-Not. //
Jetzt denk ich oft zehn Frühlinge zurücke, / Und staune was mir wiederfährt
Mit vollem Herzen an; und eine Trän im Blicke /
Frägt: Himmel bin ichs wert?[65]

*Palemon: griech. Hafengott

Spaziergang nach Syrakus

Gedichte: *Von Salerno nach Paestum* (R), *Im Gehen geht es besser* (Prosa) (K)

Ein nachhaltig wirkender Reisender/Wanderer unter den Schriftstellern war **Johann Gottfried Seume** (1763–1810) mit mehreren Werken, aber besonders mit dem Prosawerk *Spaziergang nach Syrakus im Jahr 1802*, das 1801/02 geschrieben wurde, aber Züge spätaufklärerischen Denkens enthält. Die Beschreibung dieser Reise wurde zu einem „Höhepunkt der spätaufklärerischen Wanderbewegung“[66]. Neben dieser wirkungsvollen Beschreibung – Vorbild noch für Friedrich Christian Delius' *Der Spaziergang von Rostock nach Syrakus* (1995) – schrieb Seume auch Gedichte. Der Publizist ist keiner der literarischen Strömungen seiner Zeit uneingeschränkt zuzuordnen und wurde mit seinen Werken zu einem

---

63 Heidi Ritter: *Über Gehen, Spazieren und Wandern von Frauen in der zweiten Hälfte des 18. Jahrhunderts*, in: Albrecht/Kertscher, S. 98 f.
64 Karschin, S. 63.
65 Ebd., S. 24.
66 Urs Meyer: *„Fahren zeigt Ohnmacht, Gehen Kraft". Sozial- und stilgeschichtlicher Vergleich ausgewählter Wanderberichte der Spätaufklärung*, in: Albrecht/Kertscher, S. 115.

der wirkungsvollsten Vorbilder für literarisches Nachdenken über Wandern und Reisen.

Seume führte nach einer Zwangsanwerbung ein abenteuerlich-entbehrungsreiches Leben sechs Jahre als Söldner in Nordamerika und in Preußen. 1787 floh er aus diesen Diensten und begann in Leipzig Jura zu studieren. Dann diente er als Legationssekretär und Offizier der russischen Truppen in Warschau. Von Bedeutung wurde für ihn die Freundschaft mit dem Verleger Göschen, bei dem er als Korrektor zu arbeiten begann. In dieser Zeit lernte er bedeutende Autoren und Maler kennen und trat mit ihnen in persönliche oder briefliche Beziehung, darunter Gleim, Veit Hanns Schnorr von Carolsfeld, Böttiger, Kotzebue, Goethe, Schiller, Herder und Wieland. 1801 brach er nach Italien auf, um die provinzielle Enge und manche persönlichen Enttäuschungen hinter sich zu lassen. 1805 wanderte er über Dresden, Warschau und Riga nach Norden über Petersburg in Russland nach Finnland, Schweden und Dänemark. Daraus wurde das Tagebuch einer nordischen Reise *Mein Sommer 1805*.

Als Söldner in Nordamerika

Die Eindrücke seiner Wanderungen nahmen Kunstdenkmäler und antike Traditionen auf, aber Seume suchte die sozialen Bedingungen für die Menschen seiner Zeit. Seine Wanderungen verbanden sich mit Begegnungen und Erinnerungen an Orte bedeutender Ereignisse. In seinem Gedicht *Das Herabkommen vom Gotthard* werden der Kampf der Schweizer Eidgenossen und Wilhelm Tells lebendig:

Erinnerungen an historische Orte

Das Herabkommen vom Gotthard

Dumpf donnert durch die Alpenwand / Tief unter meinem Tritt
Der Waldstrom in das Heldenland / Und nimmt die Felsen mit. //
Der Berg, der in die Wolken taucht, / Verbirgt des Jägers Bahn;
Und aus der Gletscher Schluchten haucht / Im Sommer Frost mich an. //
Hoch mit der Gemse stiegen dort / Die Männer jener Zeit
An ihren Alpenschädeln fort / Mit kühner Sicherheit. //
Der tatgewisse Jüngling schwang / Sich über Klippen hin
Und lernte stolz am Felsenhang / Des Mannes hohen Sinn, //
Und stählte seinen Sehnenarm, / Indem er Waffen schliff,
Dass er, von edlem Zorne warm, / Wenn's galt, zum Bogen griff. //
Dort, wo die Schneelawine droht, / Saß er am Wolkenbach
Und dachte stumm dem Machtgebot / Des Zwingherrn ahnend nach. //
Dort stand die alte Burg im Tal, / Wo nun der Waldstrom ruht,
Und vor der Burg gepflanzt der Pfahl, / Und auf dem Pfahl der Hut. //
Und Flüche betend bückte sich / Der Haufe vor dem Bild;
Und allen gor es innerlich / Tief fürchterlich und wild. //
Da schritt ein Mann voll Ernst vorbei, / Gerad' und fest und schnell,
Bemerkte kaum das Konterfei, / Und dieser Mann war Tell. (...)[67]

Überquerung des St. Gotthard

Auf der Wanderung von Syrakus in die Heimat überquerte Seume am 18. Juni 1802 bei dichtem Nebel und viel Schnee den St. Gotthard. Er bewunderte die Vielseitigkeit des Gebirgsmassivs und gelangte schließlich mit seinem Begleiter, einem Schneider, nach Altdorf, ohne den Ort, „wo Tell den Apfel abgeschossen hatte"[68], zu besichtigen. Doch erinnerte er sich bei der weiteren Wanderung an die Orte der Tell-Sage, besonders die Tell-Kapelle: „Alles ist sehr gut und sehr patriotisch, aber ich fürchte, nicht sehr wahr; denn wenn auch die Schweizer noch die Alten wären, würden sie sich doch in diesen Konjunkturen schwerlich retten."[69] Die Ein-

---

67 Seume, S. 192 f. Aus Platzgründen werden hier nur die ersten 36 Verse wiedergegeben (insg. 124).
68 Ebd., S. 273.
69 Ebd., S. 274.

sicht Seumes ist verblüffend: Dieser vergangene Patriotismus ist der modernen Gegenwart nicht gewachsen. Dennoch werden in diesen Versen neue Grenzen angedeutet: „Haus und Herd“ waren nicht die Merkmale einer modernen Zeit, wie sie seit der Französischen Revolution von 1789 von den Franzosen in die Welt getragen wurden: „Freiheit, Gleichheit, Brüderlichkeit“. Mit Tells Apfelschuss und der Ermordung Gesslers – beides gehört der Schweizer Sagenwelt an – und dem Zusammenschluss der Schweizer Kantone im Rütli-Schwur schlug die private Tat in die gesellschaftliche Handlung um.

Unter den Einflüssen aus Frankreich und England, die auf die literarische Strömung des Sturm und Drang wirkten, war es im Zusammenhang mit Natur und Reisen besonders der schon genannte französische Philosoph **Jean-Jacques Rousseau** (1712–1778), der aus der manieriert gewordenen Kultur in eine freie Natur drängte und dabei herrschende Gesetze, Verhaltensnormen und gesellschaftliche Regeln in Frage stellte. Sein radikaler – und oft verballhornter – Ruf „Zurück zur Natur!“ enthielt den Drang nach neuer sinnlicher Erfahrung von Landschaft und freier Natur, fern von rokokohaft gestalteten Parks und Anlagen. Reisen und Wandern bedeutete unter dieser Voraussetzung den Ausbruch aus dem Gewohnten und allmählich Erstarrten. Rousseau gab dazu in seinem Roman *Émile oder Über die Erziehung* (1762) Anregungen und Hinweise, indem er die Reise zu Fuß als eine Möglichkeit beschrieb, mit der man die Trennung zwischen Mensch und Natur aufheben könne:

„Zurück zur Natur!“

> „Ich kann mir nur eine Art zu reisen vorstellen, die noch angenehmer als das Reisen zu Pferde ist, nämlich das Reisen zu Fuß. Man bricht nach Belieben auf, rastet, wenn es einem behagt,

und macht größere oder kleinere Tagesreisen, je nach Lust und Laune. Man betrachtet die ganze Gegend, wendet sich bald zur Rechten, bald zur Linken, untersucht alles, was einen ergötzt, und macht an allen Aussichtspunkten halt.“[70]

Solche Auffassungen wurden gelebt, und daraus entstand 1770/71 in Straßburg Dichtung, wo **Johann Gottfried Herder** (1744–1803), ein entschiedener Anhänger der Auffassungen Rousseaus, einen Kreis junger Dichter, darunter auch Johann Wolfgang Goethe, um sich sammelte. Die Lyrik wurde von der Volksdichtung beeinflusst, zu deren Sammeln Herder nachdrücklich aufrief. Das brachte die verstärkte Beschäftigung mit den unteren Klassen des Volkes mit sich. Herder prägte den Begriff „Volkslied“ und gab selbst eine Sammlung *Volkslieder* (1778/79) heraus. Bemerkenswert an dieser Sammlung war, dass sie nicht auf deutsche Lieder beschränkt blieb, sondern solche aus vielerlei Sprachen vereinigte. Bei deren Übersetzung wurde deutlich, dass zwischen den einzelnen Nationen inhaltliche Parallelelen bestanden. Die Inhalte gingen weniger auf nationale, mehr auf menschheitlich-existenzielle Erfahrungen zurück. Dazu veränderte sich der Charakter der Lyrik: Die formale Regelmäßigkeit wurde von volksliedhaften Rhythmen abgelöst, der Inhalt triumphierte über die Form, und Unregelmäßigkeiten in Reim – unreine Reime – und Rhythmus wurden die Norm. Das Reisen war in diesen Dichtungen ein Grunderlebnis. Auch Herder hatte es als solches erlebt. 1769 war er von Riga nach Frankreich unterwegs gewesen. Auf der Seereise entstand das berühmt gewordene *Journal meiner Reise im Jahre 1769* (K). Anlass der Reise war Herders Eindruck der Sinnlosigkeit allen bisherigen Tuns:

Volkslieder

Von Riga nach Frankreich

---

70 Jean Jacques Rousseau: *Emil oder Über die Erziehung*. Leipzig: Reclam, 1945, 2. Bd., S. 441.

> „Alles also war mir zuwider. Mut und Kräfte genug hatte ich nicht, alle diese Misssituationen zu zerstören und mich ganz in eine andre Laufbahn hineinzuschwingen. Ich musste also reisen; und da ich an der Möglichkeit hiezu verzweifelte, so schleunig, übertäubend und fast abenteuerlich reisen, als ich konnte.“[71]

Losgerissen von allem Beständigen, vom „enge(n), feste(n), eingeschränkte(n) Mittelpunkt“ schafft die Reise eine „neue Denkart! aber sie kostet Tränen, Reue, Herauswindung aus dem Alten, Selbstverdammung (…)“[72]. Herders Reise wurde maßgebend für den Sturm und Drang, vor allem für den Kreis der Dichter um ihn. Die Reise diente in diesem Falle der Selbstverständigung über den eigenen Lebensweg und seine Bestimmung.

Gedichte: *keine*

Einem anderen Reisen widmete sich **Christian Friedrich Daniel Schubart** (1739–1791). Er war ein rigoroser Stürmer und Dränger, volksverbunden und aufbegehrend, dabei auf Gott vertrauend – ein Großteil seiner Gedichte beschäftigt sich mit Gott und dem Glauben – und hoffend auf revolutionäre gesellschaftliche Veränderungen. Seine kritischen, oft sarkastischen Dichtungen und ein lockerer Lebenswandel brachten ihn in Schwierigkeiten, zwangen ihn, nachdem er 1773 aus Württemberg ausgewiesen wurde, zu aufreibenden Wanderungen in Süddeutschland auf der Suche nach einer Tätigkeit. Schließlich wurde er 1777 auf württembergischen Gebiet verhaftet und zehn Jahre auf der Festung Hohenasperg gefangen gehalten. – Reisen verbanden sich für ihn neben der Absicht, sich in Sicherheit zu bringen, mit der Suche nach Betätigungsfeldern als Lehrer, Musiker und Dichter. Schubart dichtete auch über die

Zehn Jahre Festungshaft

---

71 Herder, 1. Band, S. 287.
72 Ebd., 1. Band, S. 292.

„Reisen" von Soldaten nach Nordamerika und Afrika, die dort gegen koloniale Unterdrückung für Freiheit und Unabhängigkeit kämpften (*Freiheitslied eines Kolonisten*, 1775; *Für den Trupp*, *Kaplied*, 1787). Aber er setzte 1783 jenes Schicksal der Soldaten dagegen, welches sie nach den Kämpfen erlebten, wenn sie gezwungen waren, ihr Leben, oft kriegsversehrt, ohne jede Hilfe auf der Landstraße bettelnd zu gestalten:

Der Bettelsoldat

Mit jammervollem Blicke, / Von tausend Sorgen schwer,
Hink ich an meiner Krücke / In weiter Welt umher. //
Gott weiß, hab viel gelitten, / Ich hab so manchen Kampf
In mancher Schlacht gestritten, / Gehüllt in Pulverdampf. //
Sah manchen Kameraden / An meiner Seite tot
Und musst im Blute waten, / Wenn es mein Herr gebot. //
Mir drohten oft Geschütze / Den fürchterlichsten Tod,
Oft trank ich aus der Pfütze, / Oft aß ich schimmlig Brot. //
Ich stand in Sturm und Regen / In grauser Mitternacht,
Bei Blitz und Donnerschlägen, / Oft einsam auf der Wacht. //
Und nun nach mancher Schonung, / Noch fern von meinem Grab,
Empfang ich die Belohnung – / Mit diesem Bettelstab. //
Bedeckt mit dreizehn Wunden, / An meine Krück gelehnt,
Hab ich in manchen Stunden / Mich nach dem Tod gesehnt. //
Ich bettle vor den Türen, / Ich armer, lahmer Mann!
Doch ach! wen kann ich rühren! / Wer nimmt sich meiner an? //
War einst ein braver Krieger, / Sang manch Soldatenlied
Im Reihen froher Sieger; / Nun bin ich Invalid. //
Ihr Söhne, bei der Krücke, / An der mein Leib sich beugt,
Bei diesem Tränenblicke, / Der sich zum Grabe neigt; //
Beschwör ich euch – ihr Söhne! / O flieht der Trommel Ton!
Und Kriegstrommetentöne, / Sonst kriegt ihr meinen Lohn.[73]

---

73 Golz, S. 355 ff.

Das Gedicht schrieb Schubart wie die meisten Gedichte in der Festungshaft auf dem Hohenasperg. Zur gleichen Zeit entstand das ebenso umfangreiche Gedicht *Der Gefangene* (elf Strophen), in dem er dieses Schicksal bedichtete. In beiden Gedichten nimmt ein Ich das Wort. Ist es im ersten Fall als der Autor Schubart zu erkennen, so wird es im zweiten Gedicht zum Rollenspiel: Das Ich nimmt die Rolle des Invaliden und Bettlers an; mit dem Autor hat es im Gegensatz zu dem anderen biografisch nichts zu tun. Während er dort die Leiden in der Haft thematisierte, waren es hier die Leiden des kriegsversehrten Veteranen. Der Text besteht aus zwei gleich umfangreichen Teilen, die sich um die zentrale (6.) Strophe *Und nun nach mancher Schonung* gruppieren. Im ersten Teil werden die Kriegserlebnisse als eine Folge von Drohungen und Gefahren aufgelistet, im zweiten Teil wird das Invaliden- und Bettlerdasein beschrieben. Die zentrale Strophe erwähnt zuerst, dass nach dem Leiden im Krieg eigentlich die Belohnung eintreten müsste, die den Rest des Lebens sichert. Aber die verbreitete Ungerechtigkeit der Welt setzt sich durch.

Klage über die Ungerechtigkeit der Welt

Jede der elf Strophen hat vier Verse, die aus jeweils dreihebigen Jamben bestehen, die konsequent wechselnd mit einer weiblichen (Blicke) und einer männlichen (schwer) Kadenz enden. Der Rhythmus ist gleichmäßig schreitend, als ginge der Sprecher während des Rezitierens auf seinem Bettlerweg. Alliterationen in der Eröffnungs- (Sorgen schwer, weiter Welt) und Schlussstrophe (Trommel Ton, -trommetentöne) verstärken den Eindruck der Gleichmäßigkeit. Die unreinen Reime (Blicke–Krücke; Krücke–Blicke, beugt–neigt) sind dem mundartlichen Einfluss anzurechnen. – *Der Bettelsoldat* wurde von Schubart, der auch ein erfolgreicher Komponist war, vertont und gehörte zu den bekanntesten Liedern der Zeit. Das Thema der Soldaten als Reisende und Wanderer nutzten in vergleichbarer Weise auch andere Dichter der Zeit, so **Friedrich**

Soldaten als Reisende

Leopold Graf zu Stolberg[74] (1750–1819) (*Lied eines Deutschen in fremden Kriegsdiensten*, 1779) und **Friedrich Müller, genannt Maler Müller** (1749–1825), in seinem Gedicht *Soldatenabschied* (1776):

Soldatenabschied

Heute scheid ich, heute wandr ich, / Keine Seele weint um mich,
Sind's nicht diese, sind's doch andre, / Die da trauren, wenn ich wandre,
Holder Schatz, ich denk an dich. //
Auf dem Bachstrom hängen Weiden, / In den Tälern liegt der Schnee –
Trautes Kind, dass ich muss scheiden, / Muss nun unsre Heimat meiden,
Tief im Herzen tut mir's weh. //
Hunderttausend Kugeln pfeifen / Über meinem Haupte hin –
Wo ich fall, scharrt man mich nieder, / Ohne Klang und ohne Lieder,
Niemand fraget, wer ich bin. (…)[75]

Unterwegssein von Liebenden

Gedicht: *Erkannte Wohltat* (R)

Ein Gegenstück zu diesen Texten des Sturm und Drang über das unstete Wanderleben der Soldaten stellen die Gedichte **Leopold Friedrich Günther (von) Goeckingk** (1748–1828) dar. In ihnen geht es um das private Unterwegssein zweier Liebender, ihre Sehnsucht nacheinander und den Kampf mit den Unbilden von Wetter und Natur. Der Dichter behandelte die Liebe als einen sehr sinnlichen Vorgang, der die körperliche Liebe einschloss.

1777 erschienen erstmals Goeckingks *Lieder zweier Liebenden* in drei Teilen. In dieser Sammlung wird das Reisen zu einem häufig benutzten Thema, um die Entfernung zur Geliebten zu überwinden. Zum Beispiel beginnt das Gedicht *Der Winterabend*:

---

74 Stolberg unternahm zwischen 1791 und 1793 eine Reise durch mehrere Länder, die er 1794 als *Reise in Deutschland, der Schweiz, Italien und Sizilien* veröffentlichte.
75 Golz, S. 387.

Welch ein Wetter! – Soll ich fort? / Oder soll ich bleiben?
Wie die düstern Wolken dort / Sich einander treiben!
Wie der Knopf am Kirchenturm / Schwankt auf seiner Stange!
Horch! Wie mehr von vor Schnee und Sturm / Als vor Menschen bange
(...)[76]

Der Winterabend

Die Geliebte dagegen richtet ihre Gedanken auf den Geliebten, den sie unterwegs weiß. Die Reise wurde in dieser Sammlung zur Überwindung der gefahrvollen Entfernung zwischen den Liebenden. Die ständige Gefahr, die den Tod nicht ausschließt, knüpft an ein altes antikes Reisemotiv an, das einer der folgenreichsten Legenden der griechischen Mythologie, der von Hero und Leander, entstammt. Die beiden Liebenden sind durch eine Meerenge getrennt; Leander schwimmt, einem von der Geliebten aufgestellten Licht am anderen Ufer folgend, über das Meer. Der Sturm löscht das Licht, Leander ertrinkt, Hero stürzt sich von ihrem Turm ins Meer. – Die Sage hat eine kaum überschaubare Nachwirkung gehabt (*Es waren zwei Königskinder*) und wurde von Schiller u. a. gestaltet.

Sage von Hero und Leander

Der vielseitige Goeckingk – Gedichte, Lieder, Epigramme und Epistel – stand mit seinem Werk zwischen Aufklärung und Sturm und Drang und orientierte sich sozial und politisch in republikanische Richtung. Goeckingk war auch ein engagierter Herausgeber, teils gemeinsam mit dem Dichter und Übersetzer **Johann Heinrich Voß** (1751–1826). Voß verband mit den Vorstellungen des Reisens/Wanderns den überschaubaren Weg aufs Land, wo „umgrünt hier jedes Haus. / Kein reicher Mann verbauet / Uns Mond und Sonnenschein; / Und Abends überschauet / man jedes Sternelein." (*Der Landmann*)[77] Im Gegensatz zur Stadt sind auf dem Land unzerstör-

Stadt versus Land

---

76 Leopold Friedrich Günther von Goeckingk: *Gedichte*, Teil 3, Frankfurt a. M., 1821, S. 18.
77 Johann Heinrich Voß: *Poetische Werke*, 3. Teil. Berlin: Gustav Hempel, o. J., S. 25.

te Natürlichkeit und in die Naturvorgänge eingeordnete Lebensstrukturen vorhanden, deren Voraussetzung Besitzlosigkeit ist. Ähnliches findet sich in Voß-Gedichten wie *Heureigen*, *Im Grünen* u. a. Das führte später zu einer Verkennung Voß' als Idyllen-Dichter eines kleinbürgerlich-bodenständigen Bauerntums.[78] Eine vergleichbare Rolle spielte **Matthias Claudius** (1740–1815), der aus der Tradition Klopstocks kam und mit Voß zeitweise befreundet war. Er wurde durch die von ihm herausgegebenen Zeitschrift *Der Wandsbecker Bote* bekannt.

Gedicht: *Urians Reise um die Welt* (R)

Geblieben ist von Claudius manches volksliedhafte Gedicht – *Der Mond ist aufgegangen* –, auch die Eröffnung von

Urians Reise um die Welt* (1786)

Wenn jemand eine Reise tut, / So kann er was erzählen;
Drum nahm ich meinen Stock und Hut, / Und tät das Reisen wählen. (…)[79]

*alter keltischer Name; im Deutschen verwendet für einen dummen und einfältigen Menschen, manchmal auch für den Teufel (in Goethes *Faust*)

Satire aufs Reisen

In dem von Beethoven vertonten Gedicht beschreibt Urian eine Weltreise vom Nordpol über Grönland, Amerika, China, Bengalen, Afrika usw.; er hat überall nur Narren gefunden. Das Gedicht ist eine Satire auf die überbordende Reisetätigkeit jener Zeit, die von Bildungs- und Kavaliers- bis zu Goldsucherreisen reichte. Claudius setzt seine Bescheidenheit und Einfachheit gegen die Abenteuerfahrten. Indem entfernte Ziele genannt werden, wird die Fragwürdigkeit der Reise deutlich.

---

78 Vgl. Thomas Neumann: *„Nein, Voß ist gewiss kein großer Dichter …"*, in: Andrea Rudolph (Hrsg.): Johann Heinrich Voss. Bettelbach: Verlag Dr. Josef H. Röll, 1999, S. 237.
79 Claudius, S. 155.

2.3 Reisen in der Klassik

Goethes Reise nach Italien

Mit einer Reise wird zumeist der Beginn der deutschen Klassik festgelegt: Johann Wolfgang von Goethes Reise nach Italien 1786 bis 1788. Gleichzeitig wie Goethe war auch der Schriftsteller und Psychologe **Karl Philipp Moritz** (1756–1793) in Italien. Aus diesem Aufenthalt entstand das Buch *Reisen eines Deutschen in Italien in den Jahren 1786 bis 1788*, das er mit der Begründung seiner Reise eröffnete:

> „(…) ich betrete nun den Boden des Landes, wohin ich so oft mich sehnte, das mir mit seinen Monumenten der Vergangenheit zwischen immer grünen Gebilden so oft in reizenden Bildern vorschwebte, und den Wunsch des Pilgrims in mir weckte, die heiligen Plätze zu besuchen, wo die Menschheit einst in der höchsten Anstrengung ihrer Kräfte entwickelte, wo jede Anlage in Blüten und Frucht emporschoss, und wo beinahe ein jeder Fleck durch irgendeine große Begebenheit, oder durch eine schöne und rühmliche Tat, welche die Geschichte uns aufbewahrt, bezeichnet ist.“ [80]

Johann Wolfgang von Goethe in der Campagna, Aquarell von J. H. W. Tischbein © picture alliance / akg-images

Eine Reise nach Italien, die oft mehrere Jahre dauerte, galt im 18. Jahrhundert als notwendige Bildung für europäische Aristokraten, Intellektuelle und Künstler, allerdings mit unterschiedlichen Zielen. Man war zumeist

80 Moritz, Bd. 2, S. 129.

Modellhaftes Italien

auf der Suche nach modellhaften gesellschaftlichen Zuständen, die über Kunst und Literatur hinausgingen. Johann Gottfried Seume, der zur Zeit der Klassik lebte, aber aufklärerisch dachte, vermerkte (und seine Beschreibung galt nicht nur für die Italienbegeisterung der Klassik): „Bei den Römern und Griechen kann man lernen, was Vaterlandsliebe und Freiheitsliebe, was Sinn für Männertüchtigkeit und für politische Ehre ist." [81] Doch schränkte er mit dem Verweis auf die Sklaven im Altertum die Vorbildhaftigkeit sogleich wieder ein, womit er allerdings eine Ausnahme in seiner Zeit war.

Die Italiensehnsucht war verbreitet, seit das Land zum Sinnbild des klassischen Altertums geworden war. Goethe schrieb in der *V. Römischen Elegie*, diese Elegien sind letztlich alle Wandergedichte: „Froh empfind ich mich nun auf klassischem Boden begeistert." [82] Das bedeutete, einem Schönheitsideal kontemplativ zu folgen und es in die eigene Gegenwart zu übertragen. So wurde der oft misslichen heimatlichen Wirklichkeit eine aus Italien abgeleitete Idealität entgegengestellt, die stilisiert wurde. Sie wurde begleitet von einer Sinnlichkeit, die die Heimat ebenfalls nicht bot. Die *Italienische Reise*, 1816 erschienen, wurde bei Goethe zum Erlebnis antiker Schönheit, einem natürlichen Volksleben und sinnlich erfüllter Liebe. Die Italienreise 1786 bis 1788 war eine geistige und künstlerische Neugeburt des Dichters, die zu einem anderen Gestaltungsvorsatz führte: Es folgte ein umfangreiches klassisches Werk, in dem Wanderungen einen großen Raum einnahmen, angefangen von der *Italienischen Reise*, die allerdings erst im Abstand von dreißig Jahre entstand, bis zu den *Wilhelm-Meister*-Romanen. Andere Werke änderten ihren Charakter wie *Iphigenie auf Tauris*, die von Prosa in den klassischen Jambus übertragen wurde.

---

81 Seume, S. 20.
82 Goethe, Bd. 1, S. 170.

Gedichte u. a.: *An Schwager Kronos, Seefahrt, Harzreise im Winter, Meeresstille, Glückliche Fahrt, Kennst du das Land, Wanderlied* (C); *Aus dem Tagebuch der Reise in die Schweiz, Willkomm und Abschied, Kennst du das Land, Glückliche Fahrt, Wandersegen; Meeresstille; Reise nach Uri, Wilhelm Meisters Wanderjahre, Brief aus Neapel* (K); *Reise-Segen, Mignon (Kennst du das Land), Glückliche Fahrt, Seefahrt; O, wie fühl' ich in Rom* (R)

Italien war nicht nur Wander- und Sehnsuchtsziel, sondern der Ort ersehnter und vorbildhafter Kunst. Goethe ging noch einen Schritt weiter: Für ihn war die Cestius-Pyramide auf dem Cimitero acatolico, dem protestantischen Friedhof bei der Porta San Paolo in Rom, das Sehnsuchtsziel des Lebens. Diesen heimatlich anmutenden, weil protestantischen Gottesacker in Arkadien hatte Goethe sich zum endgültigen Ort der Erfüllung erwählt. Am 16. Februar 1788, kurz vor seiner Abreise aus Rom, beschrieb er Fritz von Stein, dem Sohn der Geliebten Charlotte von Stein, sein erwünschtes Grab bei der Pyramide des Cestius und wollte ihm eine Tuschzeichnung davon schenken. Den Ort selbst besang er in der *VII. Römischen Elegie*:

Sehnsuchtsland und Kunst-Ideal

Vergib mir; der hohe / Kapitolinische Berg ist dir ein zweiter Olymp.
Dulde mich, Jupiter, hier und Hermes führe mich später,
Cestius' Mal vorbei, leise zum Orkus hinab.[83]

VII. Römische Elegie

Goethes *Italienische Reise* gehörte bald nach ihrem Erscheinen zum zeitgenössischen Bildungsprogramm. Sie wurde vorbildhaft und regte spätere Autoren, wie Gerhart Hauptmann, zur Nachahmung an. Zu Goethes Zeit trafen sich die deutschen Reisenden und Wanderer in Rom in einer dauerhaft installierten Kolonie, darunter auch der Stürmer und Dränger Karl Philipp Moritz.

Deutsche Künstlerkolonie

---

83 Ebd., S. 172.

Schon vor der Italienreise schrieb Goethe Gedichte über das Reisen. Eines der bekanntesten ist aus der Sturm- und Drang-Zeit in Straßburg *Willkommen und Abschied*[84], das in verschiedenen Fassungen vorliegt.

Willkommen und Abschied[85]

Es schlug mein Herz, geschwind zu Pferde! / Es war getan fast eh gedacht;
Der Abend wiegte schon die Erde, / Und an den Bergen hing die Nacht:
Schon stand im Nebelkleid die Eiche, / Ein aufgetürmter Riese, da,
Wo Finsternis aus dem Gesträuche / Mit hundert schwarzen Augen sah. //
Der Mond von einem Wolkenhügel / Sah kläglich aus dem Duft hervor,
Die Winde schwangen leise Flügel, / Umsausten schauerlich mein Ohr;
Die Nacht schuf tausend Ungeheuer; / Doch frisch und fröhlich war
mein Mut:
In meinen Adern welches Feuer! / In meinem Herzen welche Glut! //
Dich sah ich, und die milde Freude / Floss von dem süßen Blick auf mich;
Ganz war mein Herz an deiner Seite / Und jeder Atemzug für dich.
Ein rosenfarbnes Frühlingswetter / Umgab das liebliche Gesicht,
Und Zärtlichkeit für mich – ihr Götter! / Ich hofft es, ich verdient es
nicht! //
Doch ach, schon mit der Morgensonne / Verengt der Abschied
mir das Herz:
In deinen Küssen welche Wonne! / In deinem Auge welcher Schmerz!
Ich ging, du standst und sahst zur Erden, / Und sahst mir nach
mit nassem Blick:
Und doch, welch Glück, geliebt zu werden! / Und lieben, Götter,
welch ein Glück!

Liebe, Unterwegssein, Naturgefühl

Die beiden Begriffe „Willkomm(en)" und „Abschied" gehören vordergründig zum Thema Reisen, doch weisen sie auch auf ein Liebesgedicht. Das Gedicht geht auf Goethes Liebe zu Friederike Brion 1770/71 im elsässischen Sessenheim zurück. Liebe verbindet sich mit Unterwegssein und einem ungebändigten Natur-

---

84 Vgl. eine ausführliche Interpretation, Wirkungsgeschichte usw. in: Rüdiger Bernhardt: *Goethe. Das lyrische Schaffen.* Königs Erläuterungen Spezial. Hollfeld: C. Bange Verlag, 2015, S. 37–46.

85 Goethe, Bd. 1, S. 48 f., und Bd. 2, S. 566 f. und 909.

gefühl. Der nächtliche Ritt beherrscht die erste Hälfte des Gedichts. Über die Begegnung der beiden Liebenden erfährt der Leser nichts, aber über die Glücksgefühle der beiden, die in Erinnerungen daran schwelgen („Dich sah ich" ... „Zärtlichkeit für mich"; V. 17 und V. 23). Schnell kommt der Abschied nach der Liebesnacht. Das lyrische Subjekt ist ihm ausgesetzt und kann nicht einmal mehr die Erinnerung als Ordnungsprinzip benutzen. Aus dem Präteritum wird Präsens: Der Abschied „verengt ... mir das Herz" (V. 26). Die Wonne schlägt in „Schmerz" (V. 28) um, kann jedoch durch neue Erwartung („... welch Glück, geliebt zu werden!"; V. 31) gemindert werden. Das lyrische Subjekt rettet sich in den Abschied, weil es darin neue Hoffnung schöpfen kann. Die beiden Liebenden sind keine züchtigen und disziplinierten Gestalten in gesitteter Umgebung, sondern zwei junge Menschen, die sich Gefühlen und Trieben hingeben und sich ausleben.

Dämonisierter Landschaftsritt

Der in den Eröffnungsstrophen beschriebene Ritt durch eine Landschaft – zwischen Straßburg und Sessenheim – erscheint dämonisiert, ins Göttliche stilisiert, um die Sehnsucht und Erwartung des lyrischen Subjekts zu überhöhen: „In meinen Adern welches Feuer! / In meinem Herzen welche Glut!" (V. 15 f.) Im Gegensatz zu den Reisen nach Leipzig und Frankfurt wurde Goethe im Elsass von der Natürlichkeit und ländlichen Schönheit überrascht, die auch die Menschen betraf.

Formale Merkmale

Zuerst wurde das Gedicht 1775 ohne Titel in der Zeitschrift *Iris* (1774–76) veröffentlicht, dann wurde es mit dem Titel *Willkomm und Abschied* in die *Schriften* (1789) aufgenommen, seit 1810 trägt es den heutigen Titel. Das Gedicht bildet eine widerspruchsvolle Einheit. Der drängende Aufbruch und das Unterwegssein in den ersten Strophen, in denen noch nicht von Liebe gesprochen wird und der Anlass des überschwänglichen Gefühls allenfalls geahnt werden kann, wird mit der Erfüllung der Liebessehnsucht und Erschlaffung des Liebenden zur „milde(n) Freude“ (V. 17) und der Abreise in den letzten Strophen kontrastiert. Dazwischen liegt der Liebesakt der beiden jungen Menschen, nach dem die „Glut“ in „milde Freude“ umschlägt. „Dich sah ich“ (V. 17) umfasst das nicht Gedichtete und steht in der Mitte des Gedichts, trennt und verbindet beide Teile. Alle Fassungen des Gedichts haben eine jambische Struktur, die im Gegensatz zum Volkslied durchgehend regelmäßig ist. Dadurch bekommt der Text einen schnellen Rhythmus, dem Reiten nicht unähnlich (tatám, tatám, tatám), schnelles Reisen assoziierend. – Außerdem wurden Gedichte Goethes über das Reisen berühmt wie *Glückliche Fahrt*, *Auf dem See*, *Wandrers Nachtlied* und andere.

Leichtes Reisen, schweres Reisen

Im Dezember 1777 wanderte Goethe in den Harz. Dabei kam es zu einer psychologischen Situation der Selbstdarstellung[86], in der Goethe trotzdem unerkannt bleiben wollte. Einem Manne, der ihm zwei fordernd-überfordernde Briefe geschrieben hatte, stellte Goethe den berühmten Dichter vor, ohne sich zu erkennen zu geben. Dieser Goethe wurde zu einem Gegenentwurf der Götter, zu einem abseits Wandernden gegenüber den im Wagen reisenden Göttern in dem Gedicht *Harzreise im Winter.* Leichtes Reisen der Götter und ihrer Lieblinge und die beschwerliche Reise der abseits Lebenden werden miteinander konfrontiert.

Ein auffälliges Gedicht des Dichters, wenig bekannt, ist das Sonett *Reisezehrung*:

Reisezehrung

Entwöhnen sollt ich mich vom Glanz der Blicke,
Mein Leben sollten sie nicht mehr verschönen.
Was man Geschick nennt, lässt sich nicht versöhnen,
Ich weiß es wohl und trat bestürzt zurücke.

---

86 Vgl. Preisendörfer, S. 83 f.

Nun wusst ich auch von keinem weitern Glücke;
Gleich fing ich an, von diesen und von jenen
Notwend'gen Dingen sonst mich zu entwöhnen:
Notwendig schien mir nichts als ihre Blicke.

Des Weines Glut, den Vielgenuss der Speisen,
Bequemlichkeit und Schlaf und sonst'ge Gaben,
Gesellschaft wies ich weg, dass wenig bliebe.

So kann ich ruhig durch die Welt nun reisen:
Was ich bedarf, ist überall zu haben,
Und Unentbehrlichs bring ich mit – die Liebe.[87]

Entsagung

Ursprünglich hieß das Gedicht *Entsagung* und traf ein Grundthema der Dichtungen Goethes. Aber tatsächlich ist es mit der Entsagung nicht weit her, und es ist ein Liebesgedicht: Er will allem entsagen, was ihn an einer Reise hindern könnte, aber es ist eine Reise zur Geliebten und nicht entsagt er – so der Schluss – der Liebe. Das Sonett ist italienischer Herkunft und streng gebaut: Zwei Vierzeilern (Quartetten) folgen zwei Dreizeiler (Terzette). Das Reimschema ist abba, abba, cdc, dcd, wird aber variiert. Es ist ein Liebesgedicht und es ist ein Reisegedicht; es geht um das Abwägen beider Vorgänge – Liebe und Reisen. Letztlich wird die Liebe als dominierende Reise unter Menschen begriffen. Das lyrische Ich sieht sich mit einer Liebe konfrontiert, die ihm jedoch Schwierigkeiten bereitet: Die Geliebte könnte zu jung für ihn sein, vielleicht wäre eine Beziehung unangemessen oder würde eine bestehende andere Beziehung beeinträchtigen, alles das wäre in diesem Falle möglich – und von der er sich deshalb lösen möchte, was auch richtig wäre, wie die konjunktivische Formulierung („Ich sollt mich") beweist: Aber das fällt ihm schwer. Das lyrische Ich weiß, was zu tun wäre, aber das Schicksal („Geschick") lässt sich nicht

---

87 Goethe, Bd. 1, S. 276.

so einfach „versöhnen“, d. h. mit den Gegebenheiten und Erfordernissen in Übereinstimmung bringen. Darüber ist das Ich entsetzt, denn es beeinträchtigt bei aller Glückseligkeit seine Freiheit und Unabhängigkeit, wofür das Reisen steht. Aber Reisen in Freiheit ist nur ungebunden möglich. Deshalb versucht das Ich, auf alles zu verzichten, was neben dieser Liebe, die durch Blicke verwirklicht wird, örtlich bindet. Es sind die Selbstverständlichkeiten und die Annehmlichkeiten des täglichen Lebens. Wenn das alles aber aufgegeben wird, kann sich das Ich auch aus der Gefangenschaft der Blicke und damit von der Liebe lösen, um letztlich zu entfliehen und zu reisen. Auf der Reise wird ihm alles geboten, auch eine andere Begegnung, denn das Ich bringt seine Liebe, die es befreit hat aus der Gewöhnung, mit und kann sie in eine neue Beziehung einbringen. Bezieht man Goethes biografische Situation ein, lässt sich das Gedicht mit den Neigungen des älteren Mannes zu mehreren jungen Frauen zur gleichen Zeit in Verbindung bringen: mit Wilhelmine Herzlieb, Bettina von Arnim und möglicherweise auch mit Silvie von Ziegesar. Reisen befreit, löst zudem aus Befangenheiten und Verwirrungen. Es schafft die Möglichkeiten für neue Begegnungen; diese werden umso vielfältiger, je nachdrücklicher sich das Ich von allen Bindungen zuvor befreit hat. Der Dichter Karl Mickel interpretierte dieses Sonett in seinem Essay *Die Entsagung* als „Erzählung eines Abbaus“ und brachte es in Beziehung mit den Zeitumständen: „Während kriegerischer oder sonst unsicherer Zeiten empfiehlt sich, alles, woran das Herz hängen mag, abzutun; man reduziere sich auf die kleinste Größe und überlebe. Das Jahr 1807 war kriegerisch.“ [88] Diese Lesart ist nicht explizit im Gedicht erkennbar, aber möglich.

Reisen schafft Begegnungen

---

88 Mickel, *Schriften 5*, S. 70.

Das Thema der Entsagung beschäftigte Goethe auch in seinem Roman *Wilhelm Meisters Wanderjahre oder Die Entsagenden* (1821). Der Roman soll erwähnt werden, weil der Vorgang der Reise/Wanderschaft konsequent im klassischen Sinn an den Bildungsvorgang gebunden wurde. Wilhelm Meister wird von der Turmgesellschaft, einem klösterlichen Orden der Entsagung, auf Reisen geschickt und lernt dabei die entstehenden gesellschaftlichen Strukturen kennen, angefangen vom Übergang von der Manufakturindustrie zur industriellen Produktion bis hin zur Gründung von Genossenschaften und dem Drang nach Kolonien. Für die Dominanz des Themas von Reisen, Wanderschaft und Unterwegssein als Ausdruck des Zeitgeistes ist Goethes Roman, in dem Mignons Lied *Kennst du das Land* erneut zitiert wird, ein wegweisendes Zeugnis. So wurde der Roman auch später aufgenommen: Gottfried Keller bezeichnete den Roman in einem Brief vom 25. 6. 1855 an den Kunsttheoretiker Hermann Hettner als das „realitätssüchtigste Buch von der Welt."

Wilhelm Meisters Bildungsreise

Das Thema Reisen beschäftigte **Friedrich von Schiller** (1759–1805) vor allem metaphorisch.

Gedichte:
Kolumbus, Sehnsucht (C); *Sehnsucht, Columbus, Rätsel aus Turandot* (R)

Ein freundlich-heiteres Gedicht zum Thema des Unterwegsseins veröffentlichte Schiller im *Musenalmanach für das Jahr 1797*. Beim Betrachten wird es komplizierter: Das durch die Welt reisende Mädchen ist nicht körperlich, sondern ein Ideal. Es ist auch keine Erlebnislyrik, sondern philosophisch-reflektierende Dichtung:

Das Mädchen aus der Fremde[89]

In einem Tal bei armen Hirten / Erschien mit jedem jungen Jahr,
Sobald die ersten Lerchen schwirrten, / Ein Mädchen, schön und wunderbar. //
Sie war nicht in dem Tal geboren, / Man wusste nicht, woher sie kam,
Doch schnell war ihre Spur verloren, / Sobald das Mädchen Abschied nahm. //
Beseligend war ihre Nähe, / Und alle Herzen wurden weit,
Doch eine Würde, eine Höhe / Entfernte die Vertraulichkeit. //
Sie brachte Blumen mit und Früchte, / Gereift auf einer andern Flur,
In einem andern Sonnenlichte, / In einer glücklichern Natur. //
Und teilte jedem eine Gabe, / *Dem* Früchte, *jenem* Blumen aus,
Der Jüngling und der Greis am Stabe, / Ein jeder ging beschenkt nach Haus. //
Willkommen waren alle Gäste, / Doch nahte sich ein liebend Paar,
Dem reichte sie der Gaben beste, / Der Blumen allerschönste dar.

Frühlingsgedicht

Das Gedicht ist im Sommer 1796 entstanden; seit 1791 hatte sich Schiller mit der Philosophie Kants beschäftigt. Es erscheint wie eine Sage, aber nichts wird über die Herkunft des Mädchens gesagt, keine Ortsangabe führt den Leser ein. Es erscheint wie eine Huldigung des Frühlings. Damit kommt man dem Gedicht nahe; es ist ein Frühlingsgedicht. Das Mädchen reist durch die Welt und bringt Freude und Glück, doch ist es den Menschen unnahbar, göttlich. Es erscheint als Ideal südländischer Schönheit und Fruchtbarkeit, ähnelt also der Mignon Goethes. Es ist die Verbindung der Göttin der Schönheit mit der der Wahrheit, in der Natur verkörpert im Sinnbild des Frühlings. Es haben sich Grundzüge der Philosophie Kants mit der Naturauffassung Schillers verbunden. Nun aber wird es erkennbar: Das Mädchen bringt Früchte, sie sind vollkommen geworden unter dem Einfluss der Fremde, hinzuzufügen wäre: Italiens und der Antike, „in einer glücklichern

---

89 Schiller, *BA*, Bd. 2, Teil 1, S. 184 (Ausgabe letzter Hand), vgl. erste Fassung, in: Schiller, Bd. 1, S. 275.

Natur“, dem Griechenland des deutschen Archäologen Johann Joachim Winckelmanns (1717–1768), der mit seinen Studien zur Antike des Klassizismus in Deutschland mitbegründet hatte. So wird aus dem Mädchen, das den Frühling verkörpert, die Allegorie der Poesie, die aus der Höhe kommt, durch die Welt reist und Früchte bringt. Von der lichten Höhe der Poesie wird das dunkle Tal auf Erden erhellt. Ein Gegengedicht entstand 1802 mit *Sehnsucht,* in dem das lyrische Subjekt aus dem dunklen Tal aufbricht auf die Höhen, um die „gold'ne(n) Früchte“ im Wunderland zu finden.[90]

Reise durch Welt und Philosophie

Ein Weltanschauungsgedicht Schillers wurde zur Reisebeschreibung durch die Weltgeschichte. Dabei begleiteten ihn seine ästhetisch-philosophischen Ideen: Schönheit, Klarheit, Harmonie und Freiheit, wobei diese Begriffe für Ideale standen, die durch Kunst und Erziehung verwirklicht werden sollten. Bevorzugt verbunden wurden diese Ideen mit antik hellenischen Gegenständen in der *Elegie* (*Der Spaziergang*[91]), die in Arkadien beginnt und mit der Sehnsucht nach Arkadien endet. Schiller war über dieses Gedicht begeistert und schrieb an Wilhelm von Humboldt: „(…) noch in keinem ist der *Gedanke* selbst so poetisch gewesen und geblieben.“[92]

Der Spaziergang[93]

Sei mir gegrüßt, mein Berg mit dem rötlich strahlenden Gipfel,
Sei mir Sonne gegrüßt, die ihn so lieblich bescheint,
Dich auch grüß ich, belebte Flur, euch säuselnde Linden,
Und den fröhlichen Chor, der auf den Ästen sich wiegt,
Ruhige Bläue, dich auch, die unermesslich sich ausgießt
Um das braune Gebirg, über den grünenden Wald,

---

90 Schiller, *NA*, Bd. 2, I, S. 197.

91 Vgl. eine ausführliche Interpretation, Wirkungsgeschichte usw. in: Rüdiger Bernhardt: *Friedrich Schiller. Das lyrische Schaffen.* Königs Erläuterungen Spezial. Hollfeld: C. Bange Verlag, 2015, S. 99–123 u. ö.

92 *Schillers Briefe*, Bd. 2, S. 57.

93 Aus Platzgründen können hier nur die ersten 25 Verse zitiert werden, um zumindest einen Eindruck zu geben.

Auch um mich, der endlich entflohn des Zimmers Gefängnis
Und dem engen Gespräch freudig sich rettet zu dir,
Deiner Lüfte balsamischer Strom durchrinnt mich erquickend,
Und den durstigen Blick labt das energische Licht,
Kräftig auf blühender Au erglänzen die wechselnden Farben,
Aber der reizende Streit löset in Anmut sich auf,
Frei empfängt mich die Wiese mit weithin verbreitetem Teppich,
Durch ihr freundliches Grün schlingt sich der ländliche Pfad,
Um mich summt die geschäftige Bien', mit zweifelndem Flügel
Wiegt der Schmetterling sich über dem rötlichen Klee,
Glühend trifft mich der Sonne Pfeil, still liegen die Weste,
Nur der Lerchen Gesang wirbelt in heiterer Luft.
Doch jetzt braust's aus dem nahen Gebüsch, tief neigen der Erlen
Kronen sich, und im Wind wogt das versilberte Gras,
Mich umfängt ambrosische Nacht; in duftende Kühlung
Nimmt ein prächtiges Dach schattender Buchen mich ein,
In des Waldes Geheimnis entflieht mir auf einmal die Landschaft,
Und ein schlängelnder Pfad leitet mich steigend empor. (...)

Das Gedicht *Der Spaziergang* entstand im August und September 1795. Das lyrische Subjekt ist „endlich entflohn des Zimmers Gefängnis" (V. 7). Statt des „enge(n) Gespräch(s)" (V. 8) während der Krankheit wird nun die großräumige Beziehung gesucht. Wahrscheinlich wurde das Gedicht durch einen Aufsatz *Beschreibung des Gartens in Hohenheim* von Gotthold Heinrich Rapp (1761–1832) angeregt.[94] Landschaftlich dürfte Schiller neben der alten Heimat bei Stuttgart jedoch auch die Landschaft um Jena, das Saaletal mit dem Jenzig, den er in Jena zeitweise vor Augen hatte, und den Dornburger Schlössern zu den Naturbeschreibungen auf der Wanderung angeregt haben.

---

94 Vgl. Matthias Luserke-Jaqui (Hrsg.): *Schiller-Handbuch. Leben – Werk – Wirkung*. Stuttgart, Weimar: Verlag J. B. Metzler, 2005, S. 518.

Die ursprüngliche Natur ist verloren gegangen und nur noch als ein Mythos erinnerbar, wie ihn das lyrische Subjekt zu Beginn des *Spaziergangs* sich vorzustellen vermag, wenn er ihn auch sofort wieder aufgeben muss, denn „zwischen der ewigen Höh' und der ewigen Tiefe / Trägt ein geländerter Steig sicher den Wanderer dahin" (V. 35 f.). Der Weg weist auf die Veränderungen, auf die Umgestaltung des Ursprünglichen hin.

Reise durch die Menschheitsgeschichte

Das Gedicht nutzt die Wanderung des poetischen Subjekts, um die Landschaft, dann die Umgebung auszuweiten zur Welt, die der Betrachter „zwischen der ewigen Höh und der ewigen Tiefe" (V. 35) beschreibt. Die reale Landschaft erweitert sich zu kulturhistorischen und politisch-ökonomischen Ausschnitten der Menschheitsgeschichte.

Es ist ein Ablauf von einfachen natürlichen Epochen, beginnend mit dem Naturzustand des Menschen über griechische Stadtstaaten wie Athen und Sparta, die Zeit der Entdeckungen und die Eroberung der Welt durch Handel und Wissenschaft, schließlich die Gegenwart Schillers mit der Französischen Revolution von 1789. Menschheitsgeschichte vollzieht sich als Lösung von der Natur und nach dem Scheitern der Geschichte als Rückkehr zur Natur. Gesetze sind von der Natur gekommen und Natur ist auch das Göttliche. Am Ende kommt das lyrische Subjekt in der Utopie an, woher es seinen Maßstab der Vollkommenheit bezogen hat, die Antike Homers, jene Epoche, in der Mythos und Geschichte einander berühren und die Grenze zwischen ihnen fließend ist. Am Ende der Reise lächelt „die Sonne Homers", so der Schlussvers, wieder.

Wanderer und Chronist

Das lyrische Subjekt ist nicht nur Wanderer, sondern Berichterstatter der Weltgeschichte und Chronist ihrer ständigen Veränderung. Mit dem Zitat „Wanderer, kommst du nach Sparta" (V. 97 f.) wird die Grabinschrift für 300 Spartaner zitiert, die 480 v. d. Z. an den Thermopylen Sparta gegen die Perser verteidigten und dabei fielen.

Die Beziehung einer Freiheit, die aus Vernunft entsteht, zu einer Freiheit, die nichts anderes ist als moralischer Verfall und menschliche Verkommenheit, erweist sich als eine wiederkehrende historische Erscheinung, die Schiller aus antiken Werken, aber vor allem aus Albrecht von Hallers *Die Alpen* (1729) erfahren konnte und die er bei Rousseau, dessen Freiheits-, Menschenrechts- und Gleichheitsvorstellungen Schiller schon als Karlsschüler begeistert hatten, bestätigt fand.

Formale Merkmale

Die Elegie besteht aus 200 reimlosen Versen, das sind 100 Distichen. Die erste Fassung hatte acht Distichen (16 Verse) mehr. Eines der Vorbilder war Ovid, von dem Schiller nicht nur Anregungen in formaler Hinsicht, sondern inhaltliche Bausteine übernahm. Der Rhythmus der Elegie eignete sich mit dem Bewegungscharakter für die Beschreibung eines Spaziergangs, der zur Reise oder zur Wanderung wird. Schiller arbeitete, von Humboldt unterstützt, intensiv an der rhythmischen Reinheit des Textes. V. 33 begann zuerst mit den Worten „Unter mir seh ich endlos…“; den Trochäus „endlos“ vermerkte Humboldt kritisch. Schiller änderte daraufhin den Vers „Endlos unter mir seh ich den Äther, über mir endlos“ und spannte so „den ganzen Hexameter zwischen den beiden ‚endlos‘ ein“[95], damit sprachlich etwas Endloses assoziierend.

Natur und Landschaft

Gedichte: *Der Neckar* (C), *Der Spaziergang* (K), *Die Heimat* (R)

Friedrich Hölderlins (1770–1843) Gedichte vom Wandern und Reisen lassen sich schnell überschauen, obwohl Natur und Landschaft zentrale Themen bei ihm waren: Einige widmen sich seiner schwäbischen Heimat, andere betrachten das Unterwegssein als ein Finden und Verlieren.

Aus der Spätzeit Hölderlins stammt das Gedicht *Der Spaziergang*:

---

95 Schillers Brief an Humboldt, BA, Bd. 1, S. 692.

Der Spaziergang (Hölderlin)

Ihr Wälder schön an der Seite, / Am grünen Abhang gemalt,
Wo ich umher mich leite, / Durch süße Ruhe bezahlt
Für jeden Stachel im Herzen, / Wenn dunkel mir ist im Sinn,
Den Kunst und Sinnen hat Schmerzen / Gekostet von Anbeginn.
Ihr lieblichen Bilder im Tale, / Zum Beispiel Gärten und Baum,
Und dann der Steg, der schmale, / Der Bach zu sehen kaum,
Wie schön aus heiterer Ferne / Glänzt einem das herrliche Bild
Der Landschaft, die ich gerne / Besuch in Witterung mild.
Die Gottheit freundlich geleitet /Uns erstlich mit Blau,
Hernach mit Wolken bereitet, / Gebildet wölbig und grau,
Mit sengenden Blitzen und Rollen / Des Donners, mit Reiz des Gefilds,
Mit Schönheit, die gequollen / Vom Quell ursprünglichen Bilds.[96]

Hölderlin kehrte 1802 von einer Hofmeisterstelle aus Bordeaux geistig zerrüttet in seine Heimat zurück; dort lebte er 41 Jahre im „Wahnsinn“, wie sein Zustand betitelt wurde. In dieser Zeit entstanden etwa 50 Gedichte – *Der Spaziergang* ist eines von ihnen – und einige Briefe. Das Gedicht weist wie in Schillers *Spaziergang* im Titel ein Unterwegssein aus, aber welch ein Unterschied: Wanderte dort ein Individuum durch die Weltgeschichte von der Antike bis zur Aufklärung, so erwandert hier ein bescheiden agierender Mensch eine kleine Landschaft über den „schmalen Steg“ am kaum sichtbaren Bach, eine Landschaft, die abgeschieden von allen Wirren nur für das Individuum vorhanden ist, ihm gegeben durch eine „Gottheit“.

Unterschied zu Schiller

Hölderlin meint „nicht mehr ‚der Liebe Leid‘, sondern ganz unverblümt das Leiden des Dichters, die Mühsal des Poeten.“[97] Zudem unterscheidet sich das Gedicht von dem früheren durch Rhythmus und Reim – und vor allem durch die durchgehende Präsenz. Es ist schlicht geworden, der Dichter verzichtete auf die

---

96 Hölderlin, S. 429 f.
97 Renate Schostack: *Wie aus dem Souffleurkasten*, in: Reich-Ranicki, 3. Bd., S. 89.

komplizierten antiken Versmaße, auf die damit verbundenen grammatischen Konstruktionen und auch auf die geistige Größe.

Landschaft als Refugium

Die Landschaft ist dauerhaft und gegenwärtig; das Individuum findet darin seinen Frieden. Schmerzen und Störungen liegen zurück, vergangen und ins Vergessen eintretend durch den Zustand des Ichs. Es klingt, als sei sich Hölderlin über seinen Zustand klar, der sein erstes Leben vom jetzigen zweiten unterscheidet, und beschreibe sein Refugium, in dem er sich künftig bewegen will. Dabei ist das lyrische Subjekt nicht mehr sich selbst überlassen, sondern wird von einer Gottheit geleitet. Das, was diese an Störungen einsetzt, liegt in Landschaft und Natur, nicht mehr im Individuum, das mit sich ins Reine gekommen ist. Die Landschaft, die durchwandert wird, ist nicht mehr die geografisch gefügte von *Heidelberg* und *Neckar* wie in Hölderlins Gedichten. Es ist die klein gewordene Landschaft, in der das Individuum ohne jedes Aufbegehren wandert. Nur die alte Ideallandschaft des antiken Griechenlands in „heiterer Ferne“ mit dem „herrlichen Bild“ schimmert durch, in der „die Gottheit freundlich geleitet“. Ein Dichter weiß um seinen Zustand und entsagt bei einem Spaziergang. Entsagung galt auch für Hölderlins frühes Gedicht vom Unterwegssein, *Abbitte*. Das Gedicht von 1799 ist ein Liebesgedicht, das als eines der schönsten in der deutschen Literatur gilt. Die Liebenden lernen voneinander, ehe man sich trennt wie die ziehenden Wolken. Auffallend ist der Wechsel von Präteritum und Präsenz: Schönheit und Ruhe sind dauerhaft, die Störung vorübergehend.

Abbitte

2.4 Romantik – unterwegs auf verschlungenen Wegen

Unterwegssein als Zentralthema

Die Romantik favorisierte das Thema der Reise, des Unterwegsseins und des Wanderns. Einer der Gründe war, den Naturzustand des Menschen gegenüber den technischen Entwicklungen nicht zu vergessen.[98] Das Thema bestimmt zahlreiche Prosawerke von Tieck (s. S. 95 ff.), Eichendorff, Novalis, Dorothea Schlegel – deren Titelheld Florentin (1801) alle Merkmale eines romantischen „Reisenden", aber auch eines Vagabunden hat –, Chamisso und anderen, vor allem aber die Lyrik. Keine literarische Epoche davor und keine danach hat dem Thema des Reisens und Wanderns so große und intensive Aufmerksamkeit geschenkt wie die Romantik. Von hier drangen die Wander- und Reiselieder bis ins Volkslied vor. Diese Vorliebe reichte bis in den Vormärz und schloss die Jungdeutschen, an ihrer Spitze Heinrich Heine, ein. Die Ursache sahen bereits die Zeitgenossen wie der Satiriker und Schriftsteller **Carl (Karl) Julius Weber** (1767–1832) darin, dass immer mehr soziale und politische Widersprüche zu immer schärferen Konflikten führten, die nur die Möglichkeit ließen, „selbst zu sehen und selbst zu lesen – im großen Buche der Welt"[99].

Geistige Reisen

Dabei bewegten sich die Vorstellungen vom Reisen auf unterschiedlichen geistig-inhaltlichen Ebenen. Es ging, besonders in der ersten Phase der Romantik, der Jenenser Romantik seit 1798, vorwiegend um das geistige Reisen (Novalis), die Sehnsucht nach der Ferne und nach dem Jenseits, nach Gott. Aber man bedichtete auch die irdischen Reisen. Doch gab es auch hier Unterschiede: Einmal widmete man sich einer Wirklichkeit, die mit zahlreichen

---

98 Vgl. dazu das Kapitel *Die Natur* in *Die Lehrlinge zu Sais*, Novalis, S. 14 f.
99 Weber, Bd. 4, S. 829.

Romantisierte Räuber

Gedichte: *Der Lindenbaum* (C); *Gute Nacht* (K); *Der Lindenbaum, Wanderschaft* (R)

Rollengedichte

Schwierigkeiten zu kämpfen hatte und in der das Reisen kompliziert war, so gehörte „bandenmäßige Straßenräuberei (...) in wirtschaftlichen Krisenjahren zu den nachgerade staatsgefährdenden Problemen.“ [100] Vor allem die Heidelberger Romantik (seit 1805) mit Arnim, Brentano und Eichendorff versuchte, diese Vorgänge sozialromantisch zu verklären; ein berühmtes Beispiel wurde **Wilhelm Hauffs** *Das Wirtshaus im Spessart* (1828). Andererseits wurde das übliche Reisen harmonisiert und zu einem vollkommenen Lebens- und Naturereignis stilisiert wie in den Gedichten der schwäbischen Schule, einer späten Romantik, die aber kein Ausläufer war: **Wilhelm Müller**, genannt Griechen-Müller (1794–1827), widmete sich besonders ausführlich dem Thema des Reisens/Wanderns und gilt als Vorläufer Heinrich Heines. Er beließ das Reisen und Wandern in einem abgehobenen, stilisierten Umfeld, in dem es kaum soziale, allenfalls emotionale Konflikte gab, die mit teils formalhaften poetischen Versatzstücken vom Wanderer oder der Mühle bedient wurden. Diese Elemente verbanden sich meist mit den Masken volkstümlicher Gestalten, hinter denen sich der Dichter versteckte. Die Schlichtheit führte zu einer Musikalität der Texte, die sich dadurch für Kompositionen anboten. Wilhelm Müller war ein unternehmungslustiger Reisender, auf einer Fahrt 1817/18 durch Italien sammelte er Volkslieder und Volksdichtungen. Dem Volkslied, wie es sich in der Tradition Herders entwickelt hatte, gehörte seine Neigung. Allerdings wollte Müller es zeitgemäß verstehen; es sollte ebenso populär wie singbar sein. Dazu entwickelte er eine besondere Form: Jedes Gedicht ist einer Gestalt wie eine Rolle auf den Leib geschrieben.

---

100 Preisendörfer, S. 73.

Das Wandern ist des Müllers Lust

Wilhelm Müller dichtete zyklische Ordnungen, in denen Rollengedichte zusammengefasst wurden, oft Reise- und Wanderlieder. In seinen Gedichtzyklen, die bereits die Reise im Titel trugen, finden sich bekannte Lieder: In der *Winterreise* (geschrieben im Winter 1821/22) steht *Am Brunnen vor dem Tore* (*Der Lindenbaum*, 1823)[101], später in zwei Bänden *Sieben und siebzig Gedichte aus den hinterlassenen Papieren eines reisenden Waldhornisten* (1821, 1824) Gedichte wie *Das Wandern ist des Müllers Lust*, *Im Krug um grünen Kranze* und anderes. Mit „Das Wandern ist des Müllers Lust" beginnt der Gedichtzyklus *Die schöne Müllerin* von Wilhelm Müller. Das Ende des Zyklus bedichtet den Tod; der Wanderer kommt endlich nach Hause, ermüdet und Ruhe ersehnend. Müllers Gedichte wurden durch Vertonungen berühmt und verbreitet, so auch *Der Lindenbaum*[102].

Der Lindenbaum

Am Brunnen vor dem Tore / Da steht ein Lindenbaum:
Ich träumt' in seinem Schatten / So manchen süßen Traum. //
Ich schnitt in seine Rinde / So manches liebe Wort;
Es zog in Freud und Leide / Zu ihm mich immer fort. //
Ich musst' auch heute wandern / Vorbei in tiefer Nacht,
Da hab ich noch im Dunkel / Die Augen zugemacht. //
Und seine Zweige rauschten, / Als riefen sie mir zu:
Komm her zu mir, Geselle, / Hier findst du deine Ruh! //
Die kalten Winde bliesen / Mir grad ins Angesicht,
Der Hut flog mir vom Kopfe, / Ich wendete mich nicht. //
Nun bin ich manche Stunde / Entfernt von jenem Ort,
Und immer hör ich´s rauschen: / Du fändest Ruhe dort!

---

101 Müller, *Vermischte Schriften*, Band 1, S. 129.
102 Ebd.

Die Winterreise

Das Gedicht gehört zu dem Zyklus *Die Winterreise* (1827). Berühmt ist es als Kunstlied und als Volkslied durch die Vertonung [103] 1827 von Franz Schubert geworden und Friedrich Silchers Bearbeitung der Schubert'schen Fassung. – Die romantischen Requisiten sind offensichtlich: „Gemessen an seinen Zeitgenossen Eichendorff, Brentano und Mörike bleibt er [Müller; R.B.] ganz der romantischen Konvention der rauschenden Bächlein, Brunnen und Zweige verhaftet." [104] Doch täuscht der Eindruck des Naiv-Schlichten. In dem Gedicht findet sich auch Hintergründiges. Der Zyklus wurde von Schuberts Freunden wegen des Pessimismus zuerst zurückhaltend aufgenommen: Die Ruhe, die das lyrische Subjekt am Ende seiner Wanderungen an dem Lindenbaum findet, ist endgültig, die Ruhe des Todes. Ob es sogar die Ruhe nach einem Selbstmord ist, wie Jörg von Uthmann [105] behauptet, sei dahingestellt. Sicher ist hingegen, dass das lyrische Subjekt sich an eine Vergangenheit erinnert, die harmonisch verklärt und zum Ideal stilisiert wird, während es sich gegenwärtig umhergetrieben und angegriffen fühlt.

Die schlichte Form wird über alle Strophen durchgehalten: Die sind vierversig. Jeder Vers besteht aus Jamben (unbetont-betont) mit drei Hebungen, die Bewegung assoziieren; dabei wechseln weibliche, klingende (1. und 3) und männliche, stumpfe (2. und 4) Kadenz. Zwei aufeinander folgende Verse gehören syntaktisch immer zusammen und bilden eine Art Langzeile. Das ist typisch für die Volksliedstrophe. Auch in dieses Umfeld gehört die Hervorhebung durch die besonders weisende, etwas hervorhebende rhetorische Figur „Da", die zielstrebig auf den Lindenbaum verweist. [106]

---

103 Vgl. Carry Persson, Bariton, unter: http://www.youtube.com/watch?v=k3KTivJX_iQ (Stand: Juli 2019).

104 Jörg von Uthmann: *Lied eines Selbstmörders*, in: Reich-Ranicki, 3. Bd., S. 372.

105 Ebd., S. 371 ff.

106 Vgl. Eichendorffs 1813 erschienenes Lied *Das zerbrochene Ringlein:* „In einem kühlen Grunde / Da geht ein Mühlenrad".

Linde als Ort der Liebe

Der schlichten Form steht eine anspruchsvolle Wortwahl gegenüber. Bereits der Titel macht das deutlich: Die Linde wird häufig in der Dichtung verwendet, von Walther von der Vogelweide [107] bis zu Ludwig Uhland. Poetologisch ist sie „in der mittelalterlichen deutschen Pastorelle ein Zubehör des erotischen locus amoenus“ [108]. Das lyrische Subjekt erinnert sich an eine einst erlebte und nie vergessene Idylle, die er auf seiner Reise streift. Dabei sind Schönheit und Ruhe dort der Gegensatz zu der Bedrohung und Kälte, denen er entgegengeht. Ein bürgerlicher Geschäftsreisender spürt die Geschäfte härter werden, deshalb ruft er die Erinnerung so nachdrücklich auf. Das bürgerliche Attribut ist der Hut, einfache Menschen wie Handwerker oder Musikanten versah Müller mit einer Kappe [109].

Reaktion auf Industrialisierung

Die Aufwertung und Stilisierung des Reisens und Wanderns, wie sie sich in der Lyrik der Romantik ausgeprägt findet, ist die Reaktion auf eine grundsätzliche Veränderung, die einschneidende Veränderungen brachte: die Technisierung und Industrialisierung. Der mechanische Webstuhl und die Dampfmaschine, in ihrer Folge die Eisenbahn, waren drei dieser revolutionären Veränderungen. Übersehen wird oft, dass ein zweiter Aspekt die Romantik beschäftigt, das ist der „Begriff einer kulturellen und politisch-geschichtlichen Einheit Europas“ [110].

Die romantische Zeit wurde die Zeit zu einer neuartigen, von der bisherigen Manufaktur-Gesellschaft abweichenden industriell-

---

107 Berühmt ist Walther von der Vogelweides erotisches „under der linden / an der heide / da unser zweier bette was“. Vgl. Walther von der Vogelweide, S. 140. – In Uhlands *Die Zufriedenen* (Uhland, S. 25) gibt es eine ähnliche Situation: „Ich saß bei jener Linde, / Mit meinem trauten Kinde, / Wir saßen Hand in Hand.“

108 Hartung, Bd. 2, S. 198. Der locus amoenus bedeutet das „Bild einer lieblichen Landschaft“, einer Idylle.

109 Müller: *Der prager Musikant*, in: Müller, Vermischte Schriften, Bd. 1, S. 106.

110 Herbert Uerlings: *Das Europa der Romantik: Novalis, Friedrich und August Wilhelm Schlegel, Manzoni*. In: Blütenstaub. Jahrbuch der Frühromantik. Hrsg. von Gabriele Rommel u. a., Jg. 1/2007, Wiederstedt, 2007, S. 45.

kapitalistischen Produktion.[111] In der Prosa thematisierten die Dichter von **Novalis** (d. i. Friedrich von Hardenberg, 1772–1801; vgl. 36. Fragment der Reihe *Glauben und Liebe oder Der König und die Königin*, 1798) über Joseph von Eichendorff (*Ahnung und Gegenwart*, 1815) bis Karl Immermann (*Die Epigonen*, 1836) die Abwehr gegen die industrielle Entwicklung. Das geschah manchmal mit Versatzstücken: Eichendorff zum Beispiel konfrontierte den „einförmige(n) Schlag von Eisenhämmern"[112] und „den dumpfen Takt eines Pochhammers" mit der Schönheit von Schlössern und Mühlen. Die Lyrik setzte das harmonisch stilisierte, technikfreie Gegenbild dagegen. Eine Ausnahme bildete nur die Eisenbahn, zu der die Romantiker trotz der Technik und der industriellen Erscheinung keine widerspruchsfreie, aber eine wohlwollende, spannungsreiche Beziehung hatten. In epische Werke wurden

Die erste deutsche Eisenbahn, die „Adler", startete 1835; hier ein Nachbau von 1960 © picture alliance / dpa

111 Vgl. Hartung, Bd. 2, S. 158 ff.
112 Eichendorff, Bd. 2, S. 18 und 310.

Gedichte eingefügt; die Gattungen gingen miteinander eine gegenseitige Beziehung ein: Eichendorffs Roman *Ahnung und Gegenwart* (Roman, 1815) enthält zum Beispiel die Gedichte *In einem kühlen Grunde, O Täler weit, o Höhen*; seine Novelle *Aus dem Leben eines Taugenichts* (1826), wo im Personal Veränderungen durch Technik und Industrialisierung erkennbar werden, die Gedichte *Wer in die Fremde wandern will, Wem Gott will rechte Gunst erweisen, Wohin ich geh und schaue* usw. Reisen und Wandern sind in diesen Werken eine dem Menschen von Gott auferlegte Freude, womit er sich vor der drohenden Technisierung bewahren kann.

Gedichte in Romanen

Die „schwäbische Romantik" vereinigte poetische Bemühungen, die auf der Grundlage der Religion, der Befreiungskriege von 1813 bis 1815 und der Traditionen demokratisch-liberale Haltungen entwickelten, in denen ein Aufbruch des Denkens aus Württemberg hinaus in die Welt zu einer hohen geistigen Beweglichkeit führte, die sich oft in Wander- und Reisegedichten niederschlug. Beliebt wurde **Ludwig Uhland** (1787–1862).

Schwäbische Romantik

Gedichte: *Reisen* (C), *Auf die Reise, Abreise, Der Pilger, Reisen* (R)

In Uhlands volksliedhafte Gedichte ist seine geistige Haltung eingegangen. Zu Volksliedern wurden mehrere der balladesken Gedichte, die sich Wanderburschen und anderen Reisenden verschrieben hatten (*Es zogen drei Burschen*). Ein symptomatisches Beispiel für seine eigene Reiselust ist das traurig-entsagungsvolle Gedicht *Winterreise*

Winterreise

Bei diesem kalten Wehen / Sind alle Straßen leer,
Die Wasser stillestehen, / Ich aber schweif' umher. //
Die Sonne scheint so trübe, / Muss früh hinuntergehn;
Erloschen ist die Liebe, / Die Lust kann nicht bestehn. //
Nun geht der Wald zu Ende, / Im Dorfe mach' ich halt;
Da wärm' ich mir die Hände, / Bleibt auch das Herze kalt. [113]

———

113 Uhland, S. 42.

Teil des Zyklus *Wanderlieder*

Das Gedicht ist das 6. von neun Gedichten des Zyklus *Wanderlieder*. Zu ihm gehören weitere bekannte Gedichte Uhlands, u.a. 5. *Nachtreise* und 8. *Einkehr* (*Bei einem Wirte, wundermild*). Erschienen sind die *Gedichte* 1815 in 1000 Exemplaren. Es sind durchweg Wandergedichte; die Ziele sind heimatliche Orte oder die Geliebte oder beides. Das lyrische Subjekt ist dabei dem Autor ähnlich, der seiner Heimat eng verbunden war, als Dichter und als Politiker. Uhlands poetische Prinzipien lehnten philosophische Spekulationen ab; die Wendung an das einfache Volk war Programm, wobei das Publikum sowohl die Bauernschaft als auch die entstehende Bürgerschaft umfasste. Die Bekanntschaft mit **Adam Oehlenschläger** (1779–1850), dem dänischen Romantiker, bestärkte Uhland im Stolz auf die ritterliche Vergangenheit Württembergs, die viele seiner Balladen besangen. Balladeske Töne klingen auch in der *Winterreise* an: Ein Subjekt zieht sich, enttäuscht von der Geliebten, zurück und erstarrt im Inneren.

Schlichte Sprache

Uhlands Gedichte sind einfach und schlicht und haben nichts Heroisches an sich, aber die Gefühle wirken ehrlich. Zwar neigt er zu einer versifizierenden Formgewandtheit, aber setzt sie nicht zum Selbstzweck ein. Sie tritt in Rhythmus und Reim gegen aufdringlich Didaktisches an. Darin liegt der Grund, weshalb Uhlands Gedichte oft vertont wurden. Die Sprache ist nahe der Umgangssprache; auslautende -e werden gekürzt (schweif' usw.). Das lyrische Subjekt ist ähnlichen Unbilden ausgesetzt wie in späterer Zeit das in Wilhelm Müllers *Winterreise*. Zwischen den Dichtungen gibt es Beziehungen. 1812 hatte Uhland sein berühmtes Gedicht *Frühlingsglaube* geschrieben: Hoffnung ist sein Thema, Veränderung stehen an – das ist die Methode. In der *Winterreise* ist davon nichts mehr zu spüren. Ziellos ist das lyrische Subjekt unterwegs; seine Liebe ist wie die Sonne untergegangen. Da wäre zwar die Hoffnung wie bei der Sonne, dass die Liebe wieder aufgehen könnte.

Aber das Gedicht hat einen Rahmen, der wenig Hoffnung lässt: Wird im 1. Vers vom „kalten Wehen“ des Winters gesprochen, so endet das Gedicht mit „das Herze kalt“. Endgültig klingt diese Trennung, die Abschied und Verzicht ist.

Die Reiseschatten

Der Arzt und Dichter **Justinus Kerner** (1786–1862) gehörte ebenfalls zu dem Kreis; Kerner war zeitweilig ein unermüdlicher Reisender und absolvierte eine einjährige Deutschlandreise. Ein frühes Werk von ihm waren *Die Reiseschatten* (1811), bestehend aus Reiseschilderungen, Gedichten und dramatischen Szenen voller Witz und Satire.

Gedichte:
Im Eisenbahnhofe (C),
Wanderlied (K)

Einige Gedichte Kerners sind ein Zeugnis einer patriarchalisch-überholten Ordnung, die er aber gleichzeitig harsch kritisierte. Dann verlor er das Interesse an politischen Themen; dafür dominierten der Freundeskreis, die heimatliche Landschaft und ihre Geschichte. Die Vereinigung der Themen schlug sich in populären, einfach klingenden und angelegten Gedichten nieder wie dem 1809 entstandenen *Wanderlied*[114]:

Wanderlied

Wohlauf! noch getrunken / den funkelnden Wein!
Ade nun, ihr Lieben! / Geschieden muss sein.
Ade nun, ihr Berge, / Du väterlich Haus!
Es treibt in die Ferne / mich mächtig hinaus. //
Die Sonne, sie bleibet / am Himmel nicht stehn,
Es treibt sie, durch Länder / und Meere zu gehn.
Die Woge nicht haftet / am einsamen Strand,
Die Stürme, sie brausen / mit Macht durch das Land. //
Mit eilenden Wolken / der Vogel dort zieht
Und singt in der Ferne / ein heimatlich Lied.
So treibt es den Burschen / durch Wälder und Feld,
Zu gleichen der Mutter, / der wandernden Welt. //
Da grüßen ihn Vögel / bekannt überm Meer,

---

114 Kerner, *Gedichte*, S. 69.

Sie flogen von Fluren / der Heimat hierher;
Da duften die Blumen / vertraulich um ihn,
Sie trieben vom Lande / die Lüfte dahin. //
Die Vögel, die kennen / sein väterlich Haus,
Die Blumen einst pflanzt' er / der Liebe zum Strauß,
Und Liebe, die folgt ihm, / sie geht ihm zur Hand:
So wird ihm zur Heimat / das ferneste Land.

Lebenslust

Das Gedicht wurde zusätzlich populär durch die Vertonung Robert Schumanns. Auffallend ist die Lebenslust des lyrischen Subjekts; sie ist bei Kerner nicht selbstverständlich, da er auch den Nachtseiten des Lebens wie Wahnsinn, Wehmut und Schaurigem Aufmerksamkeit schenkte. Deshalb ist seine Dichtung im Grunde „trauriger und schmerzlicher als im Volksliede“ [115]. Sehnsucht nach Ferne und Abschiedsstimmung finden sich in Kerners Gedichten immer wieder (*Wanderers Nachtlied*, *Abschied* u. a.) und machen deutlich, wie dieser Dichter seine politischen Themen verdrängte und in Resignation verfiel. Es folgte eine Wendung zum Okkultismus. Aus dieser Phase wurde *Der Wanderer in der Sägemühle* [116] zu einem der bekanntesten und wirkungsvollsten, aus dem Programm deutscher Chöre nicht hinwegzudenkenden Gedicht. Die Romantik favorisierte teilweise das Ende der Lebenswanderung, den Tod. So nahm Kerner gängige romantische Motive auf, die in Volksliedern und Gedichten verwendet wurden, und fügte sie zu einem Abschiedsgedicht zusammen.

Vier Bretter sah ich fallen, / Mir ward's um's Herze schwer,
Ein Wörtlein wollt' ich lallen, / Da ging das Rad nicht mehr. [117]

---

115 Kerner, *Anthologie aus den Werken*, S. 8.
116 Deicke/Berger, S. 306 f.
117 Kerner, *Anthologie aus den Werken*, S. 11.

Es war Kafkas Lieblingsgedicht, wie er seinen Freunden versicherte. Bei dem Prager Schriftsteller allerdings wurde es das „Gedicht von der Säge“:

> „Kafkas traumhafte Befreiungs- und Erlösungsversuche waren bewusste Schnitte ins eigene Fleisch; Schuld, Opfer und Lust an der Strafe ein ihm eigener Motivkomplex. / Kerners Tanne, die zu Sargbrettern zerschnitten wird, ‚bebt‘; das Folter- und Todesbett für den Verurteilten in der *Strafkolonie* ‚zittert‘“.[118]

Gedichte: *Fußreise* (C), *Auf der Reise*, *Auf einer Wanderung*, *Früh im Wagen* (R)

Eduard Mörike (1804–1875) wird ebenfalls zur Schwäbischen Dichterschule gerechnet. Seine Versuche einer unabhängigen Existenz als Journalist und Schriftsteller scheiterten. Den Krieg mit Frankreich von 1870/71 nahm er kaum noch wahr. Mörike beschäftigte sich lebenslang in Gedichten und Prosa mit Wandern und Reisen, obwohl es in seinem Leben keine Italien- oder Griechenlandreisen gab, „sondern eine stille Welt, deren geographische Grenzen zwischen Stuttgart, Tübingen und dem Bodensee liegen“[119]. Das Unterwegssein fand nur in Mörikes Vorstellungen und Gedanken statt und spielte in seinem Werk eine dominierende Rolle, aber auch der Hang zur Einsamkeit, zum Eingehen in die Natur, hier nahe bei Novalis, der sein Leben und Denken als eine Wanderschaft im Geiste betrachtet hatte. Mörikes Gedichte gehören zu den meistvertonten Texten der deutschen Literatur; allein Hugo Wolf vertonte[120]:

Nur Fantasiereisen

---

118 Werner Dürrson: *„Hätte das Rad nicht gekreischt“*, in: Reich-Ranicki, 3. Bd., S. 230 f.

119 Georg Wenzel: *Eduard Mörike im Schnittpunkt der Romantikerfahrung von Theodor Storm, Hermann Hesse und Albrecht Goes*, in: Blütenstaub. Jahrbuch der Frühromantik, hrsg. von Gabriele Rommel u. a., Jg. 1, 2007, Wiederstedt 2007, S. 134.

120 Mörike, S. 77 f.

Abreise

Fertig schon zur Abfahrt steht der Wagen
Und das Posthorn bläst zum letzten Male.
Sagt, wo bleibt der vierte Mann so lange?
Ruft ihn, soll er nicht dahinten bleiben!
– Indes fällt ein rascher Sommerregen;
Eh' man hundert zählt, ist er vorüber;
Fast zu kurz, den heißen Staub zu löschen;
Doch auch diese Letzung ist willkommen.
Kühlung füllt und Wohlgeruch den weiten
Platz und an den Häusern ringsum öffnet
Sich ein Blumenfenster um das andre.
Endlich kommt der junge Mann. Geschwinde!
Eingestiegen! – Und fort rollt der Wagen.
Aber sehet, auf dem nassen Pflaster
Vor dem Posthaus, wo er stillgehalten,
Lässt er einen trocknen Fleck zurücke,
Lang und breit, sogar die Räder sieht man
Angezeigt und wo die Pferde standen.
Aber dort in jenem hübschen Hause,
Drin der Jüngling sich so lang verweilte,
Steht ein Mädchen hinterm Fensterladen,
Blicket auf die weiß gelassne Stelle,
Hält ihr Tüchlein vors Gesicht und weinet.
Mag es ihr so ernst sein? Ohne Zweifel;
Doch der Jammer wird nicht lange währen:
Mädchenaugen, wisst ihr, trocknen hurtig,
Und eh' auf dem Markt die Steine wieder
Alle hell geworden von der Sonne,
Könnet ihr den Wildfang lachen hören.

Antwort auf Goethes *Willkomm und Abschied*

Es ist ein bescheidener Abschied, kleinbürgerlich und etwas spießig, kaum von Bedeutung. Das Gedicht erscheint dennoch wie eine anspruchslose Antwort auf Goethes *Willkomm und Abschied*. Bei Goethe war es ein Kommen, hier ist es der Abschied.

> „Mörike korrespondiert mit Goethe. Er wirft das Vor-Bild seitenverkehrt zurücke. *Ich ging, du standst und sahst zur Erden / Und sahst mir nach mit nassem Blick*: hatte es geheißen. *Doch der Jammer wird nicht lange währen: / Mädchenaugen, wisst ihr, trocknen hurtig*: antworten, 75 Jahre später, spiegelbildlich die Trochäen den Jamben.“ [121]

Dichter der Lebensfreude

Mörike war ein Dichter des Reisens und Wanderns, der Sinnlichkeit und Schönheit, deshalb verehrte ihn Hermann Hesse. Mörike war kein Dichter revolutionärer Inhalte, aber er war auch kein trivialer Poet im Spitzweg'schen Dachidyll; Peter Hille nannte Mörike einen „Vikar Catull“. Der schwäbische Dichter war trotz der Strenge seines theologischen Berufs (Vikar) ein Dichter der Lebensfreude und Sinnlichkeit (der römische Dichter Catull bedichtete Freundschaften und erotische Erlebnisse), eben ein Vikar Catull, der auch Verse Catulls übersetzte. Erotische Wünsche wurden beim jungen Mörike in den Traum verlegt und ließen sehnsüchtige Gefühle erkennen: „Ganz in ihren Arm gegossen / Schien ich selig zu vergehn.“ (*Nächtliche Fahrt*, 1823). Mörike empfand aber auch die Zerrissenheit des bürgerlichen Menschen, reagierte überaus sensibel auf die industriellen Umbrüche und bezeichnete seine soziale Gegenwart als „modernes Unwesen“, gegen das er die Natur setzte. – Im Privaten kriselte es unaufhörlich. Die erst mit 47 Jahren geschlossene Ehe, nachdem es zuvor Liebesverwirrungen und eine gelöste Verlobung gab, scheiterte beim Versuch eines Lebens zu Dritt, denn auch die Schwester Mörikes war an der Ehe beteiligt. Nach der Scheidung nach 21 Jahren blieb die Schwester bei dem Dichter. Später erschien Mörike als Hypochonder; Resignation war eine seiner Haupteigenschaften. Mörikes Sehnsucht nach

---

121 Mickel, Bd. 5, S. 363.

Ferne und Reisen ließ die fiktive Insel Orplid entstehen, die er in einem Gedicht und einem Schattenspiel im Roman *Maler Nolten* beschrieb:

Gesang Weylas

Du bist Orplid, mein Land! / Das ferne leuchtet;
Vom Meere dampfet dein besonnter Strand / Den Nebel, so der Götter Wange feuchtet. //
Uralte Wasser steigen / Verjüngt um deine Hüften, Kind!
Vor deiner Gottheit beugen / Sich Könige, die deine Wärter sind.[122]

Meister der Beschränkung

Mit Orplid schufen er und seine Freunde einen eigenen Mythos. Die Menschen auf Orplid lebten in einem paradiesischen Zustand mit den Zügen einer antiken Welt, aber sie gingen auch mit „romantischen Ingredienzen" wie Elfen, Feen und Kobolden um. Geblieben sind von Mörike vor allem Gedichte, die einst in jedem Schulbuch standen. Das zerstörte ihre Schönheit nicht: „Im Nebel ruhet noch die Welt, / Noch träumen Wald und Wiesen ..." (*Septembermorgen*, 1827) oder „Gelassen stieg die Nacht ans Land, / Lehnt träumend an der Berge Wand ..." (*Um Mitternacht*, 1827). Er war sowohl im Leben als auch in der Dichtung ein Meister der Beschränkung; der Ferne gehörte seine Sehnsucht, auch wenn es eine erträumte Ferne war, sein „Sinn sich frisch zur Ferne lenkt". Geblieben ist auch Orplid als „Traum vom Götterland"[123], nach dem sich Menschen sehnen und zu dem sie wandern.

Traumziel Italien

Neben diesen Dichtern der Schwäbischen Dichterschule war der geniale Württemberger **Wilhelm Waiblinger** (1804–1830), Uhland-Freund und Verehrer Novalis', Hölderlins und Mörikes, ein leidenschaftlicher Dichter des Wanderns und Reisens, mit Italien als Traumziel. Der Dichter Hugo Ball und Freund Hermann Hesses

---

122 Mörike, 1. Buch, S. 59
123 Hugo Ball: *Hermann Hesse*. Berlin: S. Fischer Verlag, 1927, S. 65.

sagte, er sei „ein Wanderpoet, wie ihn selbst Schwaben in einem halben Jahrhundert nur einmal hervorgebracht hat“ [124].

Gedichte: *keine*

Es war eine Lebensreise zu zahlreichen Orten, auf der sich Waiblinger befand, die an ihrem Ziel in Italien mit dem Tod endete. Aber diesem Zielort widmete er einige seiner schönsten Gedichte u.a. *Umgebungen Roms*, ein Zyklus von Orten, die dem Wanderer empfohlen werden, denn dort trifft er auf die Hinterlassenschaften der Götter wie in *Genzano*: „Glücklicher Wanderer, wenn am Blumenfeste der Göttin / Venus auch dir einen Kranz duftiger Rosen beschert.“ Oder er trifft seinesgleichen wie in *Fiumiccino*: „Freude gewährt dir die Ebne des weiten unendlichen Meeres, / Trauernd blickst du von hier in die Campagna zurück, / Bettler und Fischer umgeben, Matrosen, Verbrecher, / Mönche, Soldaten, und kurz, Bilder des Jammers dich nur.“ [125]

Fluchtbedürfnis

Waiblingers ausgeprägtes Geltungsbewusstsein drängte ihn zum Vergleich mit Goethe. Italien und Griechenland wurden die Landschaften seiner Sehnsucht und die Themen seiner Dichtung. Dort fand er sein ersehntes klassisches Ideal, das er in sein Menschenbild einfügte, das auch andere Aufsehen erregende Züge trug und von Exaltiertheiten geprägt war. Sein Reisebedürfnis entstand aus einem Fluchtgefühl; er wollte aus den deutschen Verhältnissen ausbrechen und eine ideale Welt, geprägt von der Antike, suchen, wofür ihm auch Lord Byron ein Vorbild war. Die Vorbildhaftigkeit der Antike löste in ihm eine satirische Behandlung des damaligen touristischen Reisens aus (*Die Briten in Rom*, 1829). In seiner Lyrik erreichten Wörter leitmotivische Bedeutung, die auf seinen Drang zum Reisen zurückgingen und ein entsprechendes Wortfeld zu Reisen/Unterwegssein bilden: „Meere und Inseln“, „sehnen“, „fliehen“, „Schranken“, „suchen“, „drüben“,

---

124 Ebd., S. 64.
125 Waiblinger, *Gedichte aus Italien*, Bd. 2, S. 46, 48.

„Ferne". Sie verweisen auf poetische Räume, in denen sich das lyrische Subjekt einerseits seine Welt zu schaffen versucht, andererseits die Welt beschreibt, aus der es auszubrechen sucht. In seinem *Lied der Weihe* heißt es:

Lied der Weihe

Ein Sänger, der in weiter Ferne / Vom deutschen Vaterlande lebt,
In dessen Geist und Herz so gerne / Der Heimat Bild herüberschwebt,
Singt unter Frühlingslaub und Blüte / Zum ersten Mal voll stiller Ruh
Im tiefbesänftigten Gemüte / Sein Lied euch in den Norden zu.[126]

Es wurde sein Hauptthema; er reiste in die Ferne, um die Heimat betrachten zu können:

Griechenland. Elegie

Heiteres Jugendland mit deinen Meeren und Inseln,
sei mir gegrüßt! Nach dir sehnt sich das weinende Herz.
Schönes hab ich geträumt und mit liebendem Sinne gebildet,
aber die Träume floh'n, ach! Und ich ward nicht gestillt:
ewig strebet das Herz und heiß aus den zwängenden Schranken,
weil es da leider nicht fand, was es so glühend gesucht.
Weiter und weiter strebt's und drängt es im schwellenden Busen;
Ach! wie so innig und warm sehnst du verlangend dich fort!
Drüben da hebt sich ein heiteres Land aus wallendem Meere,
wie aus des Himmels Blau jugendlich Morgengewölk.
Lächelnd und grünend ruht es im Kuss der milderen Sonne;
Weicher entquillt der Natur drüben der mildere Geist.
Dunkel auf blumiger Höh' erhebet die Krone der Lorbeer,
und die Lüfte wie lau, und das Gestade wie grün!
Dämmernd vermählen der Luft sich der blauenden Berge Gestalten;
Wie die Fernen im Hauch linderen Duftes erglühn!
Alles so reg' und alles so zart, in tieferer Fülle!
Hat er, der ewige Geist, liebender drüben verweilt?
Weiß, wie die Sonne, bekränzt sich am Ufer das lockige Mädchen,
wo um das Myrtengesträuch spielet der wogende Schwan.

---

126 Ebd., Bd. 1, S. 7.

Stolz, wie die Säule sich türmt, das gewaltige Denkmal der Vorzeit,
stehet der Jüngling, von Kraft feurig den Busen geschwellt.
Ach! wie so sinnig das Bild, das entfaltete! Wird es noch werden?
Wird sich der Blume Pracht drängen aus hüllendem Keim?
Wiederkehrt es! du ahnst es so tief! du verlangst es so ahnend!
Liebender Busen! es kehrt wieder die glückliche Zeit.[127]

Zerrissenheit und Widersprüche

Waiblinger persönliches Dilemma war, dass die Reisen ihn hoffnungsvoll stimmten, aber im Unterbewusstsein wusste er, dass diese Hoffnungen nicht erfüllt würden. In den Gedichten wird der Widerspruch deutlich, indem sie in vollendeter Form erscheinen, aber Zerrissenheit und Widersprüchlichkeit thematisieren. Im vorliegenden Gedicht ist das Metrum der klassische Hexameter; Wortwahl und Rhythmus verweisen auf das Vorbild Hölderlin. Schließlich wurde die Zerrissenheit Waiblingers, des Reisenden, der in Rom starb, ein Beispiel für die Moderne. Waiblinger wurde eines ihrer Vorbilder (Hermann Hesse, Peter Härtling u. a.).

Des Knaben Wunderhorn

Die von **Achim von Arnim** (1781–1831) und **Clemens Brentano** (1778–1842) herausgegebene Sammlung *Des Knaben Wunderhorn* (1806) wurde zur Fundgrube für Reise-, Wander-, Fahrtengedichte und -lieder. Alltags- und Feiertagsgedichte, Ritter-, Handwerker- und Bauerngedichte hatten oft Reisen zum Anlass, auch in Form von Kriegen und Abenteuern. Sogar ein *Fahrendes Fräulein*[128] findet sich. Unter den Handwerkern sind besonders häufig Müller und Bergleute (*Der unterirdische Pilger*). Fein und zart sind diese Dichtungen oft nicht: Da wird geraubt („Da kam ein reicher Kaufmannssohn, / Sein' Tasch' musst' er mir lassen.“[129]) und gemordet („Jungfräulein, hätt'st du geschwiegen, / Dein Häuptlein wär' dir

———

127 Waiblinger, *Werke*, S. 90 f.
128 Arnim/Brentano, S. 75.
129 Ebd., S. 15.

geblieben.“[130]). Vor dem Traualtar wird erschossen und erstochen (*Die Greuelhochzeit*[131]) usw.

Volkslieder

Viele der hier gesammelten Wander- und Reiselieder gingen auf Handwerksburschen zurück, deren „Herzens-Ausguss“ diese Lieder waren. **Friedrich Nicolai** (1733–1811), einer der Vordenker der *Wunderhorn*-Sammlung, war 1776 der Ansicht, diese Lieder gehörten in einen großen Zusammenhang, weil auch die *Ilias* und die *Odyssee*, die größten Reiseepen aller Zeiten, nichts als Volkslieder gewesen seien. Der Meinung war auch Herder, der 1779 in Homer den „größte(n) Volksdichter“ sah und seine Werke nicht als „Epopöe“, sondern als „Epos, Märchen, Sage, lebendige Volksgeschichte“[132] betrachtete. Dabei darf nicht übersehen werden, dass die Mobilität der Reisenden unterschiedlich war: Wanderten Handwerker berufsbedingt, so reisten andere, vor allem Künstler und Schriftsteller, aus freien Stücken oder einer individuellen Zwangssituation heraus.

Ritter, Türken und junge Adlige

Das wirkte sich auf die *Wunderhorn*-Sammlung aus: Es wird in den *Wunderhorn*-Gedichten vorwiegend gewandert. Die Kriege gegen die Türken schlagen sich ebenso nieder wie die Nachwirkungen des Dreißigjährigen und des Siebenjährigen Krieges. Ritter sind unterwegs, „es ritt ein Ritter wohl durch das Ried, / Er hob wohl an ein neues Lied“ (*Liebe ohne Stand*)[133], „es ritt ein Türk’ aus dem Türkenland“ (*Der Dollinger*)[134], und junge Mädchen suchen nach den Gütern der Natur und der Liebe. Besonders häufig sind Aristokraten auf der Suche nach einfachen, aber schönen Mädchen, die sie verführen können. Soldaten treten zuerst neben die Grafen und lösen dann sie und die Ritter ab, auch sie wünschen

---

130 Ebd., S. 24.
131 Ebd., S. 77 f.
132 Herder, Bd. 2, S. 296.
133 Arnim/Brentano, S. 23.
134 Ebd., S. 22 f.

sich auf ihren Fahrten junge Mädchen. Abschied wird vielfach genommen (*Abschied von Bremen*), von der Stadt und vom „allerschönsten Schatz“ [135], und zu neuer Fahrt wird aufgebrochen. Ein *Rattenfänger von Hameln* [136] ist unterwegs, befreit die Stadt von ihrer Rattenplage und rächt sich für vorenthaltenen Lohn, indem er mit den Kindern der Stadt in der Weser verschwindet.

Trauer um verstorbene „Lieb“

Clemens Brentano, der seiner Begabung nach Lyriker war, hat auch in anderer Beziehung für eine Reise- und Wanderlyrik Bedeutung. In *Godwi oder Das steinerne Bild der Mutter. Ein verwilderter Roman* (1800/1801, 2. Teil) wird in 23 Strophen ein Fischer auf einer Rheinfahrt begleitet („Ein Fischer saß im Kahne, / Ihm war das Herz so schwer“), der seinem verstorbenen „Lieb“ nachtrauert und dabei mancherlei Träumen begegnet. Es wird eine gemeinsame Rheinfahrt, die an Städten, Klöstern und Türmen vorbeiführt. Aber am Morgen ist die geträumte Frau wieder verschwunden und der schlafende Fischer wird bis ins Meer getrieben:

Ein Fischer saß im Kahne

(…) Die Meereswellen brausen / Und schleudern ab und auf
Den kleinen Fischernachen / Der Knabe wacht nicht auf. //
Doch fahren große Schiffe / In stiller Nacht einher
So sehen sie die beiden / Im Kahne auf dem Meer. // [137]

In einer anderen, vermutlich jüngeren Fassung des Gedichtes ging der Dichter auf seine Beziehung zu dem Fischer ein und identifizierte sich mit ihm:

Ich schwamm im Meeresschiffe / Aus fremder Welt einher
Und dacht' an Lieb und Leben / Und sehnte mich so sehr //
Ein Schwälbchen flog vorüber, / Der Kahn schwamm still einher,
Der Fischer sang dies Liedchen, / Als ob ich's selber wär. [138]

———

135 Ebd., S. 199.
136 Ebd., S. 28 f.
137 Brentano, Bd. 1, S. 154 und 569, Anm. zu S. 151.
138 Text aus: Kurt Böttcher u. a.: *Romantik. Erläuterungen zur deutschen Literatur*. Berlin: Volk und Wissen Verlag, 1967, S. 250.

Mit diesem Typ der Romanze wirkte Brentano auf Heinrich Heine; dessen *Loreley* auf eine Vorlage in Brentanos *Godwi* zurückgeht.

Vorläufer des Chansons

Brentano gab auch Beispiele für eine besondere Form des Reisegedichtes, das als „städtisch-demokratisches Lied" bezeichnet wurde und in Frankreich als Chanson, besonders durch **Pierre-Jean de Béranger** (1780–1857), verbreitet war. In Brentanos Lustspiel *Ponce de Leon* (1803) steht ein solches Reisegedicht als Rollengedicht (4. Akt/22. Szene). Valeria, ein plebejisches Mädchen, singt Valerio dieses Lied vor:

Nach Sevilla

Nach Sevilla, nach Sevilla, / Wo die hohen Prachtgebäude
In den breiten Straßen stehen, / Aus den Fenstern reiche Leute,
Schön geputzte Frauen sehn, / Dahin sehnt mein Herz sich nicht! //
Nach Sevilla, nach Sevilla, / Wo die letzten Häuser stehen
Sich die Nachbarn freundlich grüßen / Mädchen aus dem Fenster sehn,
Ihre Blumen zu begießen, / Ach, da sehnt mein Herz sich hin! //
In Sevilla, in Sevilla / Weiß ich wohl ein reines Stübchen,
Helle Küche, stille Kammer / In dem Hause wohnt mein Liebchen,
Und am Pförtchen glänzt ein Hammer. / Poch ich, macht die Jungfrau auf! //
Guten Abend, guten Abend – / Lieber Vater, setzt euch nieder,
Ei, wo seid ihr dann gewesen? / Und dann singt sie schöne Lieder,
Kann so hübsch in Büchern lesen, / Ach! und ist mein einzig Kind.[139]

Zwei Lebensmöglichkeiten

Das Gedicht wurde oft vertont, u. a. von Louise Reichardt, und galt lange Zeit als Brentanos bekanntestes Gedicht. Ein lyrisches Subjekt, weit entfernt von Sevilla, sehnt sich an diesen Ort zurück und unternimmt dabei eine Gegenüberstellung zweier Lebensmöglichkeiten, eines Lebens in Pracht und Reichtum und eines Lebens der Schlichtheit und der Freundlichkeit. Das Gedicht lebt vom romantischen Element der Sehnsucht, mit der ein Mann an sein Zuhause denkt, wo eine Jungfrau auf ihn wartet. Was wie ein Liebesgedicht

---

139 Brentano, Bd. 1, S. 172 f.

erscheint, gibt sich als das Bekenntnis eines Vaters zu erkennen, der sich aus der Ferne zurücksehnt und am Ende seiner Reise von der Tochter nach seinen Erlebnissen gefragt wird. In diesem Reisegedicht ist die Heimkehr der entscheidende Vorgang.

Reisen als Kontrast von Heimat und Ferne bedichtete auch **Adelbert von Chamisso** (1781–1838), der diese Spannung erlebte: Der Sohn einer wohlhabenden aristokratischen französischen Familie emigrierte in den Revolutionswirren von 1793 aus Frankreich und kam nach Deutschland, wo er 1796 Page der preußischen Königin Luise wurde. Von 1815 an war Chamisso mehr als drei Jahre auf einer Weltumseglung (Rurik-Expedition).

Gedicht: *Bei der Rückkehr* (K)

Bei der Rückkehr

Swinemünde, im Oktober 1818
Heimkehret fernher aus den fremden Landen
In seiner Seele tief bewegt der Wandrer;
Er legt von sich den Stab und knieet nieder
Und feuchtet deinen Schoß mit stillen Tränen,
O deutsche Heimat! – Woll' ihm nicht versagen
Für viele Liebe nur die eine Bitte:
Wann müd' am Abend seine Augen sinken,
Auf deinem Grunde lass den Stein ihn finden,
Darunter er zum Schlaf sein Haupt verberge.[140]

Das im Oktober 1818 in Swinemünde entstandene Gedicht ist Ausdruck dieser speziellen Spannung zwischen Heimat und Ferne bzw. zwischen zwei Heimaten. Die attributive Betonung der „*deutschen* Heimat" ist ein nachdrücklicher Hinweis.

Kitsch oder Meisterwerk?

Ludwig Tieck (1773–1853) schrieb mit dem Roman *Franz Sternbalds Wanderungen* (1798) ein exemplarisches Werk romantischer Reiseliteratur, an dem sich aber die Geister schieden: Es wurde für wenig bedeutend gehalten, für „Kitsch", aber auch mit

---

140 Chamisso, S. 10; Deicke/Berger, S. 299.

Goethes Werken gleichgestellt und für ein Meisterwerk der Künstlerreisen gehalten, als Ausdruck der Sehnsucht nach Italien.[141] Tiecks Gedicht *Ermunterung* wurde von F. L. Jahn in seinen *Neuen Runen-Blättern* mit der ersten und letzten Strophe als Beispiel für eine angemessene Wanderschaft verwendet.

Gedichte: *Erster Anblick von Rom* (C), *Sehnsucht, Ungewisse Hoffnung, Die schöne Magelone* (*Keinen hat es noch gereut,* Auszug) (K), *Reise nach Lucca* (R)

Das Gedicht *Ermunterung* wird zu Beginn von Tiecks *Wundersamer Liebesgeschichte der schönen Magelone und des Grafen Peter von Provence* (1796) von einem Sänger, der zu einem Turnier angereist ist, dem Grafen Peter als ein Bildungsprogramm vermittelt, das der einzuhalten bereit ist. Der Graf hat erkannt, dass die Beschränkung auf Heimatliches Einsichten verhindert. Während der Roman heute kaum mehr Bedeutung hat, blieben die eingestreuten Lieder, die meisten von Graf Peter eingebracht, präsent. So auch *Ermunterung*:

Ermunterung

Keinen hat es noch gereut, / Der das Ross bestiegen,
Und in frischer Jugendzeit / Durch die Welt zu fliegen. //
Berge und Auen, / Einsam Wald,
Mädchen und Frauen / Prächtig im Kleide,
Golden Geschmeide/ Alles erfreut ihn mit schöner Gestalt. //
Wunderlich fliehen / Gestalten dahin,
Schwärmerisch glühen / Wünsche im jugendlich trunkenen Sinn. //
Ruhm streut ihm Rosen / Schnell in die Bahn,
Lieben und Kosen, / Lorbeer und Rosen / Führen ihn höher und höher hinan. //
Rund um ihn Freuden, / Feinde beneiden
Erliegend, den Held - / Dann wählt er bescheiden
Das Fräulein, das ihm nur vor allen gefällt. //

———

141 Vgl. Ludwig Tieck: *Franz Sternbalds Wanderungen.* Stuttgart: Reclam (1966) 2007, RUB 8715, S. 487 ff. (Dokumente) und 545 (Nachwort).

Und Berge und Felder / Und einsame Wälder / Misst er zurück.
Die Eltern in Tränen, / Ach, alle* ihr Sehnen - / Sie alle vereinigt
das lieblichste Glück. //
Sind Jahre verschwunden, / Erzählt er dem Sohn / In traulichen Stunden
Und zeigt seine Wunden, / Der Tapferkeit Lohn.
So bleibt das Alter selbst noch jung, / Ein Lichtstrahl in der
Dämmerung.[142]

*in der Bedeutung: zu Ende, es ist alle.

Das Gedicht ist szenisch angelegt, als Rollengedicht. Dadurch fehlt ihm die Innerlichkeit der individuellen Beteiligung, denn der Sprechende ist selbst nicht beteiligt, sondern gibt eine Lehre weiter. Was er als Ablauf der Belehrung vorschlägt, sind die fast ritualisierten Bildungsstufen des Rittertums: Ross, Pracht, Geschmeide, dazu die Attribute der Schönheit adliger Weiblichkeit. Das „Fräulein" gehört dorthin, bürgerliche Mädchen wurden als Jungfer bezeichnet. Im 18. Jahrhundert verschob sich die Anrede zu bürgerlichen ledigen Personen.

Joseph Freiherr von Eichendorff (1788–1857) war neben Heinrich Heine der wirkungsvollste deutsche Lyriker in der 1. Hälfte des 19. Jahrhunderts. Viele seiner Lieder wurden fester Bestand des Repertoires der Chorbewegung und Volkslieder: „Laue Luft kommt blau geflossen, / Frühling, Frühling soll es sein" oder „In einem kühlen Grunde".

Metaphorische Schlichtheit

Seine Dichtungen wurden Zeugnisse des Übergangs von der Romantik zur Moderne. Sehnsucht, die unerfüllt blieb und in Wehmut umschlug, woraus das Thema des Reisens entstand, dominierte teilweise Eichendorffs Werk. Eine wesentliche Voraussetzung dafür war die Vereinzelung des Menschen, der sich von der Gruppe bewusst absetzt. Mit der Wendung zum Volkslied verstärkte

142 Tieck, Band 1, S. 14 f.

Eichendorff für die eigene Dichtung metaphorische Schlichtheit und einfache Sprache, das unverbrauchte Gefühl, das ohne Sentimentalitäten auskommt, und die soziale Genauigkeit.

Gedichte: *Die zwei Gesellen, Abschied, Frische Fahrt, Sehnsucht, Meeresstille, Der Jäger Abschied* (C); *Abschied, Die zwei Gesellen, Schöne Fremde, Begegnung, Heimweh* (K); *Es schienen so golden die Sterne, Wer in die Fremde will wandern, Der verspätete Wanderer* (R)

Sehnsucht [143]

Es schienen so golden die Sterne, / Am Fenster ich einsam stand
Und hörte aus weiter Ferne / Ein Posthorn im stillen Land.
Das Herz mir im Leibe entbrennte, / Da hab ich mir heimlich gedacht:
Ach wer da mitreisen könnte / In der prächtigen Sommernacht! //
Zwei junge Gesellen gingen / Vorüber am Bergeshang,
Ich hörte im Wandern sie singen / Die stille Gegend entlang:
Von schwindelnden Felsenschlüften, / Wo die Wälder rauschen so sacht,
Von Quellen, die von den Klüften / Sich stürzen in die Waldesnacht. //
Sie sangen von Marmorbildern, / Von Gärten, die überm Gestein
In dämmernden Lauben verwildern, / Palästen im Mondenschein,
Wo die Mädchen am Fenster lauschen, / Wann der Lauten Klang erwacht
Und die Brunnen verschlafen rauschen / In der prächtigen Sommernacht.[144]

Das Gedicht entstand 1830/31 und stand 1834 ohne Titel in Eichendorffs Roman *Dichter und ihre Gesellen*. 1837 wurde es mit dem Titel *Sehnsucht* in die Sammlung *Gedichte von Joseph Freiherrn von Eichendorff* aufgenommen. Berühmt wurde es als Gedicht über Aufbruch, Wanderschaft, Reise und Sehnsucht nach Ferne. Ein lyrisches Subjekt hört an einem Fenster von Wanderschaft. Es genießt eine harmonisch wirkende Einsamkeit, aber es reizt eine Gemeinsamkeit des Wanderns. Es muss sich zwischen

---

143 Zur Interpretation und zum Verständnis Eichendorff'scher Lyrik vgl. Rüdiger Bernhardt: *Joseph von Eichendorff. Das lyrische Schaffen.* Königs Erläuterungen Spezial. Hollfeld: C. Bange Verlag, 2012, zu *Sehnsucht* vgl. S. 130–139.

144 Eichendorff, Bd. 1, S. 22 f.

den Alternativen entscheiden: Einsamkeit oder Gemeinschaft, Betrachtung des Sternenhimmels oder Wandern durch die Sommernacht, häusliche Geborgenheit oder gefahrbringende Fremde, heimliches stilles Denken oder offenherziges lautes Singen, Beharren oder Veränderung durch Reisen. Ferne bedeutet Sehnsucht, aber auch Gefahr. – Das lyrische Subjekt sehnt sich aus seiner goldenen Welt, „der prächtigen Sommernacht", in eine andere, die sich schließlich ebenfalls als „prächtige Sommernacht" erweist. Eichendorffs lyrisches Ich sucht sein Ziel in Gärten, Brunnen und „dämmernden Lauben". Der Unterschied entsteht, weil die Einsamkeit verlassen werden müsste, um in neue Gegenden aufzubrechen, die in Kunstwerken erkennbar werden: Marmorbilder und Paläste im Mondschein, besungen von den zwei jungen Gesellen, lassen Italien vermuten. Eichendorff hatte keine Mühe, seine Szenerien mit mythologischen Figuren zu bereichern, denn die antike Mythologie war für ihn eine legitime Voraussetzung des späteren Christentums, so wie er auch die Romantik von Homer aus datierte und „in einzelnen Momenten der heidnischen Mythologie" [145] christlich geprägte irdische Erfüllung vorgebildet sah. Das lyrische Subjekt genießt seine Einsamkeit; aber es wünscht, in andere, neue Gegenden reisen zu können. Darin liegt die entscheidende Spannung des Gedichtes: Bleiben und Genießen oder Gehen und Erleben. Der Rhythmus von *Sehnsucht* deutet auf das Volkslied hin, indem ein vorgegebenes, dreihebiges Versmaß freizügig gefüllt wird.

Neue politisch-soziale Bedeutung

Durch **Heinrich Heine** (1797–1856) bekamen Reise und Wanderschaft ein neues und anderes Gewicht, eine politisch-soziale

---

145 Joseph von Eichendorff: *Zur Geschichte des Dramas (1854).* In: Karl Konrad Polheim u. a. (Hrsg.): Der Poesiebegriff der deutschen Romantik. Paderborn: Ferdinand Schöningh, 1972 (UTB 60/61), S. 398.

Bedeutung, die zugehörige Literatur – Prosa und Lyrik – einen neuen Charakter.

Gedichte: *Wo wird einst des Wandermüden, Prolog (aus: Harzreise), Lyrisches Intermezzo IX, Wandere!* (C), *Verdrossnen Sinn im kalten Herzen, Lebensfahrt, In der Fremde* (K), *Wo wird einst des Wandermüden, Auf dem Brocken, Am fernen Horizonte* (R)

Deutschland. Ein Wintermärchen

Ein großes Gedicht vom Unterwegssein ist *Deutschland. Ein Wintermärchen* von 1844. Heine setzte auf sein „ganz neues Genre", seine „versifizierte(n) Reisebilder" große Hoffnungen, gerade weil sie eine „höhere Polemik atmen als die bekannten politischen Stänkerreime" [146]. Wanderungen werden bei Heine nicht mehr in erster Linie unternommen, um Landschaften und Natur kennenzulernen, sondern um die eigene Persönlichkeit und ihre Stellung in der Gesellschaft und dem sozialen Gefüge zu begreifen. Gefühle und Vernunft werden in Natur und Landschaft befreit und beginnen dabei, sich selbst zu begreifen. Heines Reisebilder beschreiben immer auch unglückliche Beziehungen zwischen einem jungen Mann und einem schönen Mädchen und lassen die meist damit verbundene Enttäuschung in einem ironisch gemeisterten Schmerz aufgehen.

Reisebilder

Heinrich Heine hat die Gattung der Reisebilder literaturfähig gemacht; Vorläufer wie Goethes *Italienische Reise* hatten das Terrain bereitet. Es finden sich in den *Reisebildern* schönste Prosatexte, heiterste Begegnungen und scharfe ironische Beschreibungen deutscher Kleinbürgerlichkeit und englischer Prüderie. Die *Reisebilder* beschreiben, besonders in der *Harzreise*, eine jämmerlich kleine Welt, und stellen in *Ideen. Das Buch Le Grand* die Französische Revolution als große Welt aus. Heine wird in ihnen zunehmend zum Europäer.

---

146 Heine, Bd. 4, S. 1016.

Lebensfahrt[147]

Ein Lachen und Singen! Es blitzen und gaukeln
Die Sonnenlichter. Die Wellen schaukeln
Den lustigen Kahn. Ich saß darin
Mit lieben Freunden und leichtem Sinn.

Der Kahn zerbrach in eitel Trümmer,
Die Freunde waren schlechte Schwimmer,
Sie gingen unter, im Vaterland;
Mich warf der Sturm an den Seinestrand.

Ich hab ein neues Schiff bestiegen,
Mit neuen Genossen; es wogen und wiegen
Die fremden Fluten mich hin und her –
Wie fern die Heimat! mein Herz wie schwer!

Und das ist wieder ein Singen und Lachen-
Es pfeift der Wind, die Planken krachen –
Am Himmel erlischt der letzte Stern –
Wie schwer mein Herz! die Heimat wie fern!

Das Gedicht ist Nr. X der *Zeitgedichte* und ein Gedicht über eine große Wanderschaft, eine Lebensfahrt, die ein Grundthema der Dichtung Heines war. Es ist dem dänischen Dichter Hans Christian Andersen (1805–1875) gewidmet und entstand bei dessen Besuch in Paris am 4. Mai 1843. Hatte Heine in zahlreichen Reise- und Wandergedichten eine poetische Idylle gezeichnet, wenn auch mit Rissen und Brüchen, so beschrieb er nun eine andere Welt: Das neue Schiff wird mit den romantischen Requisiten des alten Schiffs bezahlt. Jede Konservierung schönheitstrunkener Gefühle wurde aufgegeben, dafür dringen sozialpolitische Begriffe in die Verse ein („Genossen"). Zu diesen neuen Genossen gehören Karl Marx, Karl Grün, Moses Heß, Georg Herwegh und andere. Am 31. März 1843 war zudem die *Rheinische Zeitung* in Deutschland verboten

147 Ebd., S. 420.

worden. Unter diesen angedeuteten Entwicklungen und Beziehungen Heines muss das Gedicht *Lebensfahrt* als ein politisches Gedicht verstanden werden: über den geistigen und politischen Epochenumbruch, aber auch über Heines Wanderung durch die Zeiten und literarischen Strömungen. Hinter ihm lag die Epoche der volkstümlichen romantischen Dichtung, deren Bilder nochmals verwendet werden („Die Wellen schaukeln / Den lustigen Kahn."); hinter ihm liegt auch die deutsche Heimat. Die neu erreichte Welt liegt am Seinestrand, in Paris, seine neuen Freunde sind die Junghegelianer. Für Heine war es eine lebenslange Wanderschaft, für die er mehrfach die Metapher des Schiffes verwendete. Die „neuen Genossen" waren Philosophen und Politiker. Das veränderte den Anspruch: Mit den Dichtern erlebte man „den lustigen Kahn", in dem man mit „leichtem Sinn" saß. Mit den Politikern erlebte man auf dem „neuen Schiff" den Sturm, „die Planken krachen", und einen sternelosen Himmel.

Romantik nur noch als Requisiten

In den ersten beiden Strophen werden romantische Requisiten verwendet: Blitzen und gaukeln, Sonnenlichter, Wellen, Kahn. Diese Requisiten erinnern an Gedichte wie *Die Lore-Ley*. Geblieben sind Trümmer und ein Gestrandeter am Seinestrand. Es steht genau in der Mitte von *Lebensfahrt* und leitet zum zweiten Teil über, dem „neuen Schiff". Heine machte kein Hehl aus seiner Sehnsucht nach Deutschland, aber seine Dichtung war den „neuen Genossen" verpflichtet, „wieder ein Singen und Lachen", auch wenn die Sehnsucht nie völlig verdrängt werden konnte. Während die Reime die typischen Merkmale Heine'scher Lyrik aufweisen – unreine Reime (Trümmer–Schwimmer), Alliterationen (schlechte Schwimmer) und Assonanzen (Schiff bestiegen) –, wurde der Rhythmus der Lebensfahrt angeglichen, die unregelmäßig verläuft. Als Versmaß ist ein vierhebiger Jambus erkennbar, der aber nur selten ungestört erscheint (2. Strophe, 1. und 2. Vers; 3. Strophe, 1. Vers; 4. Strophe, 2. Vers).

Harzreise

Mit der *Harzreise* (1824) schuf Heine eine neue Poesie, die *Reisebilder*, in der sich Prosa und Lyrik mischten und Naturschilderungen sich mit satirischer Zeitbetrachtung kunstvoll verbanden. Zu Beginn findet sich ein Wandergedicht, in dem sich Heine aus der Stadt – hier ist es Göttingen – verabschiedet und verkündet: „Auf die Berge will ich steigen, / Wo die dunkeln Tanne ragen, / Bäche rauschen, Vögel singen, / Und die stolzen Wolken jagen“ [148]. Das Zentrum der *Harzreise* bildet das Gedicht *Auf dem Berge steht die Hütte (Bergidylle)*: „Nach einem langen Hin- und Herwandern gelangte“ er nach Clausthal und erlebte dieses „schöne Gedicht“ [149]. Es ist der geistige Kern des Buches, der auf den revolutionären Inhalt der Französischen Revolution von 1789 zurückverweist: „Alle Menschen, gleichgeboren, / Sind ein adliges Geschlecht.“ [150] – Was das Unterwegssein im Leben Heines bedeutete – es war Lebensprinzip, Dichtungsthema und Gestaltungsprogramm –, wird in einem zusammenfassenden Gedicht deutlich:

Unterwegssein als Lebensprinzip

Wo?

Wo wird einst des Wandermüden / Letzte Ruhestätte sein?
Unter Palmen in dem Süden? / Unter Linden an dem Rhein? //
Werd ich wo in einer Wüste / Eingescharrt von fremder Hand?
Oder ruh ich an der Küste / Eines Meeres in dem Sand? //
Immerhin! Mich wird umgeben / Gotteshimmel, dort wie hier,
Und als Totenlampen schweben / Nachts die Sterne über mir. [151]

Dieses Gedicht [152] wurde 1869 aus dem Nachlass veröffentlicht, stammt aber wahrscheinlich bereits von 1839/40. [153] Heute steht es auf dem Grabmonument des Dichters auf dem Montmartre-

---

148 Heine, Bd. 2, S. 103.
149 Ebd., S. 130 f.
150 Ebd., S. 133.
151 Heine, Bd. 4, S. 483 f.
152 Zur Interpretation und zum Verständnis Heine'scher Lyrik vgl. Rüdiger Bernhardt: *Heine. Das lyrische Schaffen.* Königs Erläuterungen Spezial. Hollfeld: C. Bange Verlag, 2008, zu *Lebensfahrt* S. 98–103.
153 Vgl. Heine, Bd. 4, S. 981.

Friedhof in Paris, wo Heine beerdigt sein wollte, da er unter den Menschen von Montmartre sein „liebstes Leben“ [154] gelebt habe. Die Ungewissheit des Sterbens – wann und wo wird es sein? Was kommt danach? Was bleibt? u. a. – wird in Fragen der ersten beiden Strophen deutlich. Die Fragen bleiben rhetorisch, denn das lyrische Subjekt wird zu Lebzeiten keine Antwort darauf bekommen. Es belastet sich jedoch nicht damit, sondern fügt sich in die Gewissheit, nach einer erfüllten Lebenswanderung zur Welt zu gehören, unter dem Himmel und den Sternen. Das Wort „einst“ enthält die Überzeugung, alles beendet und vollendet zu haben in der zur Verfügung gestellten Zeit. Es ist kaum ein Beispiel bekannt, bei dem das Wort eine so umgreifende und bestimmende Bedeutung hat, die gleichzeitig die biografischen Umtriebigkeiten Heines, seine Unruhe und seine Zerrissenheit aufhebt und sie durch eine umfassende Lösung aufzuheben versucht: „Die Mühen des Lebens vollenden sich ‚einst‘ nach mancher Rast in weiter, erlösender Zukunft.“ [155]

Boom der Polenlieder um 1830

1830 wurden die Polenlieder verschiedener Autoren, die teils aus der Romantik kamen (Nikolaus Lenau, *Der Maskenball*, 1832, u. a.), teils den Realismus mitgestalteten (Ernst Ortlepps *Polenlieder*, 1831; Julius Mosen), berühmt. Das Thema dieser Lieder war eine massenhafte „Reise“, die Flucht der polnischen Aufständischen nach Deutschland. Dieser Aufstand gegen die zaristische Herrschaft 1830 war eine Folge der Julirevolution in Frankreich. Aber 1795 hatte Polen seine staatliche Souveränität verloren, der Wiener Kongress hatte 1815 die Aufteilung zementiert. Die polnischen Kämpfer vertrieben am Abend des 29. Novembers 1830

---

154 Aus Heines Testament von 1846, zit. n.: Joseph Anton Kruse: *Die Welt als Grab*, in: Reich-Ranicki, 4. Bd., S. 132.
155 Joseph Anton Kruse: *Die Welt als Grab*, in: Reich-Ranicki, 4. Bd., S. 133.

den russischen Generalgouverneur in Warschau, doch reichte die Unterstützung, die aus Europa kam, nicht, und so waren die Aufständischen in den Schlachten bei Grochow und Ostrołęka unterlegen. Im September 1831 flohen Tausende nach Österreich, 28.000 Soldaten auf preußisches Territorium. Dann wandten sie sich nach Frankreich, von dort war ein Asylangebot gekommen. Die polnischen Kämpfe und die Solidarität mit ihnen waren ein Tagesthema in Deutschland. **Julius Mosen** (1803–1867), der mit Wanderburschenliedern (*Es zieht ein Bursch zur Stadt hinaus*), Liedern aus Italien und Sehnsuchtsliedern (*Aus der Fremde: Wo auf hohen Tannenspitzen*) bekannt geworden war, wurde mit Polenliedern berühmt. Der in zeitgenössischer Sicht heldenmütige Kampf gegen die russische Fremdherrschaft gab dem Gedicht *Die letzten Zehn vom vierten Regiment* seine Wirkung. Es setzte den unterlegenen, nach Preußen fliehenden Polen ein Denkmal:

Die letzten Zehn vom vierten Regiment

Von Polen her im Nebelgrauen rücken
Zehn Grenadiere in das Preußenland
Mit düst'rem Schweigen, gramumwölkten Blicken;
ein: ‚Wer da?' schallt; sie stehen festgebannt,
Und einer spricht: ‚Vom Vaterland getrennt
Die letzten Zehn vom vierten Regiment!' [156]

Mehrere Auflagen des Gedichtes als Flugblatt waren in wenigen Tagen verkauft, das Lied wurde in Leipzig auf den Straßen gelesen und wurde populär. Es bekam in gesungener Form den „Charakter eines Volksliedes" [157]. Diese Wirkung ging, wie polnische Emigranten bestätigten [158], einerseits auf den aktuellen Anlass zurück,

---

156 Mosen, Bd. 1, S. 40.
157 Werner, S. 301.
158 Vgl. *Der Biograf Julius Max Zschommler*, in: Julius Mosen: Ausgewählte Werke, Leipzig: Verlag Arwed Strauch, 1899, I. Band, S. 16.

andererseits verwendete Mosen poetische Mittel, die dem Publikum durch die romantische Dichtung bekannt und von ihm geliebt wurden. Der Hinweis auf den Vergleich mit einem Volkslied deutet diese Beziehung an; Mosen verdankte dem Volkslied und damit einer in der Romantik – aber nicht nur dort – geförderten Gattung einen großen Teil seines poetischen Instrumentariums.[159] *Die letzten Zehn vom 4. Polnischen Regiment bei ihrem Uebergange über die preußische Grenze im Herbste des Jahres 1831* – so der ursprüngliche Titel – wurde eines der berühmtesten Gedichte zum Thema des polnischen Freiheitskampfes in Deutschland.

Polnische Flüchtlinge

Auch die *Polenlieder* **August Graf von Platens** (1796–1835) versuchten im Zusammenhang mit der französischen Julirevolution 1830 das Publikum zu aktivieren. Platen suchte in den Polenliedern nach neuen Ausdrucksmitteln, die nicht antik-elitär, sondern einfach und publikumswirksam sein sollten:

Nächtlicher Weichsel-Übergang der flüchtigen Polen bei Krakau

Die Lüfte wehn so schaurig, / Wir ziehn dahin so traurig
Nach ungewissem Ziel!
Kaum leuchten uns die Sterne; / Europa sieht von Ferne
Das große Trauerspiel. (…)[160]

Platen verzichtete in den Liedern – mit Ausnahme des Hexameters in *Warschaus Fall*, bei dem „einst freiwilliger Scharen langer Zug" im Blut erstickt wird – auf die sonst bei ihm übliche edle Form, geschult an der Antike, vom Wohlklang her gewählt. Die Polenlieder Platens blieben isoliert; sie wurden in der *Rheinischen Zeitung* veröffentlicht, nicht aber in Platens geplanter Gedichtsammlung von 1832.

---

159 Vgl. Rüdiger Bernhardt: *Julius Mosen (1803–1867)*. Muldenhammer: conception Seidel, 2017, S. 83.
160 Platen, Bd. 1, S. 299 ff.

2.5 Unterwegssein in Realismus und beginnender Moderne

Abwertung der Reisethematik

Neben die Romantik trat um 1830 der Realismus, der sich romantischer und sogar spätaufklärerischer Mittel bediente, aber Veränderungen, sogar revolutionäre Entwicklungen im Blick hatte, die seit 1830 begonnen hatten. Zu diesem Zeitpunkt traten junge Schriftsteller an die Öffentlichkeit, die sich als Junges Deutschland (Gutzkow, Laube, Wienbarg, teils Heine; 1830–1850) einen Namen machten, aber meist nur mäßiges Interesse für das Reisethema aufbrachten. Anders sah das bei den Vormärzdichtern (Herwegh, Weerth, Freiligrath u. a.) aus, unter denen **Ferdinand Freiligrath** (1810–1876) ein Vielreisender war.

Gedicht: *Die Auswanderer* (K)

Auf den Reisen wollte er Stoffe sammeln, die dann daheim verarbeitet werden sollten: „Wenn mir etwas ersprießlich wäre, dann wär's Reisen!" schrieb er am 20. März 1838[161]. Aus der Frühphase stammte das Gedicht *Heiligenschrein, Vögel und Wandersmann* (1829), das Pilgerinnen beschreibt. Dann thematisierte er *Die Auswanderer* (1832), die, vorwiegend aus dem Schwarzwald, Deutschland in Richtung Amerika verließen.[162] Freiligrath trug sich zeitweise ebenfalls mit dem Gedanken, nach Amerika auszuwandern. Auch antike Vorbildgestalten wie *Odysseus* (1836)[163], afrikanische Stoffe und heimatliche Wanderungen wurden zu seinen Themen. Der poetische Höhepunkt wurde die Sammlung *Ça ira!* (1846): Bereits das Eröffnungsgedicht *Vor der Fahrt* (Melodie der Marseillaise) beschreibt eine Reise mit dem Schiff „Revolution" in

---

161 Brief an Wolfgang Müller, zit. in: Freiligrath, Teil 1, S. XLI.
162 Freiligrath, Teil 1, S. 9 und 12 f.
163 Ebd., S. 120 ff.

die Zukunft, deren Sinnbild Amerika ist. Als begleitende Vorbilder werden Washington und Kosciuszko genannt:

Vor der Fahrt

„Frisch auf denn, springt hinein! Frisch auf, das Deck bemannt!
Stoßt ab! Stoßt ab! Kühn durch den Sturm! Sucht Land und findet Land!"[164]

Symbol für Zukunft und Veränderung

Das Thema des Reisens und Unterwegsseins wurde deutlich politisch aufgeladen und die Reise zum Symbol für Zukunftsstreben und gesellschaftliche Veränderungen wie in Freiligraths berühmtem, umfangreichem Gedicht *Von unten auf* (1846), in dem ein Schiff zum Symbol für die gesellschaftliche Entwicklung wird:

Von unten auf

Wir aber steigen feuerfest aufwärts ans Licht aus unsrer Gruft!
Wir sind die Kraft! Wir hämmern jung das alte morsche Ding, den Staat,
Die wir von Gottes Zorne sind bis jetzt das Proletariat![165]

Gedichte: *keine*

Es entstand ein vielfarbiges literarisches Panorama in Deutschland, in dem Klassik und Romantik noch vorhanden waren, aber der Übergang zum kritischen Realismus und der Vormärzliteratur bereits erkennbar wurde. **Annette von Droste-Hülshoffs** (1797–1848) Dichtung – *Gedichte* (1844) – zeigt diesen Übergang ebenso wie die Heines oder Mosens, indem romantische Attribute mit neuen Themen verbunden wurden. Doch wirkte bei ihr auf Grund der strengen aristokratisch-katholischen Erziehung z. B. die Dichtung von Angelus Silesius nach, das Leben als Wanderung zu Gott aufzufassen (*Nach dem Angelus Silesius*)[166].

Ein lyrisches Subjekt „fährt" in einem Gedicht Annette von Droste-Hülshoffs zu Toten, wie es Klopstock im *Messias* beschrieben hatte:

———

164 Freiligrath, Teil 2, S. 93.
165 Ebd., S. 96.
166 Droste-Hülshoff, 1. Bd., S. 101 f.

Meine Toten

Wer eine ernste Fahrt beginnt, / Die Mut bedarf und frischen Wind,
Er schaut verlangend in die Weite / Nach eines treuen Auges Brand,
Nach einem warmen Druck der Hand, / Nach einem Wort, das ihn geleite. //
Ein ernstes Wagen heb' ich an, / So tret' ich denn zu euch hinan,
Ihr meine stillen strengen Toten; / Ich bin erwacht an eurer Gruft
Aus Wasser, Feuer, Erde, Luft / Hat Eure Stimme mir geboten. (…) [167]

Nur Gedankenspiele

Wanderungen und Reisen blieben für Droste-Hülshoff nur Gedankenspiele. Weitgehend beschränkt auf ihre westfälische Heimat und selbst dort, mit Ausnahme des Bökerhofes bei Brakel, beengt durch die Konventionen des unverheirateten Fräuleins, machte sie die enge Heimat zum Thema ihrer Dichtung, ließ aber ihre Gedanken dabei in die unbegrenzten Weiten reisen. Neben der empirischen Erfahrung der Heimat kam ihr bei ihren poetischen „Reisen" ihre hoch entwickelte Fantasie entgegen. Bei einem längeren Aufenthalt am Bodensee konnte sie ihre Pläne verwirklichen. Am 30. September 1841 kam sie auf der Meersburg an, einerseits ganz auf sich konzentriert, andererseits begann mit einem umfangreichen und flexiblen Publikum, darunter die Schwester der Dichterin mit ihrem Mann, ein vielfältiges Wanderleben in der neuen Landschaft. Das „gezwungene Exerzitium" tat ihr gut, „in der Gegend umhergaloppieren, um die schöne Landschaft recht mit Löffeln einzunehmen", und brachte einen deutlichen Unterschied zu ihrem „Dachsleben" [168] im westfälischen Rüschhaus. Sie leistete mit Levin Schücking Beiträge für ein Buch der Reisen: *Das malerische und romantische Westphalen* (1841 als Buch veröffentlicht) von Ferdinand Freiligrath und Levin Schücking. Dieses Buch ist bis heute ein übergreifendes Standardwerk für Reise- und Wander-

---

167 Ebd., S. 98 f.
168 Annette von Droste-Hülshoff: *Die Briefe. Gesamtausgabe*. Hrsg. von Karl Schulte Kemminghausen, Jena: Eugen Diederichs Verlag, 1944, Bd. 1, Brief vom 29./30. Oktober 1841 an Elise Rüdiger, S. 562 f.

literatur, das zwar territorial angelegt ist, dabei aber auch historische, kulturgeschichtliche und literarische Inhalte einbezieht, vielfältige Wirklichkeitsbereiche bei der Erkundung der Landschaft durch Unterwegssein miteinander verbindet und als zusätzlichen Kommentar neue Lyrik, vorwiegend von Droste-Hülshoff, einfügt. – In Gedichten konfrontierte sie die Ferne und den erwünschten Aufbruch dorthin mit der eigenen Beschränktheit, so entstand in Meersburg *Am Turme*:

Am Turme

Ich steh' auf hohem Balkone am Turm, / Umstrichen vom schreienden Stare,
Und lass' gleich einer Mänade den Sturm / Mir wühlen im flatternden Haare;
O wilden Geselle, o toller Fant, / Ich möchte dich kräftig umschlingen,
Und, Sehne an Sehne, zwei Schritte vom Rand/ Auf Tod und Leben dann ringen!

Und drunten seh' ich am Strand, so frisch / Wie spielende Doggen, die Wellen
Sich tummeln rings mit Geklaff und Gezisch / Und glänzende Flocken schnellen.
O, springen möcht' ich hinein alsbald / Recht in die tobende Meute,
Und jagen durch den korallenen Wald / Das Walross, die lustige Beute!

Und drüben seh ich ein Wimpel wehn / So keck wie eine Standarte,
Seh' auf und nieder den Kiel sich drehn / Von meiner lustigen Warte;
O, sitzen möchte' ich im kämpfenden Schiff, / Das Steuerruder ergreifen
Und zischend über das brandende Riff / Wie eine Seemöwe streifen.

Wär' ich ein Jäger auf freier Flur, / Ein Stück nur von einem Soldaten,
Wär' ich ein Mann doch mindestens nur, / So würde der Himmel mir raten;
Nun muss ich sitzen so fein und klar, / Gleich einem artigen Kinde,
Und darf nur heimlich lösen mein Haar / Und lassen es flattern im Winde! [169]

---

169 Droste-Hülshoff, 1. Bd., S. 83 f.

Spaziergänge am Bodensee

Die Zeit 1841 auf der Meersburg am Bodensee war Droste-Hülshoffs bewegteste Zeit, die ihr auch Freiheiten ließ, die sie in den aristokratischen Kreisen Westfalens nicht hatte. Aber ihr Gesundheitszustand sorgte dafür, dass aus den ersehnten Wanderungen und Abenteuern lediglich Spaziergänge wurden. Auf diesen Widerspruch zwischen dem Wunsch, der nicht mehr erfüllbar war, und der Wirklichkeit macht das Gedicht aufmerksam.

Nationalisiertes Reisen

Das Wandern und Reisen erlebte im Zusammenhang mit den Burschenschaften im 19. Jahrhundert einen Höhepunkt. Wesentlichen Einfluss hatte darauf **Friedrich Ludwig Jahn** (1778–1852) mit seinen historischen Betrachtungen zum Wandern und Reisen, denen er Leitsätze wie „Was ich nicht erlernt, hab' ich erwandert.“ [170] zuordnete oder wenn er Wandern den Deutschen erklärte: „Uralt ist des Deutschen Reisetrieb.“ [171] Bei Jahn geriet das zu einer Haltung, die zwar als Abwehr fremder Einflüsse, besonders französischer, gedacht war und die Stelle der ausstehenden Reichseinheit vorläufig besetzen sollte, die aber auch eine deutsche Überlegenheit beinhaltete, die in der deutschen Geschichte verhängnisvolle Spätfolgen hatte. Für Jahn waren Turnen und Wandern Bewährungsproben für „deutsche“ Stärke. Einen Abriss zu Geschichte und Funktion des Wanderns *Wegweiser* begann er:

> „Das Gehen hat der Deutsche im Altertum hoch in Ehren gehalten, bis die Schmachzeit der Überverfeinerung und Verzierlichung die Schläfer und Schlaffen hervorgebracht, die dann die Wandertasche in einen Reisekoffer verwandelt und den Wanderstab in einen Hangelwagen.“ [172]

---

170 Friedrich Ludwig Jahn: *Neue Runen-Blätter*. Naumburg: Wild'sche Buchhandlung, 1828, S. 20.
171 Friedrich Ludwig Jahn: *Deutsches Volkstum*, Lübeck 1810, S. 443.
172 Friedrich Ludwig Jahn: *Neue Runen-Blätter*. Naumburg: Wild'sche Buchhandlung, 1828, S. 3.

Dann nahm er die kritisch epigrammatische Meinung Christian Wernickes (s. S. 37 f. dieser Erläuterung) auf und wandte sich gegen „das vorwitzige, frühzeitige, weltsüchtige Reisen ins Ausland" pries „das Wandern im Vaterlande":

Auf die törichten Reisen der Deutschen

Als (Gelbhans) reisen wollt', und von uns Abschied nahm
War er noch nicht geschickt zu einem weiten Ritt;
Auch bracht er, als er wiederkam,
Aus fremden Ländern nichts als ihre Torheit mit:
Der Geck war außer Lands des Vaterlandes Schande,
Und fremder Länder Schimpf in seinem Vaterlande.[173]

Reisegedichte als Beschreibung des eigenen Lebens

Gedicht: *Dort bläht ein Schiff die Segel* (C)

Friedrich Hebbel (1813–1863) wurde als Dramatiker wirksam. Seine Lyrik (*Gedichte*, 1842) spielt gegenüber seiner Dramatik eine untergeordnete Rolle, obwohl sie sich mit derjenigen der bedeutenden Zeitgenossen messen kann. Er bewunderte Dichter wie Uhland und Heine, den er 1843 in Paris besucht hatte. Dessen Reisebilder hielt er für „eins der genialsten Werke neuerer Zeit"[174].

Reisen waren bei Hebbel mangels finanzieller Mittel Fußwanderungen von München über Straßburg nach Heidelberg vom 12. bis 29. September 1836 – mit Besuchen bei Gustav Schwab und Ludwig Uhland – und von München nach Hamburg vom 11. bis 31. März 1839.[175] Nach Jahren größter Armut führte ihn ein Reisestipendium des dänischen Königs 1843 auf Reisen, und zwar nach Paris; er blieb zudem längere Zeit in Rom und Neapel. Reise- und Wandergedichte entstanden als Beschreibung des eigenen Lebens: *Auf dem Meer* (1842) wird zur Fahrt der Weltgeschichte stilisiert, von den Titanen der Antike, einschließlich des Prometheus, bis zur

173 Ebd., S. 10.
174 Zit. n. Barbara Wellhausen: *Friedrich Hebbel. Sein Leben und Texten und Bildern.* Heide in Holstein: Westholsteinische Verlagsanstalt Boyens & Co., 1988, S. 18.
175 S. Reiseverlauf in: ebd., S. 44 und 53.

Gegenwart Hebbels, dem Brand Hamburgs im Mai 1842. *Ein Geburtstag auf der Reise* (1852) wird zur Übersicht des eigenen bisherigen Lebens und zum Entwurf des weiteren Weges. *Zwei Wanderer* wird zur Parabel – am Beispiel eines Stummen und eines Tauben –, dass die Menschheit an ihr Ziel kommt, wenn sich die einsam Wandernden verstehen und miteinander ziehen.[176] Hebbel hatte auf seinen Reisen zu den Sehenswürdigkeiten, besonders in Rom, ein rational-distanziertes Verhältnis: „Ebensowenig hat die antiquarische Seite der Stadt Rom einen Reiz für mich“[177], schrieb er in sein Tagebuch unter dem 20. Februar 1845. Das Gedicht *Rom* – Teil eines Zyklus über Italien – bestätigt das: Nicht die römischen Ruinen stehen für die Ewigkeit, sondern der Himmel und die sich ansiedelnden Menschen.[178] Auch Hebbels Reisegedicht *Venedig* folgt diesen Gedanken:

Venedig

Wie ein verwirklichter Traum begrüßt dich das bunte Venedig,
Wenn du es flüchtig durchschiffst: nicht die versunkene Stadt
Glaubst du vor dir zu sehen, von welcher die Dichter erzählen,
Diese dünkt dir im Meer gleich von Tritonen erbaut,
Und du taumelst dahin, wie unter Korallen und Muscheln,
Und verwunderst dich nur, dass dich die Flut nicht ereilt.
Alles übrige passt hinein in den Rahmen: der Doge,
Der sich den Wellen vermählt, und das vermummte Gericht,
Ja, die Brücke der Seufzer, erscheinen dir hier so natürlich,
Wie in des Ozeans Nacht Fische mit Sägen im Haupt.
Lass dir aber vom Führer berichten, wie alles entstanden,
Und das phantastische Bild löst in Vernunft sich dir auf![179]

---

176 Hebbel, Bd. 1, S. 179 f., 175 ff., 181.
177 Ebd., Bd. 6 (Tagebücher, Bd. 2), S. 17.
178 Ebd., Bd. 1, S. 245.
179 Ebd., Bd. 1, S. 250.

„Bunte Stadt"

Hebbel besuchte die Stadt gemeinsam mit seiner Frau im Sommer 1852. Seine Begegnung geht von dem beeindruckenden Gegenwartserlebnis der „bunten Stadt" aus, nicht von der geschichtsträchtigen Serenissima. Diesen Eindruck verarbeitete er wie bei Rom rational: „Die Stadt scheint bizarr, ist es aber nicht, denn sie ist das Resultat notwendiger Bedingungen." [180] Alles andere gehöre zum Bild, was man sich von Venedig gemacht habe: die ständig vom Wasser bedrohte Stadt, der sich den Wellen und dem Meer vermählende Doge als Zeichen der Verbindung von Stadt und Meer, die Seufzerbrücke zwischen Dogenpalast und Gefängnis, die Venezianische Staatsinquisition agierte geheim und erscheint deshalb als „das vermummte Gericht", zumal es mit dem Charakter des Unheimlichen versehen wurde und literarisch durch Casanovas Flucht aus den Bleikammern berühmt geworden war. Das alles erscheine zwar absonderlich, sei aber natürlich wie ein Sägefisch, den es gäbe. Hebbel kann deshalb entgegenhalten, dass der Anblick der Stadt vernünftig sei. Fast gewaltsam wird das fantastische Bild der Stadt zerstört: Die Requisiten passten in den „Rahmen"; es ist etwas inszeniert worden. – Das Gedicht verwendet den klassischen Hexameter und Pentameter, behandelt diese aber frei. Das Versmaß verdrängte das Gefühl und die Beteiligung des Herzens, wie es Hebbel eigentlich für die Lyrik, im Gegensatz zur Dramatik, in der seiner Meinung nach der Geist kämpfe, bestimmt hatte (Vorwort zu *Maria Magdalena*). Das bedeutete auch, dass Hebbel mit zunehmendem Alter die Lyrik immer stärker zu objektivieren versuchte, wie es in *Venedig* der Fall ist. Alle Vorstellungen eines besonders schönen, fantastischen und geheimnisvollen Venedigs werden aufgelöst, wie das lyrische Subjekt prophezeit, falls der Besucher sich an seinen „Führer" hält. Selbst im Begriff des

---

180 Ebd., Bd. 6, S. 331.

Führers – nicht Cicerone oder Gondoliere – wird distanzierte Sachlichkeit angestrebt.

Deutsche Sehnsuchtsstadt

Venedig gehört bis heute zu den Sehnsuchtsstädten der Deutschen. Seine morbide Schönheit, der Reiz des Zerfalls, ständige Gefahr durch das Wasser und die Faszination der Lagune verbanden sich zu einem Gefühl von Genuss und Todessehnsucht. Das sicher bemerkenswerteste Beispiel dafür, auch zum Thema des Reisens in der Literatur, wurde Thomas Manns Novelle *Der Tod in Venedig* (1913). Aber auch die deutsche Lyrik ist reich an Venedig-Gedichten: Goethes *Venezianische Epigramme*, August von Platens *Der alte Gondolier*, Christian Friedrich Wagner, C. F. Meyer, Emanuel Geibel, Nietzsche, Trakl, Rilke, Theodor Däubler, Rose Ausländer und viele andere. Hebbel ging einen anderen Weg: Der spezifische Reiz Venedigs – die Todessehnsucht und Morbidität – wurde erwähnt, um ihn zurückzunehmen.

Bildungsreisen

Für den Schweizer **Gottfried Keller** (1819–1890) waren Fahrten in die Welt ein Hauptthema seiner Lyrik; auch die Hauptgestalten seiner Romane waren viel unterwegs, der grüne Heinrich unternahm Bildungsreisen, Martin Salander Handelsreisen nach Brasilien. Die Reisen der Keller'schen Gestalten waren immer real, existenzbestimmend, in gutem wie in bösem Sinne, und vollzogen sich in einer kapitalistischer werdenden Welt.

Gedichte: keine

Im Tiergarten (*In einem Lustwalde*, aus: *Wanderbilder* 1852)

Ich bin ein Fremder hierzulande, / Wo Krongewalt herrscht allerwärts,
Mich binden nicht die starren Bande, / Doch dieser Hain erfreut mein Herz! //
Um dieses grünen Lebens willen, / Um dieser Weiher sanfte Flut,
Um diese ruhgewiegten stillen / Baumwipfel in der Abendglut, //
Um diesen milden tiefen Frieden, / Den mir ein braver Toter beut,
Sei ihm ein voller Dank beschieden / Des Herzens, das dies Grün
erfreut! [181]

---

181 Gottfried Keller: *Sämtliche Werke*. Bd. 1: Gedichte. Berlin: Aufbau-Verlag, 1958, S. 215 f.

„Wander-Handwerker“

Kellers Reisende waren „Wander-Handwerker“[182], ein Schicksal, das Keller selbst bei seiner Irrfahrt nach der richtigen künstlerischen Betätigung – Maler oder Dichter – sich auferlegte und das das Schicksal des Vaters wiederholte. In seinen Dichtungen widmete er sich engagiert Auswanderern (*Pankraz der Schmoller, Don Correas, Regine*). Hinzu kam, dass Keller ein entschiedener Schweizer war. So reist er auch in diesem Gedicht 1850 als ein Fremder nach Berlin, dessen monarchische Herrschaft ihm, dem bürgerlichen Demokraten, unangenehm war. Der Tiergarten, in dem er wanderte und in dem er sich, im Gegensatz zum übrigen Berlin, wohlfühlte, beeindruckte ihn mit seinen Bäumen und seiner Stimmung; das Grün der Natur war ihm ein Sehnsuchtsziel[183], auch als Maler. Der „milde tiefe Frieden“, den der Schweizer Keller hier vorfindet, ist einem „braven Toten“ zu danken, der mehr als einen Landschaftspark geschaffen hat: Nicht nur landschaftlichen Frieden findet sich hier, sondern Keller weiß um die Geschichte. Peter Joseph Lenné plante einen idealen Volkspark, der vom König abgelehnt wurde. Zwischen 1830 und 1840 setzte Lenné einen Park durch, der den König befriedigte und dennoch im Landschaftspark nach englischem Vorbild auch den Volkspark verwirklichte. Kellers demokratisch-atheistisches Denken wurde von dem Philosophen Ludwig Feuerbach (1804–1872) beeinflusst, dessen öffentliche Vorträge er in Heidelberg gehört hatte. Insofern ist hinter Kellers Neigung zu diesem Park auch dieses demokratische Verständnis zu sehen, denn im Sinne der Lieddichtung Heines, den er lange Zeit als Vorbild betrachtete, politisierte Keller seine Natur- und Reisedichtung. Keller hielt sich fast sechs Jahre in Berlin auf, um

---

182 Adolf Muschg: *Gottfried Keller. Ein literarisches Portrait.* Berlin: Verlag Volk und Wissen, 1980, S. 35.

183 Vgl. ebd., S. 14.

Dramatiker zu werden. Es war eine entbehrungsreiche Zeit, in der Keller selten Kontakte suchte. Zum Dramatiker wurde er nicht, aber er kam Ende 1855 als Dichter nach Zürich zurück, der *Grüne Heinrich* war erschienen, Fertiges und Entworfenes hatte er im Gepäck.

Prägende Herkunft

Neben Keller wurde **Conrad Ferdinand Meyer** (1825–1898) zum bekanntesten Schweizer Dichter der Zeit. Einerseits stimmten er und Keller in der Herkunft aus der Schweiz und aus Zürich – mit den prägenden Traditionen des 19. Jahrhunderts in der Folge der Französischen Revolution – überein, auch in ihren Zweifeln, Dichter oder Maler zu werden. Andererseits stellten sie zwei Seiten einer Medaille dar: der entschiedene Demokrat Keller und der der Denkart Züricher Patrizier verbundene Meyer. Keller beschrieb die Gegensätzlichkeit, erkannte jedoch die Bedeutung Meyers für die Lyrik an.

Gedichte:
Im Spätboot (C);
Wanderfüße (K);
Der Reisebecher (R)

Flucht aus familiärer Ordnung

Für Meyer hatten Reisen immer Bildung zum Ziel, bedeuteten aber auch Flucht aus der Begrenzung der familiären, vor allem mütterlichen Ordnung. Erst spät setzte er sich als Dichter durch, insbesondere in den Gedichten Autobiografisches einbringend. Das Unterwegssein spielt dabei eine große Rolle. Die Begriffe „Reisen“ und „Wandern“ finden sich häufig.

Spiel

Denkst, Freund, des wilden Knabenspiels du noch,
Das wir getrieben einst am Bergesjoch,
Wann unser freud'ger Wandertag verglomm
Und höher stets und immer höher klomm?
Wir sprangen jubelnd über Stock und Stein
Bergan und wieder in das Licht hinein,
Und noch einmal und noch einmal,
Bis uns entschlüpft' der letzte Sonnenstrahl.
Das Spiel, das wir im Alpentale dort
Getrieben, Freund, wir spielen's heut noch fort.

Wann neben uns das süße Licht erbleicht,
Wir steigen, bis von neuem wir's erreicht.
Wir springen rüstig über Stock und Stein
Und mitten wieder in den Tag hinein,
Und noch einmal und noch einmal,
Bis uns entschlüpft der letzte Lebensstrahl.[184]

Venedig

Was als Spiel benannt wird, ist der Verlauf des Lebens als „freud'ger Wandertag", das Leben als Wanderung. Aus der Einmaligkeit des Erinnerten („Wir sprangen") ist Normalität des Gegenwärtigen („Wir springen") geworden. Unterwegssein war bei Meyer Erfüllung und Sehnsucht: Einmal ist es das Bekenntnis zur Heimat, und er wandert bis zu den Gipfeln der Alpen, zum anderen ist es die Sehnsucht nach der Ferne, besonders nach Italien, denn von den Höhen des Gebirges – der Alpen – schaut man nach Italien. Dort liegt Meyers Sehnsucht (*Venedig, Auf dem Canal Grande*), in den Palästen Venedigs, dort „glüht herein die Abendsonne", der man auf der Gipfelwanderung zu entgehen sucht, und das Leben „erlischt im Schatten drüben"[185]. Das Spiel erweist sich als Lebensprinzip, als fortwährende Wanderung in die Regionen des Lichts und der Schönheit. Das lyrische Subjekt bewegt sich stets zwischen Gegensätzen, bezieht daraus die Spannung und aus These-Antithese eine neue Synthese: Im Gedicht *Firnelicht* stehen sich gegenüber „Schneegebirge" und der „Märkte Dunst", „Wie pocht' das Herz mir in der Brust / Trotz meiner jungen Wanderlust". Die Spannung aufheben soll „vielleicht ein Wort, vielleicht ein Lied, / Ein kleines stilles Leuchten".[186] Das Leuchten Meyers ist die Metapher für das Streben nach dem Licht.

———

184 Meyer, Bd. 2, S. 738 f.
185 Meyer: *Auf dem Canal Grande*, in: ebd., S. 772.
186 Ebd., S. 734.

Einer der Biografen Meyers bezeichnete ihn als „Wanderer in die Weite heroischer Vergangenheit“, als „‚Pilgerim und Wandersmann‘ [so nannte sich Meyer in seinem Gedicht *Ein Pilgrim*, R. B.] zwischen Gegenwart und Vergangenheit, zwischen den Bereichen der Wirklichkeit und des Traumes“[187]. Meyers Reisen waren Pilgerfahrten, so wenn er „im Sabinerland“ „in einen langen Mantel eingehüllt“ vor einem „Kirchentor“ sitzt, an einem „Reisejugendtag“[188]. Während in Kellers Wanderliedern die Tradition des Volksliedes gegenwärtig ist, ist in Meyers Reise- und Wanderliedern diese Tradition zurückgetreten und hat der Angst vor Verlust von Orientierungen wie der Renaissance, der vollkommenen Schönheit und der makellosen Form Platz gemacht, dem das lyrische Subjekt mit fortwährendem Streben nach Licht zu begegnen versucht, als Zeichen der sich ständig erweiternden Erkenntnis. Unterwegssein bedeutet bei Meyer Erhalt des Klassisch-Schönen und Sehnsucht nach Vollendung.

Sehnsucht nach Vollendung

Im 19. Jahrhundert kam es zu großen Migrationsbewegungen von Europa in die USA, ein Aufbruch, um sich der deutschen Beschränkung zu entziehen, in die sogenannte neue Welt und ins Land der unbegrenzten Möglichkeiten. In Amerika suchten zahlreiche Menschen eine neue Lebensmöglichkeit, es gab aber auch Gruppen, die in Amerika die Voraussetzung für neue Gesellschaftsentwürfe suchten. Der Aufbruch in die neue Welt spielte bei Schriftstellern eine große Rolle, bei Gottfried Keller (*Regine*, *Der grüne Heinrich*) ebenso wie etwas später bei Gerhart Hauptmann (*Atlantis*). Auch der Dichter großer Epen wie *Dreizehnlinden* und *Goliath* **Friedrich Wilhelm Weber** (1813–1894) nahm sich des Themas an:

Thema Auswanderung

---

187 Christfried Coler: *Conrad Ferdinand Meyers Weg und Werk*, in: Meyer, Bd. 1, S. CXVII f.
188 Meyer: *Ein Pilgrim*, in: Meyer, Bd. 2, S. 938 f.

2.5 Unterwegssein in Realismus und beginnender Moderne

Auf Amerika
(18. Mai 1834)

1. Strophe
Wo dort, vom Abendlicht umhaucht,
Der Sonne heller Brand
In goldne Meeresfluten taucht,
Dort liegt das Wunderland.

3. Strophe
Auf unsern Feldern brütet Nacht,
Dort scheint die Sonne noch,
Dort ist die Freiheit aufgewacht,
Hier drückt das Sklavenjoch.

Innenansicht eines Schiffs mit Auswanderern nach Amerika, hist. Illustration

Enttäuschte Rückkehr

Das Gedicht entstand Pfingsten 1834 in Greifswald. Weber selbst verdrängte später diese Jugendzeit. – Zwischen 1831 und 1840 wanderten mehr als 150.000 deutschsprechende Auswanderer nach Amerika aus. Sie flohen vor sozialer Not und politischer Gefahr. Der von Weber verehrte Dichter **Nikolaus Lenau** (1802–1850, eigentl. Nikolaus Franz Niembsch Edler von Strehlenau) war 1832 nach Amerika gegangen, aber ein Jahr später enttäuscht zurückgekommen. Das Ergebnis waren zahlreiche Gedichte über diese Fahrt und den Aufenthalt in der neuen Welt, auch über die dortigen Ureinwohner, die Indianer.

Gedichte:
Der Maskenball, Abschied (C), *Niagara* (R)

Lenau gehörte zu den bedeutenden Dichtern von Wander- und Reisegedichten im 19. Jahrhundert. Ihm war das Leben ebenso eine große Wanderung (*Der trübe Wandrer*[189]) wie auch seine Wanderungen, einschließlich der Fahrt nach Amerika (*Abschied. Lied eines Auswandernden*[190], 1832), Anlass zu Gedichten oder Gedicht-Zyklen (*Reiseblätter I und II*) wurden, denen der Irrtum mitgegeben war:

Ein Heimatbruder!

> Der Wandrer, irrend in der Ferne. / Wo fremd das Tier, der Baum, das Kraut,
> Wo fremd die Nacht und ihre Sterne, / Wo fremd und tot der Menschenlaut,
> Wie fühlt er sich allein, verstoßen, / Wie jauchzt sein Herz im fremden Land,
> Wenn plötzlich er den Sprachgenossen, / Den heimatlichen Bruder fand![191]

Der irrende oder enttäuschte Wanderer wurde eine mehrfach variierte Figur bei Lenau.

Schließlich wurden die Traditionen der Reise- und Wandergedichte weitergeführt, in denen lyrische Subjekte auf die Suche nach Heimat und innerer Befindlichkeit gingen wie bei **Theodor Storm** (1817–1888):

Gedicht:
Über die Heide, Gedenkst du noch? (K)

———

189 Lenau, S. 17 f.
190 Ebd., S. 115 f.
191 Ebd., S. 334.

Ein grünes Blatt

Ein Blatt aus sommerlichen Tagen, / Ich nahm es so im Wandern mit,
Auf dass es einst mir möge sagen, / Wie laut die Nachtigall geschlagen,
Wie grün der Wald, den ich durchschritt.[192]

Erinnerung an Harmoniezustand

Storms Gedicht stammt aus der Zeit von 1844 bis 1852. Obwohl der Dichter jung ist, widmet er sich einer abschließenden Erinnerung: Ein Blatt, ein grünes Pflanzenblatt, aber es käme auch ein Blatt Papier mit Notizen in Frage, erinnert an eine Vergangenheit, in der sich das lyrische Subjekt in der Natur aufhielt und diese mit allen Sinnen aufnahm. Hören, die Nachtigall, und Sehen, das Grün des Waldes, sind daran ebenso beteiligt wie das Gespräch mit der Natur, stellvertretend mit dem Blatt, und das Gehen, Wandern und Schreiten. Das erinnerte Naturerlebnis enthält jedoch eine zweite Ebene: Das lyrische Subjekt erinnert sich und ruft wieder auf einen Harmoniezustand, der sich zwischen Mensch und Natur ergeben hat und eine völlige Übereinstimmung ausweist, die mit dem Begriff des Sommers erfasst wird. Da wirkt Storms Begeisterung für Heinrich Heine nach. Storms Gedichte zwingen den Leser, seine Handlungen und Taten zu prüfen und als Erinnerung zu bewahren. Die Ferne, auf Reisen gefunden, wird zum Brennspiegel der Erfahrung von Nähe. Daraus ergeben sich Heimatgefühle, die in anderen Gedichten Storms das Thema sind: „Am grauen Strand, am grauen Meer / Und seitab liegt die Stadt.“ (*Die Stadt*)[193] Das aus der gleichen Zeit stammende Gedicht wirkt wie ein Gegenentwurf: Kein Wald rauscht und kein Vogel „schlägt im Mai … ohn’ Unterlass“; nur die vorbeifliegende Wandergans bringt „mit hartem Schrei“ für einen Augenblick die Ferne ins Bild. Trotz der Trostlosigkeit des Eindrucks bekennt sich das lyrische Subjekt zu dem Ort, denn es ist seine Heimat, die ihm durch die plötzliche

---

192 Storm, 1. Band, S. 133.
193 Ebd., 1. Band, S. 140.

Konfrontation mit der Ferne bewusst und liebenswert wird. Das war insofern besonders wichtig geworden, weil die Volkserhebung der Schleswig-Holsteiner, sich aus der dänischen Herrschaft zu lösen, gescheitert war. Storm wurde 1852, nachdem Schleswig unter dänische Besatzung geraten war, aus der Anwaltsliste gestrichen und damit arbeitslos. Er musste die Heimat verlassen und sich auf preußisches Recht umstellen. Nach der Tätigkeit in Heiligenstadt brachte der Ausgang des Krieges von 1864 ihm die Heimkehr in die Heimat; er wurde Landvogt in Husum.

Bekenntnis zur Herkunft

Storms Lyrik gehört, obwohl nicht umfangreich, zu den besten Leistungen auf dem Gebiet der Reise- und Wandergedichte. Es sind Gedichte der Heimatliebe und des Bekenntnisses zur Herkunft, Gedichte der Sehnsucht und der Erfüllung. Es sind Gedichte der Alternative zur brausenden Weltstadt, zur politischen Bühne im Zentrum.

Wanderungen und Reisen bestimmten auch **Theodor Fontanes** Biografie (1819–1898). Seine *Wanderungen durch die Mark Brandenburg* (1861) wurden sprichwörtlich; „Wanderer für alle Zeiten" titelte die Presse zu seinem 200. Geburtstag[194]. Neben der Prosa gibt es Gedichte.

Gedichte: *Unterwegs und wieder daheim, Afrikareisender* (C); *Ich bin hinauf, hinab gezogen, Nach der Sommerfrische* (Prosa, K); *Meine Reiselust, Welches von beiden* (R)

Meine Reiselust ist ein Bekenntnis zum Leben als Wanderer, aber auch die Zufriedenheit des nun Sesshaften; sein Alter ermöglichte ihm nur noch bescheidene Bewegung:

194 So titelte die *Freie Presse* anlässlich des 200. Geburtstages am 7. Juni 2019, S. A1.

Meine Reiselust

„Auf, hinaus in die weite Welt",
Drauf war mir ehdem der Sinn gestellt,
Mehr als die Weisheit aller Weisen
Galt mir reisen, reisen, reisen;
...
Jetzt zwischen Link und Eichhornstraße
Mess' ich meine bescheid'nen Maße...[195]

Lebensrückblick

Das Gedicht aus dem Jahr 1895 – erst nach Fontanes Tod gedruckt – reflektiert ein Leben, das durch Reisen und Wanderungen geprägt wurde. Nun lebte er seit 1872 bis zu seinem Tode im Berliner Haus des Johanniter-Ordens, Potsdamer Straße 134 c. Die von ihm genannten Blickfänger sind für ihn Traditionsgestalten: der Dichter Goethe, der Politiker Bismarck und die Königin Luise. Mit diesen Gestalten verbanden sich für ihn Programme: die sinnlich und geistig ausgelebte Dichtung, die reale und klar strukturierte Politik und die volksnahe und sozial orientierte Herrscherin. Fontane erinnert in dem Gedicht an seine Lieblingsgedichte, Freiligraths *Löwenritt*, Bürgers *Lenore* und Chamissos Epos über die Eroberung der unbewohnten Insel *Salas y Gomez*. Mit zunehmendem Alter wurden Fontane die „Berliner auf Reisen" zum literarischen Thema – man denke an den Roman *Cécile* (1886) –, während er selbst zu Hause blieb. Er öffnete für das Thema vom Roman über das Gedicht bis zum Essay (*Von, vor und nach der Reise*) alle Formen der Literatur.

Hoch auf dem gelben Wagen

Die Reise als Lebensreise erfuhr im 19. Jahrhundert eine Erweiterung, weil sich das Volkslied des Themas annahm. Erfolgreich wurde **Rudolf Baumbachs** (1840–1905) Lied *Hoch auf dem gelben Wagen* (1878), in dem nicht nur das menschliche Leben als Reise

---

195 Fontane, Theodor: *Meine Reiselust*. In: Fontanes Werke in fünf Bänden. Ausgew. u. eingel. v. Hans-Heinrich Reuter. Bd. 1. Berlin/Weimar, 2. Aufl. 1969, S. 61.

mit der Postkutsche begriffen wird, sondern auch die Ablösung dieses Reisemittels durch die moderne Eisenbahn mitgedacht wurde. Es begann eine zunehmende Internationalisierung des Reisens. Mit den Migrationsbewegungen, wie sie in der 2. Hälfte des 19. Jahrhunderts auf der Suche nach Arbeit oder besseren Lebensbedingungen einsetzten oder im Zusammenhang mit sozialen Umschichtungen entstanden, verband sich kein Aufschwung einer entsprechenden Lyrik; lediglich in Romanen (in Frankreich bei Émile Zola, in seiner Nachfolge bei Wilhelm von Polenz' *Der Büttnerbauer*, 1895) schlugen sich Erfahrungen nieder.

Bis heute populär

Die Lyrik des Wanderns und Reisens wurde traditionell in der Chorbewegung gepflegt und besetzte dort einen festen Platz im Programm. Zeitgenössische Dichter erweiterten das Angebot für dieses Publikum wie **Emanuel Geibel** (1815–1884) mit Gedichten/Liedern wie *Der Mai ist gekommen* oder *Wer recht in Freuden wandern will.* In der Tradition der klassischen Dichtung haben Geibels Gedichte, auch wenn viele als epigonal gelten, ihr Publikum gefunden; 1884 erlebten seine *Gedichte* (1840) die 100. Auflage. Er war der bekannteste deutsche Dichter der Zeit und ist durch seine Volks- und Wanderlieder bis heute bekannt geblieben. Seine Gedichte zählen zu den meistvertonten Werken der deutschen Literatur. Doch haben die Gedichte neben einer vollkommenen Form kaum einen eigenständigen ideellen Charakter; Widersprüche und Konflikte sind ihnen weitgehend fremd. Im 20. Jahrhundert blieben einige seiner Gedichte nur in Chorprogrammen lebendig.

Gedicht:
Wanderlied (K)

Naturalismus

Neben der Lyrik realistischer Autoren entstand aus der naturalistischen Bewegung kommend eine Literatur, die das Tor zur Moderne öffnete und jenseits vom Schönen die Wirklichkeit bis ins Detail literarisch abbilden wollte, dazu noch im zeitlich deckungsgleichen Verlauf (Sekundenstil). In der Lyrik versuchte sich **Detlev von Liliencron** (eigentl. Friedrich Freiherr von L.; 1844–1909) an diesen Techniken.

Gedichte:
Der Blitzzug (C), *Italienische Nacht* (R)

Liliencron schrieb zahlreiche Gedichte zum Reisen und Unterwegssein, oft voller Bitternis (*Abschied und Rückkehr*). Er warnte vor Gefahren der Technik (*Der Blitzzug*), oder Fahrten wurden zu Erinnerungsreisen wie das bekannte *Trutz, Blanke Hans* (*Heut bin ich über Rungholt gefahren*). In seinem Gedicht *Viererzug* erreichte Liliencron die Grenze zwischen Realität und Symbol. Der Viererzug, eine mit vier Pferden bespannte Kutsche, war für ihn ein Sinnbild eines ihm angemessenen Lebens.

Viererzug

Vorne vier nickende Pferdeköpfe / Neben mir zwei blonde Mädchenzöpfe,
Hinten der Groom mit wichtigen Mienen, / An den Rädern Gebell. //
In den Dörfern windstillen Lebens Genüge, / Auf den Feldern fleißige
Spaten und Pflüge,
Alles das von der Sonne beschienen / So hell, so hell.[196]

Sinnbild angemessenen Lebens

Während in der ersten Strophe noch der aristokratische Glanz der Kutschfahrt – mit geschmückten Pferden, begleitenden Hunden und Reitknecht (Groom) – zu finden ist, allerdings pars pro toto durch Köpfe und Zöpfe, geht die zweite Strophe in einen Eindruck über, der statt der realen Objekten nur den Eindruck gelten lässt: „so hell, so hell". Ähnliches vollzieht sich in *Der Blitzzug*, wenn mit Sprache „Fortfortfortfortfortfort" das Geräusch der Eisenbahn umgesetzt wird. Diese Zeichen der modernen Lyrik stellten sich bei Liliencron aus dem Gefühl heraus ein.

Bohème

Dafür hatte sich ein anderes Unterwegssein im Verlauf des 19. Jahrhunderts in Frankreich (Henri Murgers *Scènes de la vie de Bohème*, 1851), aber auch in Deutschland gebildet, die Bohemiens und die Boheme. Einer der auffälligsten deutschen Vertreter war **Peter Hille** (1854–1904), ein Freund Liliencrons. Er hatte sich in

Gedichte: keine

196 Detlev von Liliencron: *Gesammelte Werke in acht Bänden*. Berlin und Leipzig: Deutsche-Verlags-anstalt Stuttgart, 1923, 2. Bd., S. 289.

die Tradition der Fahrenden (*Der fahrende Scholar*, 1885) und der Vaganten gestellt. „Seine Liebe gehörte der Sehnsucht, seine ‚Heimat war ihm Heimweh und Sehnen nach allen Weiten'" [197].

Die Boheme wurde von dem Theaterkritiker Julius Bab (1880–1954) 1904 als Folge der gesellschaftlichen Entwicklung gesehen; sie entstand dort, „wo die schlechte wirtschaftliche Lage jungen, mehr auf die künstlerische Lebenserfassung und Gestaltung, als auf den Lebensunterhalt bedachten Leuten die Führung einer ‚gesellschaftsfähigen' Existenz verwehrt" [198] hatte. Deshalb waren die Bohemiens ständig „unterwegs", wanderten ziellos, immer auf der Suche nach Möglichkeiten für ihre künstlerischen Vorstellungen. Das Unterwegssein war für sie alltäglich; sie thematisierten es kaum unmittelbar und nicht in dieser hymnischen Weise, wie sonst das Wandern besungen wurde. Sie gingen oft geistig auf Reisen, auch in Ermanglung der finanziellen Mittel, wie Peter Hille in seinem Gedicht *Seegesicht*:

Seegesicht

Die Küste ruht. / Weites Tritonengetut, / Silberne Wunden der Flut,
Tobende Augen der Wut. //
Krähende Pausbacks auf steigenden Rossen, / Plätscherndes Spielen,
pupurne Flossen,
Neckisch Bedräuen mit Zacken und Spießen, / Kräftig anfassendes
Leiberumschließen. //
Und sieh, eine Muschel fleischgelb und zart, / Von Amorinen flüsternd
bewahrt.
Hingegossen ruhende Linien, / Grüßender rauschende Palmen und Pinien.
Angeblühete rosige Brüste. / Lächelnde sonnengestreifte Küste. //
Fürder kein Dräuen mit Zacken und Spießen, / Müdhinlallendes
Leiberumschließen.

---

197 Rüdiger Bernhardt: *„Ich bestimme mich selbst". Das traurige Leben des glücklichen Peter Hille (1854–1904)*. Jena: Verlag Dr. Bussert & Stadeler, 2004, S. 95.

198 Julius Bab: *Die Berliner Bohème*. Hrsg. v. M. M. Schardt. Hamburg: IGEL Verlag, 2014, S. 8.

Nickende Pausbacks mit schlürfenden Rossen. – / Grünhinflüsternde, finstere Flossen. //
Erloschene Wunden der Flut, / Fernes Tritonengetut, / Stierende Augen der Wut,
Die Küste ruht.[199]

Weg über Meer und Mythos

Das Gedicht ist in verschiedenen Fassungen vorhanden. Gemeinsam ist, dass an die Stelle ruhiger Fortbewegung der stürmische Weg über das Meer und dessen Mythos tritt. Ein wanderndes lyrisches Subjekt trifft an der Küste auf die antike Götter- und Figurenwelt. Die ruhende Küste, die ihm in Bildern gegenübertritt, gerät in Bewegung. Dabei wird sie zur Begegnungsstätte mit dem Wasser und der Entstehung allen Lebens. Das Ich wird Zuschauer der Menschwerdung der schaumgeborenen Aphrodite, der Göttin der Schönheit, in einer Muschel und des Aufeinandertreffens männlicher und weiblicher Sinnlichkeit in einem Höhepunkt, der schnell in sich erschlaffend zusammenfällt und zur Ausgangssituation des ruhenden Wanderers zurückführt. „Ein Liebesakt von unbezähmbarer sinnlicher Lust und erinnernd an Aphrodite wird beschrieben.“[200]

Von Einfluss auf die Intellektuellen wurde um 1890 – er zeigte seit 1879 Anzeichen des geistigen Zusammenbruchs – **Friedrich Nietzsche** (1844–1900) mit seiner Philosophie. Seine Dichtung bekam dabei eine illustrierende Funktion und wurde beispielhaft für die Moderne.

Gedichte: *Im Süden, Der neue Columbus, Vereinsamt* (C); *Ohne Heimat* (K); *Nach neuen Meeren* (R)

---

199 Hille, Bd. 1, S. 49.
200 Rüdiger Bernhardt: *„Ich bestimme mich selbst“. Das traurige Leben des glücklichen Peter Hille (1854–1904).* Jena: Verlag Dr. Bussert & Stadeler, 2004, S. 98.

Vereinsamt

Die Krähen schrein / und ziehen schwirren Flugs zur Stadt:
bald wird es schnein, – / wohl dem, der jetzt noch – Heimat hat! //
Nun stehst du starr, / schaust rückwärts, ach! wie lange schon!
Was bist du Narr / vor Winters in die Welt entflohn? //
Die Welt – ein Tor / zu tausend Wüsten stumm und kalt!
Wer das verlor, / was du verlorst, macht nirgends halt. //
Nun stehst du bleich, / zur Winter-Wanderschaft verflucht
dem Rauche gleich, / Der stets nach kältern Himmeln sucht. //
Flieg, Vogel, schnarr / dein Lied im Wüstenvogel-Ton! –
Versteck, du Narr, / dein blutend Herz in Eis und Hohn! //
Die Krähen schrein / und ziehen schwirren Flugs zur Stadt:
bald wird es schnein, – / weh dem, der keine Heimat hat! [201]

Absage ans Unterwegssein

Es ist ein berühmtes Reise- und Wandergedicht der deutschen Literatur. Es ist jedoch auch die Absage an das Reisen und Unterwegssein, durch die der Mensch mit einer kalten, fremden und feindlichen Welt konfrontiert wird. Die Folge ist die Einsamkeit. Entstanden im Herbst 1884, aber erst aus dem Nachlass veröffentlicht, hat Nietzsche ihm verschiedene Titel gegeben: „Vereinsamt", „Die Krähen schrein" u. a. Auch wurde es mit dem Gedicht „Antwort" unter dem Titel „Mitleid hin und her" [202] vereinigt. In diesem *Antwort*-Gedicht versuchte Nietzsche, den Zustand der Einsamkeit und Kälte als Lebensform anzunehmen, die auf das „dumpfe deutsche Stuben-Glück" verzichtete. – Die Raben/Krähen sind seit der Christianisierung bevorzugt Vögel des Grauens, Todesvögel, während sie in der heidnisch-germanischen Mythologie Vögel der Weisheit waren. Beeindruckend sind sie vor allem in Herbst und Winter, wenn sie mit ihrem schnarrend unschönen Gekrächze in Scharen über den Himmel ziehen. Diesem Gekrächze, fern jedem Singen, versucht das Gedicht mit seiner Häufung von r-Dopplun-

201 Nietzsche, Bd. 1, S. 209 f.
202 Ebd., S. 209 f.

gen gerecht zu werden (schwirren, starr, Narr, schnarr). Es verbinden sich bei Nietzsche Verzweiflung und Ironie: Verzweiflung über das Ende der Lebensreise und das Grab, Ironie über das Bleibende, Dauernde.

W-Lauthäufung

Noch eine andere Lauthäufung in *Vereinsamt* fällt auf: Alles Abzulehnende, aber im Grund für das Subjekt Notwendige (Wohl dem, Was, Wer, Weh dem), beginnt mit W: Winter, Welt, Wüste, Winter-Wanderschaft, Wüsten-Vogel-Ton. Das Gedicht steht, wie andere in dieser Zeit, für die Vereinsamung des Individuums, zeigt aber auch seine Zerrissenheit als Ausdruck eines modernen Lebensgefühls bereits in der Versstruktur: Einem kurzen, ausruf- bzw. aufschreiartigen Vers steht jeweils ein zweiter erklärender Vers gegenüber. Dabei wird der jeweils zweite Vers außerdem zu einem Kommentar zum vorhergehenden; beides kommt indessen aus dem gleichen Individuum, das seine Zerrissenheit im Selbstgespräch gesteht. Die Ursache für die Zerrissenheit war die Begegnung mit der Welt, ein „Tor / zu tausend Wüsten". Die erste und die letzte Strophe werden variiert und bilden einen Rahmen, in den dieser Konflikt zwischen dem Inneren des Individuums und seiner Begegnung mit der äußeren Welt eingespannt wird. Das Gedicht bringe „die fundamentale Erfahrung … zum Ausdruck": „Die Welt ist schal. Es gibt in ihr keine Erfüllung ohne Verrat am Anspruch des Geistes. Es gibt umgekehrt keinen Anspruch des Geistes, der je erfüllt werden könnte, und doch blutet das Herz, wenn es enttäuscht wird."[203]

Ende des 19. Jahrhunderts ließ man sich auch satirisch über Reisen und Wandern aus, einmal wegen der nationalistischen Untertöne bei manchen Dichtern, zum anderen wegen der auf-

---

203 Hermann Kurzke: *Tristesse der Lebensgier, Tristesse der Einsamkeit*, in: Reich-Ranicki, 4. Bd., S. 478.

kommenden Spießigkeit. Stellvertretend sei hier der Malerpoet **Wilhelm Busch** (1832–1908) genannt, der lebenslang populäre Verse schrieb, die sich Friedrich von Logau und vor allem Heinrich Heine zum Vorbild nahmen.

Gedicht: *Reisegedanken* (C)

Busch wollte vergebliches menschliches Streben beruhigen durch „Reise, reise!"; Reisen war ihm ein Mittel der Veränderung, ziellos und dazu da, den individuellen Standort aus einer anderen Perspektive zur Kenntnis zu nehmen, um zurückkehren zu können. Diese Haltung fand in der allgemeinen Siegeseuphorie nach der Reichsgründung 1871, die Busch nicht teilte, keine Zustimmung. Eine Italien-Reise 1886 wurde zum Chaos: In Florenz wollte Busch umkehren, weil er bereits zu viel gesehen habe; in Rom wurde ihm die Historie der Steine zu viel, und auf einer Reise zuvor hatte er Venedig zur „großen Mistkuhle"[204] erklärt. Italien blieb ihm lebenslang fremd. Ganz ähnlich verstand er auch das Wandern, es wurde mit dem Reisen weitgehend synonym gebraucht:

„Reise, reise!"

Beschränkt

Die Zeit, sie orgelt emsig weiter, / Sein Liedchen singt dir jeder Tag,
Vermischt mit Tönen, die nicht heiter, / Wo keiner was von hören mag. //
Sie klingen fort. Und mit den Jahren / Wird draus ein voller Singverein.
Es ist, um aus der Haut zu fahren. / Du möchtest gern woanders sein. //
Nun gut. Du musst ja doch verreisen. / So fülle denn den Wanderschlauch.
Vielleicht vernimmst du neue Weisen, / Und Hühneraugen kriegst du auch.[205]

Wanderlust

Das Gedicht stammt aus der posthum erschienenen Sammlung *Schein und Sein* (1909). In den Dichtungen – die Bildgeschichten unberücksichtigt – spiegeln sich seine Interessen für Volksdichtun-

---

204 Zit. n. Otto und Hermann Nöldeke: *Wilhelm Busch-Buch. Sammlung lustiger Bildergeschichten mit etwa 460 Bildern und einer Biografie.* Berlin-Grunewald: Verlagsanstalt Hermann Klemm, (1930), S. 202.
205 Wilhelm Busch: *Wanderlust*, in: Kampa, Wanderlust, S. 285.

gen und -lieder wider.[206] Daraus entstand die bevorzugte Thematik des kleinbürgerlich-ländlichen Lebens, wobei er sich auch zwiespältigen Gepflogenheiten des alltäglichen Lebens widmete. Wenn sich Beschaulichkeit doch einzuschleichen versuchte („neue Weisen"), zerstörte er sie meist mit Brachialgewalt („Hühneraugen"). – Im Gegensatz zu den Brüdern Grimm ging er sprachlich salopp, aber eingängig mit den Vorlagen um, wobei er über die Hochsprache, über das Plattdeutsche und umgangssprachliche Wendungen parallel verfügte. Zudem beherrschte er die Kunst des Verkürzens meisterhaft; Erläuterungen wurden auf Sentenzen verdichtet: „Du möchtest gern woanders sein." Dieser Sprachgestus wurde ein typisches Merkmal seiner Dichtung: Die Zeit „orgelt", „aus der Haut zu fahren" usw.

Warnung vor Hühneraugen

Wenn schließlich alles vorhanden ist, um eine Reise zu beginnen, nimmt Wilhelm Busch alles zurück, indem er als Folge des Reisens auf die Hühneraugen verweist. Da ist von der heilsamen Wirkung des Reisens auf Bildung, Welterfahrung usw. nichts mehr zu spüren.

---

206 Vgl. Otto und Hermann Nöldeke: *Wilhelm Busch-Buch. Sammlung lustiger Bildergeschichten mit etwa 460 Bildern und einer Biografie.* Berlin-Grunewald: Verlagsanstalt Hermann Klemm, (1930), S. 50.

2.6 Vom Expressionismus bis zum Ende des Ersten Weltkrieges

Wandervogelbewegung

Um die Jahrhundertwende begegneten sich unterschiedlich-gegensätzliche literarische Ansichten und Konzepte in der deutschen Literatur. Der Naturalismus war in der sogenannten „Höhenkunst" aufgegangen, die bald unter dem Begriff „Impressionismus" agierte. Daneben gab es elitäre Strömungen klassizistischer Spielarten sowie eine sich ausbreitende soziale und politische Dichtung. Dazu kam, weitgehend außerhalb der Großstadtdichtung, eine sich entfaltende Heimatkunst: Das Thema des Reisens und Unterwegsseins war in den Hintergrund getreten; lediglich dem Wandern wurde Aufmerksamkeit geschenkt. Das hing einerseits mit einer Dichtung zusammen, die sich der zunehmend thematisierten Einsamkeit des Individuums widmete, andererseits beteiligten sich Dichter an der aufkommenden Wandervogelbewegung. Diese zivilisationskri-

Eine Mädchengruppe der Wandervögel um 1913
(c) picture alliance / ullstein bild

tische Jugendbewegung organisierte sich 1901. Den Begriff wählte man aus einem Gedicht **Otto Roquettes** (1824–1896) *Waldmeisters Brautfahrt – Ein Rhein-, Wein- und Wandermärchen* (1851):

Waldmeisters Brautfahrt

Ihr Wandervögel in der Luft, / im Ätherglanz, im Sonnenduft
In blauen Himmelswellen, / euch grüß' ich als Gesellen!
Ein Wandervogel bin ich auch / mich trägt ein freier Lebenshauch
Und meines Sanges Gabe / ist meine liebste Habe.[207]

Der Zupfgeigen-hansel

Seit 1909 verfügte die Wandervogelbewegung über das Liederbuch *Der Zupfgeigenhansl*, das bis heute in über einer Million Exemplaren verbreitet ist und viele Reise- und Wanderlieder früherer Sammlungen wie *Des Knaben Wunderhorn* enthält.

Gedicht: *Landstreicher-herberge* (C)

Die Einsamkeit als Lebensplan war für vorwiegend intellektuell bürgerliche Kreise zum Programm geworden. Der namhafte Vertreter einer entsprechenden Dichtung wurde **Hermann Hesse** (1877–1962), der auch als „Wanderer"[208] unter den Dichtern bezeichnet wurde, eine Phase als Bohemien gelebt hatte und auf dem Monte Verità, einem Zentrum der Lebensreform, zu Gast war.

Hesse selbst sah sich in der Tradition der schwäbischen Dichter Hölderlin, Waiblinger und Mörike, denen er seine Novelle *Im Presselschen Gartenhaus* (1913) widmete. Zudem reiste er bis in ferne Regionen wie Indien (1911), Sumatra und Singapur und schickte auch seine literarischen Gestalten wie Peter Camenzind aus dem gleichnamigen Roman (1904) fortwährend auf Reisen. Bevorzugtes Ziel war der Süden. Ein bekanntes Gedicht eines solchen Programms, gleichzeitig ein Dokument für eine Wanderung nach innen, ist *Im Nebel:*

---

207 Otto Roquette: *Waldmeisters Brautfahrt – Ein Rhein-, Wein- und Wandermärchen*. Stuttgart und Tübingen: J. G. Cotta'scher Verlag, 1852, S. 7.

208 Gunnar Decker: *Hermann Hesse. Der Wanderer und sein Schatten. Biographie.* München: Carl Hanser Verlag, 2012.

Im Nebel

Seltsam, im Nebel zu wandern! / Einsam ist jeder Busch und Stein,
Kein Baum sieht den andern, / Jeder ist allein.

Voll von Freunden war mir die Welt, / Als noch mein Leben licht war;
Nun, da der Nebel fällt, / Ist keiner mehr sichtbar.

Wahrlich, keiner ist weise, / Der nicht das Dunkel kennt,
Das unentrinnbar und leise / Von allen ihn trennt.

Seltsam, im Nebel zu wandern! / Leben ist Einsamsein.
Kein Mensch kennt den andern, / Jeder ist allein.[209]

Parallelstrukturen

Das Gedicht, im November 1905 entstanden, erschien 1911 im Band *Unterwegs* und gehört zu den bekanntesten Hesses. Es ist von Parallelstrukturen bestimmt: Der erste Vers kehrt als erster Vers der 4. Strophe wieder, das erste Wort des zweiten Verses als Substantiv im zweiten Vers der 4. Strophe. Der Nebel wird eine Metapher der Abgeschiedenheit; anderes ist nicht mehr zu sehen. Abgeschiedenheit ist die Voraussetzung für Einsamkeit, und diese wiederum wird zum Programm des menschlichen Lebens (letzter Vers). Trotz des Nebels ist Leben: Das wandernde Individuum sieht sich umgeben von einsamer Natur, belebter (Busch, Baum) und unbelebter (Stein). Sie ist dem Menschen gleich und erscheint deshalb vermenschlicht als „jeder". Als Hesse eines seiner frühen Prosawerke *Eine Stunde hinter Mitternacht* (1899) später – 1941 – nochmals herausgab, sah er sein frühes Werk als Rückzug aus dem Alltag in „die schöne Einsamkeit"[210]. So einsam allerdings, wie das lyrische Subjekt schreibt, ist es nicht, denn es sucht den Kontakt mit Einsamen: Der Vers „Der nicht das Dunkel kennt" ähnelt einem Vers aus Rilkes *Das Stunden-Buch (Das Buch vom mönchischen*

---

209 Hermann Hesse: *Die Gedichte.* Frankfurt am Main: Suhrkamp, 3. Aufl. 1995, S. 236.
210 Zit. n. Gunnar Decker: *Hermann Hesse. Der Wanderer und sein Schatten*. München: Carl Hanser Verlag, 2012, S. 146.

Leben, 1899): „Du Dunkelheit, aus der ich stamme, / ich liebe dich mehr als die Flamme, / welche die Welt begrenzt, / indem sie glänzt / für irgend einen Kreis, / aus dem heraus kein Wesen von ihr weiß."[211]

Bewegung als Zivilisationskritik

Im Verlauf der sich differenzierenden Moderne wurde Unterwegssein zum Sinnbild einer fast zügellosen Selbstbestimmtheit, die in körperlicher Bewegung eine Möglichkeit des Auflehnens gegen Modernisierung und Zivilisation sah, selbst auf engstem Raum. **Rainer Maria Rilke** (1875–1926), viel unterwegs, hat das Reisen in seiner Dichtung minimiert und zu einer Erfüllung und Sinngebung der Einsamkeit, die gesucht wird, gewandelt. Auf engstem Raum bewegt sich das lyrische Subjekt, ziellos zudem, nur seinen treibenden Gefühlen verpflichtet, die von Bewegungen, jedoch unruhigen und ungeplanten bestimmt werden:

Gedichte:
Spätherbst in Venedig (C);
Lied vom Meer, *Der Fremde* (R)

Herbsttag[212]

Herr: es ist Zeit. Der Sommer war sehr groß.
Leg deinen Schatten auf die Sonnenuhren,
und auf den Fluren lass die Winde los.

Befiehl den letzten Früchten voll zu sein;
gieb ihnen noch zwei südlichere Tage,
dränge sie zur Vollendung hin und jage
die letzte Süße in den schweren Wein.

Wer jetzt kein Haus hat, baut sich keines mehr.
Wer jetzt allein ist, wird es lange bleiben,
wird wachen, lesen, lange Briefe schreiben
und wird in den Alleen hin und her
unruhig wandern, wenn die Blätter treiben.

---

211 Rilke, Bd. 1, S. 161.
212 Ebd., S. 281. – Zur Interpretation der Gedichte Rilkes vgl. Rüdiger Bernhardt: *Rainer Maria Rilke. Das lyrische Schaffen.* Königs Erläuterungen Spezial. Hollfeld: C. Bange Verlag, 2012, zu *Herbsttag* S. 82–96.

Herbsttag entstand am 21. September 1902 in Paris. Es endet eine lange Wanderung, eine Lebenswanderschaft: Letzte Erfüllung und Kunstgenuss sind nur in Abgeschiedenheit und Einsamkeit möglich. Das verbindet sich mit der Jahreszeit des Herbstes, die gleichzeitig als Metapher für einen zu Ende gehenden Weg genommen wird. Gleichzeitig nimmt das Gedicht durch ein verkapptes Zitat die Beziehung zu einem ähnlichen Gedicht einer Lebenswanderung auf, zu Nietzsches „Bald wird es schnei'n, weh dem, der keine Heimat hat!" (s. S. 129)

Metapher für Ende eines Weges

Paris und der Bildhauer Auguste Rodin wurden zeitweilig Rilkes Mittelpunkt auf einer großen Wanderung. Am 31. August 1902 hatte er beschrieben, wie er sich im Herbst einrichten wollte: „(...) abends werden meine Stunden sein: Lesen einiger Bücher, Schreiben von Notizen, Nachdenken, Ruhe, Einsamkeit: alles, wonach ich mich sehnte. Bei Tage suche ich mir die Dinge, die ich sehen will."[213]

Die briefliche Mitteilung findet sich im Gedicht wieder: „(...) wachen, lesen, lange Briefe schreiben" (V. 10). Der Herbst wird zu einer erfüllten Zeit und mit Zeichen der Schönheit verbunden, wobei der bestimmende und ersehnte Zustand der von Einsamkeit am Ende einer langen Wanderschaft ist, die sich einsam und ziellos vollzieht. Eine Unterkunft ist notwendig, soll es zur sinnvollen Arbeit kommen. Es bestehe kein Zweifel, „dass es sich um eine absichtlich verzerrende, umlenkende Abwandlung" eines Goethe-Spruches handle: „Wer auf die Welt kommt, baut ein neues Haus."[214] Mit dem gleichen Wortmaterial und einem übereinstimmenden Metrum entwickelte Rilke eine gegensätzliche Aussage: Wer jetzt kein *Haus* hat, baut sich *keines* mehr.

Bezug zu Goethe-Spruch

„Haus" als lyrisches Werk

---

213 Zit. n. Horst Nalewski: *Rainer Maria Rilke.* Leipzig: Bibliographisches Institut, 3. Aufl. 1981, S. 46.
214 Goethe, Bd. 3, *West-östlicher Divan*, Buch der Sprüche, Nr. 41, S. 75.

Dass Rilke den *West-östlichen Divan* Goethes, „der ja durchaus das *Glück* orientalischer Entdeckungen ins Deutsche herüberhob“ [215], seit seiner Studienzeit schätzte, hat er mitgeteilt. Herbst, Farbenpracht und das ziellose Wandern in der Einsamkeit sind Erfüllungen für das lyrische Ich. Die angesprochene „Vollendung“ wird zwar mit dem Blick auf die Natur genannt, bezieht sich aber auf den Menschen, auf den Dichter. Diese Lebens- und Kunsthaltung gehörte seinerzeit zur Lebensform der Dekadenz.

Dekadenz

Anthologie *Menschheitsdämmerung*

Die Dichtung dieser Zeit wird, neben anderen Strömungen, durch den Expressionismus (1910–1920) geprägt. Ein Dokument ist die 1919 erschienene Anthologie *Menschheitsdämmerung*, hrsg. von Kurt Pinthus (1886–1975). Doch waren Reisen und Wandern als Themen für die expressionistischen Dichter, die vorwiegend Kritiker der Stadt und der Technisierung waren, eher bedeutungslos, doch es gibt Ausnahmen, etwa von dem jungen **Johannes R. Becher** (1891–1958). In Bechers früher expressionistischer Lyrik finden sich im Gegensatz etwa zu Gottfried Benn zahlreiche Gedichte zum Wandern, darunter das *Wanderlied*:

Gedicht: *Abendlied nach Matthias Claudius* (K)

Wanderlied

Wandern … wandern – – – O bebe nicht mehr! / Hebe dich her
Auf Schwingen der Sehnsucht, Heimweh … / Oh Heimat! //
Kaum hat / Traummatt
Verruht mein Fuß am Gestade, branden / Schon die Wogen ans Land her:
Wandern, wandern! – //
Wandern … wandern … Oh bebe nicht mehr! / Hebe dich her
Auf Schwingen, oh Sehnsucht! / Oh eh noch
Winter den Weg vergilbt. [216]

———

215 Rainer Maria Rilke: *Briefe aus Muzot 1921–1926*. Hrsg. von Ruth Sieber-Rilke und Carl Sieber. Leipzig: Insel Verlag, 1935, S. 96.
216 Becher, Bd. 1, S. 17.

Vertreibung durch die Nazis ins Exil

Das 1912 erschienene Gedicht lässt das Vorbild **Richard Dehmels** (1863–1920), seinerzeit einer der einflussreichsten Dichter, erkennen. Im Gegensatz zu anderen Expressionisten feiert Becher seine Heimat, ein wiederkehrendes Thema seiner Dichtung. Beherrscht wird das Gedicht von der W-Alliteration, begonnen mit dem Titel und „Wandern“, weitergeführt über Wogen, Winter und Weg. Es sind Bestandteile der Heimat des Subjekts, das sie in Metaphern verdichtet hat. Eine Spezifik des Heimatlichen, das es zu erwandern gilt, findet sich noch nicht. Doch das Gefühl verändert sich bei Becher, als er durch den Nationalsozialismus ins Exil muss und die Heimat verliert, der er als Ithaka, die Heimatinsel des Odysseus, sich mehrfach widmet. Nach dem Ende des Zweiten Weltkrieges bekommt das Thema von Heimat und Unterwegssein bei Becher einen völlig anderen Charakter (s. S. 177 ff. dieser Erläuterung).

Wie bei Becher bekam das Unterwegssein als Flucht vor dem Nationalsozialismus nach 1933 zunehmende Bedeutung, als viele jüdische, kommunistische und/oder pazifistische deutsche Dichter in die Flucht getrieben wurden. Das betraf auch die Dichterin, die das Unterwegssein von Beginn an zu ihrer Lebensform gemacht hatte: **Else Lasker-Schüler** (1869–1945).

Gedichte: *Mein Wanderlied* (C), *Weltflucht* (R)

Rast

Mit einem stillen Menschen will ich wandern / Über die Berge meiner Heimat,
Schluchzend über Schluchten, / Über hingestreckte Lüfte. //
Überall beugen sich die Zedern / Und streuen Blüten. //
Aber meine Schulter hängt herab / Von der Last des Flügels.
Suche ewige, still Hände: / Mit meiner Heimat will ich wandern.[217]

---

217 Lasker-Schüler, S. 106.

Lebenslanges Unterwegssein

Lasker-Schülers poetische Bedeutung ist unbestritten, sie als Person zu fassen weit schwieriger: Ihre Dichtung ist die einer großen Wanderung. Die Dichterin wurde lebenslang nicht sesshaft. Umschwärmt und umgeben von Freunden, war sie letztlich immer einsam und auf Reisen. Auch in diesem Gedicht: Das lyrische Ich möchte mit einem „stillen" Menschen wandern, der während des Gedichtes nicht wieder genannt wird. Seine Heimat ist nicht eindeutig, denn Heimat ist bei der Dichterin kein Ort, sondern ein Wunsch: Als sie 1919 für die Anthologie *Menschheitsdämmerung* eine Kurzbiografie schrieb, hieß es darin: „Ich bin in Theben (Ägypten) geboren, wenn ich auch in Elberfeld zur Welt kam im Rheinland. Ich ging bis 11 Jahre zur Schule, wurde Robinson, lebte fünf Jahre im Morgenlande, und seitdem vegetiere ich."[218] Das war das Lebens- und Dichtungsprogramm der Else Lasker-Schüler. Sie machte ihr Leben und die sie umgebende Welt zur Dichtung und schuf dafür eine eigenständige Wortwelt. – Im April 1933 floh sie vor den Nazis in die Schweiz; 1938 wurde sie aus Deutschland ausgebürgert. Sie war immer auf „Reisen".

Wechselnde Identitäten

Else Lasker-Schüler verstand sich nicht nur als Dichterin in deutschen Traditionen, sondern verband diese Traditionen mit einer poetischen Bilderwelt, die das Morgen- und das Abendland gleichermaßen umfasste. Diese Welt durchwanderte sie in ihrer Dichtung. Dazu nahm sie wechselnde Identitäten an: Sie schritt im orientalischen Kostüm durch das expressionistische Berlin unterwegs nach „Theben" und war dabei befreundet mit jungen Dichtern, die sich der neuen Kunst verschrieben hatten, aber auch mit Sozialisten und Anarchisten, immer auf der Suche nach Orten der Schönheit und Gerechtigkeit. Erst wollte sie ruhelos auf ständiger Wanderung sein, dann wurde sie von den Nazis dazu gezwungen.

---

218 Ebd., S. 291.

Else Lasker-Schüler verbunden war **Paul Zech** (1881–1946), geboren in Briesen/Westpreußen. Er ging einen steinigen Weg voller Verirrungen und Leiden. Dabei war er immer auf der Suche nach Heimat, die er verlassen hatte, die er verlassen musste und nach der er sich in Südamerika, wohin er „unterwegs" war und wo er starb, unaufhörlich sehnte. Reisen verband sich bei ihm mit der Tragik des Verlustes.

Gedichte: keine

Das folgende Gedicht erschien 1939 im Zyklus *Wanderschaft*:

Wanderschaft

DIE fremden Länder, die ich sah in jenen Jahren
als jede Reise Ausfahrt war und Wiederkehr:
Ich muss sie wohl mit einem anderen Gefühl erfahren
Und aufgenommen haben, denn sie sind nicht mehr

die riesige Erscheinung, der man lange
nachsann und immer rühmend davon sprach.
Jetzt nimmt man sie wie einen Mantel von der Stange
und hüllt sich darin ein, mit allem, was zerbrach.

Wer auf der Flucht ist, so wie wir, belastet
mit schrecklichen Gesichten, einem Schrei im Ohr,
der die verhallt, wer so von Haus zu Haus sich tastet

nach einem Loch, wo man sich endlich bergen kann,
der kommt zuletzt sich selber schon so vor,
als sähe man von weitem ihm den Aussatz an.[219]

Biografischer Hintergrund

Das Sonett konfrontiert zwei gegensätzliche Arten des Reisens, die der Ausfahrt, die von Abfahrt und Wiederkehr bestimmt wird, und die der Flucht, die nur eines kennt: Weg von der drohenden Vernichtung. Zech hat beides erlebt. Insofern verbirgt sich hinter dem Sonett Zechs Biografie, die im Detail meist schwer zu fassen ist, denn kaum einmal waren die Selbstauskünfte den Tatsachen entsprechend. Das gehört zu der Maske, hinter der sich das lyrische

---

219 Zech, S. 134.

Subjekt zu verbergen versucht. Zech war als Autor stets schwer zu fassen und gehörte zeitweise zu den Vergessenen. Dabei war der Realismus seiner Dichtungen auffallend und verständlich: Das Kohlerevier und die schwere Arbeit der Hauer und Bergleute zwischen Rhein und Ruhr waren auslösende Erfahrungen seiner Lyrik, denn seine Jugend erlebte er im Bergischen Land. Die Objekte, das Gegenständliche erscheinen meist unverändert, teils karg in seiner Lyrik – beeindruckt von der Schärfe dieser Bilder bemühte sich Richard Dehmel um den jungen Dichter. Zechs Lyrik gehört zeitlich zum Expressionismus, fand auch in die *Menschheitsdämmerung* (1919) Aufnahme, aber er selbst sah sich als Dichter aus ländlicher Umgebung.

Gedichte: *Fahrt über die Kölner Rheinbrücke bei Nacht* (C) (K) (R); *Bahnhöfe* (R)

Wurde das Leben Zechs zum Leben eines Heimatlosen, so das des wenig jüngeren **Ernst Maria Richard Stadler** (1883–1914), der zu Kriegsbeginn fiel, zu einem unerfüllt-unvollendeten Leben.

Für Stadler waren Lebensreise und Wanderschaft im Begriff des „Aufbruchs" aufgegangen, wie er seinen berühmten Band nannte, der erste Abschnitt trug den Titel *Die Flucht*, der letzte *Die Rast*. Bekannt geworden ist sein Gedicht *Fahrt über die Kölner Rheinbrücke bei Nacht*.[220]

Fahrt über die Kölner Rheinbrücke bei Nacht

Der Schnellzug tastet sich und stößt die Dunkelheit entlang.
Kein Stern will vor. Die ganze Welt ist nur ein enger, nachtumschienter Minengang,
Darein zuweilen Förderstellen blauen Lichtes jähe Horizonte reißen: Feuerkreis
Von Kugellampen, Dächern, Schloten, dampfend, strömend . . nur sekundenweis . .
Und wieder alles schwarz. Als führen wir ins Eingeweid der Nacht zur Schicht.

---

220 Stadler, S. 58 f.

Nun taumeln Lichter her . . verirrt, trostlos vereinsamt . . mehr . . und sammeln sich . . und werden dicht.
Gerippe grauer Häuserfronten liegen bloß, im Zwielicht bleichend, tot – etwas muss kommen . . o, ich fühl es schwer
Im Hirn. Eine Beklemmung singt im Blut. Dann dröhnt der Boden plötzlich wie ein Meer:
Wir fliegen, aufgehoben, königlich durch nachtentrissne Luft, hoch übern Strom. O Biegung der Millionen Lichter, stumme Wacht,
Vor deren blitzender Parade schwer die Wasser abwärts rollen. Endloses Spalier, zum Gruß gestellt bei Nacht!
Wie Fackeln stürmend! Freudiges! Salut von Schiffen über blauer See! Bestirntes Fest!
Wimmelnd, mit hellen Augen hingedrängt! Bis wo die Stadt mit letzten Häusern ihren Gast entlässt.
Und dann die langen Einsamkeiten. Nackte Ufer. Stille. Nacht. Besinnung. Einkehr. Kommunion. Und Glut und Drang
Zum Letzten, Segnenden. Zum Zeugungsfest. Zur Wollust. Zum Gebet. Zum Meer. Zum Untergang.

Welterfahrener Dichter

Stadler war welterfahren; er kannte England und Frankreich, lehrte in Straßburg und Brüssel und wollte als Professor nach Kanada gehen, als der Erste Weltkrieg ausbrach. Worte wie „Welt“ samt ihren Zusammensetzungen bestimmten seine Gedichte; nichts Schlimmeres gab es für ihn, „die ganze Welt“ als einen engen Gang zu empfinden. Seine Gedichtsammlung hieß *Der Aufbruch* (1914) und entsprach dem Charakter seines Schöpfers und dessen expressionistischen Zeitgenossen ebenso wie dem zitierten Gedicht: Die Kenntnis anderer Länder, der Aufbruchswillen und seine fortwährende Hoffnung machten ihn zu einer „der schönsten Hoffnungen für deutsche Freundschaft mit dem Auslande, vor allem mit Frankreich“ [221]. Reisen waren bei Stadler ein Politikum und

221 Hermann Hesse: *Zwei Gefallene (1915)*, in: Hermann Hesse: Über Literatur. Berlin und Weimar: Aufbau-Verlag, 1978, S. 298.

eine Lebensform. – Auf einer *Fahrt über die Kölner Rheinbrücke* wird diese Fahrt zu einer kurzzeitigen Befreiung aus den Fesseln der Stadt, die mit ihren „Förderstellen" und dem „Minengang" an Bergwerke und Unterwelt erinnert. Aus der Unterwelt verhilft die Brücke zum Fliegen, der sich Huldigungen (Parade, Salut) anschließen, bis dann der Stadt die Weiten folgen, „die langen Einsamkeiten". Der Titel „Aufbruch" für Stadlers Sammlung war treffend: Aus einer engen, finsteren Beschränkung drängt der Dichter in Veränderungen, die schmerzhaft sein können.

Erfüllter Augenblick

Das Gedicht erschließt sich durch den erfüllten Augenblick, der für Stadler typisch ist. Das Individuum empfindet die Beengung und Bedrückung, die Nacht „verirrt, trostlos, vereinsamt", im „Zwielicht" und „tot". Es spürt etwas Kommendes, Plötzliches, das mit der Fahrt auf und über die Brücke auch eintritt: „Wir fliegen". Mit diesem Augenblick hören weitere zeitlich bestimmte Bewegungen weitgehend auf, an die Stelle finiter Verben treten Partizipien, an die Stelle von Bewegung Zustände, an die Stelle von Vergänglichkeit die Dauer des Augenblicks: In den letzten vier Versen werden nur noch Wirklichkeitsausschnitte im Stillstand genannt.

> „Bis zum Schluss des Gedichtes steigert sich die Vision der Schwerelosigkeit. In kurzen abgerissenen Sätzen werden eine Vielzahl von Vorstellungen und Empfindungen beschworen, die einerseits den emotionalen Zustand des Dargestellten enthüllen, andererseits synästhetisch die Schnelligkeit des Fahrens nachzeichnen. Alles drängt auf den Mittelpunkt hin. Es ist das Grenzenlose, das in den Schlusszeilen fixiert worden ist." [222]

---

222 Martin Reso: *Nachwort*, in: Stadler, S. 112.

Die Langzeilen, die sich in 43 der 57 Gedichte in *Aufbruch* finden, hatte Stadler durch **Max Dauthendey** (1867–1918), als Dichter ein lebenslanger Weltenwanderer, kennengelernt.

Vorbild 1: Max Dauthendey

Die Langzeilen waren berühmt, wie Dauthendeys *Vorfrühling* beweist:

Gedicht: *Zur Heimat fort* (K)

Vorfrühling

Wir standen heute still am Zaun von einem fremden Garten,
Sah'n hin und sah'n das Wintergras am Teich auf Sonne warten.
Im Wasser lag verjährtes Laub gleichwie auf Glas,
Am Ufer saß ein Büschel Veilchen jung erblüht im gelben Gras,
Und frisches Lilienkraut wuchs grün bei Tuffsteinblöcken,
Am Himmel oben gingen Wolken jugendlich in weißen Röcken.
Wie wenig Welt tut schon den Augen gut!
Nur ein paar Atemzüge lang hat's Herz dort ausgeruht,
Nur ein paar Augenblicke tat es säumen ...
Wir sind doch alle in den weiten Lebensräumen
Zaungäste nur bei Wünschen und bei Träumen.

In dem leicht verständlichen Gedicht, das den Aufbruch des lyrischen Subjekts in den Vorfrühling beschreibt, fällt auf:

1. Das Subjekt stellt sich als ein Wir vor, als eine Wander- oder Reisegruppe, die nicht die Besonderheiten, sondern die Natürlichkeit sucht („sah'n hin und sah'n ...").
2. Nicht die touristische Sensation ist erregend, sondern das stille Betrachten der das Leben beweisenden Naturvorgänge, in denen Werden und Vergehen miteinander verbunden sind.
3. Nicht die Masse des Bereisten ist wichtig, sondern „wenig Welt", die Genauigkeit des Details, „nur ein paar Atemzüge ... nur ein paar Augenblicke". Der sich entwickelnden Reiseindustrie wird eine entschiedene Absage erteilt.

Vorbild 2: Walt Whitman

Die Verse Stadlers folgen aber auch dem Vorbild des amerikanischen Dichters **Walt Whitman** (1819–1892), „reisend nach jedem Hafen auf Abenteuer und Tausch“ [223]. Whitman hatte schon den Naturalismus beeinflusst, besonders Johannes Schlaf (1862–1941). Ernst Stadler wies 1914 in Vorlesungen auf ihn und sein Verschieben der Grenzen zwischen den Gattungen hin – der Übergang zur Epik als einer „rhythmisierten Prosa“ liegt nahe, rührt aber auch aus den Absichten des Jugendstils um 1900 her. Die Bedeutung Whitmans für die deutsche Lyrik, auch für die zum Reisen und Wandern, konzentrierte sich nicht nur auf das späte 19. und frühe 20. Jahrhundert (Gustav Landauer, Yvan Goll u. v. a.), sondern er war auch noch bei Erich Arendt, aktuell, Johannes R. Becher galt als „deutscher Bruder Walt Whitmans“ [224].

Der Unbehauste

In einem Atemzug mit Stadler genannt wird oft **Georg Trakl** (1887–1914), der Dichter des großen Antikriegsgedichts *Grodek* (1914), der als Sanitätsleutnant die Schrecken des Ersten Weltkrieges erlebte und in einem Militärhospital an einer Überdosis Kokain starb. Dieser Expressionist war allerdings nur bedingt ein Dichter des Reisens und Wanderns; Städte und Kurorte lagen ihm nicht. Er war „der Unbehauste im Gasthaus, der Einsame unter Freunden, die ihm wichtig blieben und die zu ihm hielten, auch wenn sie nicht allein seinen Bitten um materielle Unterstützung nachkommen konnten“ [225].

Gedicht: *Der Wanderer* (K)

Der Wanderer

Trotzdem war auch Trakl ein „Wanderer“; dafür stehen insbesondere seine Gedichte über seine Geburtsstadt Salzburg sowie *In Venedig*. Landschaftliches wird darin auf ein Mindestmaß

---

223 Walt Whitman: *Gesang von mir selbst*. Deutsch von Hans Reisiger. Berlin: Suhrkamp Verlag, 1946, S. 47.
224 Peter Demetz: *Über Gattung und Begattung*, in: Reich-Ranicki, 7. Bd., S. 56.
225 Rüdiger Görner: *Georg Trakl. Dichter im Jahrzehnt der Extreme*. Wien: Paul Zsolnay Verlag, 2014, S. 80.

reduziert. Aufschlussreich sind von ihm genannte Städte und Landschaften durch die Auskunft, die sie über den Dichter geben: Nacht und Dunkel sind die bestimmenden Zeiten, verdichtet in der Metapher von den „Schatten der Toten“ (*Vorhölle*, 1. Fassung). Trakls bekanntestes Werk sind die *Gedichte*, die 1913 als Doppelband 7/8 der Reihe *Der jüngste Tag* erschienen sind.[226]

Grodek

Trakl schrieb vor seinem Freitod als letztes Gedicht *Grodek* (poln.: Gródek, russ. und ukrain.: Gorodok). Grodek gehört heute zur Ukraine. Von den Gedichten des Reisens ist das eines der schrecklichen: Es ist die Reise in den Krieg, an die Front, die Reise in die Septemberschlacht 1914 um Grodek zwischen Russen und Österreichern, sie endet mit einer verheerenden Niederlage der Österreicher. Trakl wurde als Apotheker eingesetzt. Seine Reise hatte in Grodek ein vorläufiges Ende gefunden. Er geriet ins Zentrum kriegerischer Auseinandersetzungen; fast ohne Hilfsmittel musste er Schwerstverwundete versorgen. Aus der Schwermut früherer Gedichte ist Verzweiflung über „tödliche Waffen“, aus dem Geheimnisvollen der Landschaft früherer Gedichte ist der sinnlose Tod geworden, nicht heldenhaft, sondern mit „zerbrochenen Münder(n)“. Der Mensch ist sprachlos geworden, sein Gesicht wahrscheinlich zerfetzt.

---

226 Georg Trakl: *Gedichte*. Leipzig: Kurt Wolff Verlag, 1913.

2.7 Von 1918 bis zum Ende des Zweiten Weltkrieges

Außerhalb der Gruppen und Kreise, mit nur losen Kontakten zu ihnen wirkte der Dichter und Übersetzer **Rudolf Borchardt** (1877–1945), ein gelehrter und formbewusster Dichter, der bis heute als Gegner des Kreises um Stefan George gesehen wird, selbst über einen Kreis eingeschworener Verehrer verfügte, aber auf Grund seines hohen und teils sterilen Formbewusstseins keine Breitenwirkung erzielte. Borchardt war ständig auf der Suche nach einer geistigen, aber auch räumlichen Heimat. Er war ein Wanderer in Person.

Klassische Ode

Ich bin gewesen, wo ich schon einmal war:
Mai und der Juni waren mein Weggeleit;
An ihren Händen bin ich wieder
Zwischen den Hügeln hinein gekommen //
Und kannte fast die Wege nicht mehr; doch ging
Mir untern Füßen, wie sie durch Morgenrauch
Der Bau der Landschaft unerschüttert
Gegen den scheinbaren Aufruhr herstellt, //
Der Trost der stillen Erde im Herzen auf:
Denn es bewölkt das Himmlische Teil in uns
Das Irdische mit seiner Schöpfung,
Eh es uns tagt; und es tagt nicht jedem. //
Hier saß ich nächtlich; hörte vom Mäuerlein
Des Weinbergwegs den wachsenden Laut, den Laut
Der tief verhohlenen Gewässer
Neben den Betten der Eingeschlafenen – //
Hier kreuzte meinen steigenden Pfad der Weg
Der wilden Dirne, die aus der hintersten
Talschaft des schwarzen Hochgebirges
Hölzerne Ware gehäuft zu Markte //

Gewaltigen Schritts mir singend vorübertrug,
Friedloses Goldhaar über der Götterstirn
Sich bändigend, und keusch wie Tiere
Fahrend in all ihrer Pracht des Leibes. -
...[227]

Seine *Klassische Ode* (1911) gibt im Titel den Anspruch vor, nicht mit dem Inhalt, sondern mit der Form wirken zu wollen. Erschienen ist das Gedicht 1924. Mit dem Gedicht soll ein Muster für eine vollkommene Dichtung geschaffen werden, formal wie inhaltlich. Der Inhalt wird zu Beginn der 4. Strophe benannt: Es ist das *Hier* eines lyrischen Subjekts, das dann fortlaufend – insgesamt sieben Mal – in den siebzehn Strophen der Ode angerufen wird. Den Ort hat das Ich mehrfach besucht: Einmal war es an dem Ort, dann ist es dort schon einmal zuvor gewesen und heute ist es wieder dort. Der Ort liegt in der Toscana, wo sich Borchardt lange Zeit seines Lebens aufhielt. Borchardts Wanderer ist unterwegs zur Wahrheit und zum Göttlichen. Das aber steht im Gegensatz zur erlebten Idylle, die kontrastiert wird mit der „hintersten Talschaft des schwarzen Hochgebirges", aus dem die wilde Dirne kommt, die göttlich unstet ins Tal drängt. Sie ist die einzige Gestalt außer dem Wanderer, die „fassbar wird"[228]. Mit ihr begegnet dem Wanderer ein Wesen aus Gott und ursprünglicher Wildheit, wobei die Mischung auch Tierisches enthält, denn das Wesen hat „Nüstern" (8. Strophe). Durch die Begegnung wird der Wanderer angeregt, seine Beziehung als Mensch zum Göttlichen zu bestimmen. Dabei bleibt er immer, so oft er auch seine Wanderschaft wiederholt hat und so oft sich sein Blick nach oben richtete, ein Entsagender, eine Wan-

---

227 Die umfangreiche Ode steht am Beginn von Stefan Knödler: *Die Wahrheit des Wanderers*, in: Jahrbuch der deutschen Schillergesellschaft. Hrsg. von Wilfried Barner u. a. 54. Jahrgang, Göttingen: Wallstein Verlag, 2010, S. 291–293.
228 Ebd., S. 299.

derung also, die letztlich ziellos wird, so oft sich auch Stationen der Sinngebung wiederholen: Ein erreichtes Sinnziel ist nicht zu sehen; damit stellt sich schließlich auch die *Klassische Ode* selbst in Frage als eine ziel- und sinnlose Wanderschaft. Borchardts Gedicht gehört sicherlich zu den schwierigsten Texten zum Thema Reisen; es handelt sich zwar teilweise um eine wirkliche Reise in die Toskana, aber diese Reise gestaltet sich als eine Suche nach den letzten Erkenntnissen der Dichtkunst.

Gedicht: *Die Fahrende* (C) (K)

Gertrud Kolmar (eigentl.: Chodziesner; 1894–1943 in Auschwitz) ist keiner literarischen Gruppierung zuzurechnen. Vielmehr war sie von ihrem Schicksal als Jüdin von Beginn an geprägt und dadurch wurde es zum Thema ihrer Dichtungen. Das allerdings traf auf mehrere Autoren dieser Zwischenkriegszeit zu, die sich oft gut untereinander kannten.

Die Fahrende (1927–29)[229]

Alle Eisenbahnen dampfen in meine Hände,
Alle großen Häfen schaukeln Schiffe für mich,
Alle Wanderstraßen stürzen fort ins Gelände,
Nehmen Abschied hier; denn am andern Ende,
Fröhlich sie zu grüßen, lächelnd stehe ich. //
Könnt ich einen Zipfel dieser Welt erst packen,
Fänd ich auch die drei andern, knotete das Tuch,
Hängt es auf einen Stecken, trügs an meinem Nacken,
Drin die Erdkugel mit geröteten Backen,
Mit den braunen Kernen und Kalvillgeruch. //
Schwere eherne Gitter rasseln fern meinen Namen,
Meine Schritte bespitzelt lauernd ein buckliges Haus;
Weit verirrte Bilder kehren rück in den Rahmen,
Und des Blinden Sehnsucht und die Wünsche des Lahmen
Schöpft mein Reisebecher, trinke ich durstig aus. //
Nackte, kämpfende Arme pflüg ich durch tiefe Seen,
In mein leuchtendes Auge zieh ich den Himmel ein.

---

229 Kolmar, S. 9.

Irgendwann wird es Zeit, still am Weiser zu stehen,
Schmalen Vorrat zu sichten, zögernd heimzugehen,
Nichts als Sand in den Schuhen Kommender zu sein.

Das Gedicht stammt aus dem Zyklus *Weibliches Bildnis*, der nicht nur die Frau zum Thema macht, sondern sich auch speziell der jüdischen Frau zuwendet (*Die Jüdin*). Gertrud Kolmar hat später das Schicksal der ermordeten Juden ins Wort gebracht, aber es scheint, als habe die Autorin dieses Schicksal aus der Geschichte heraus geahnt: Obwohl das Gedicht noch vor der Judenverfolgung geschrieben wurde, hat sie eine Metapher für die Todesreise gefunden: „Nichts als Sand in den Schuhen Kommender zu sein" (V. 20). Sand steht nicht nur als Metapher für die jüdische Frühgeschichte und ihre Legenden – der Auszug aus Ägypten und der Weg durch die Wüste –, sondern wurde unter Dichterinnen und Dichtern wie Nelly Sachs und Paul Celan (*Der Sand aus den Urnen*, 1948) zur verbreiteten Metapher für den Holocaust. Sand verrinnt und ist schwer zu fassen. Gertrud Kolmar, zur Zwangsarbeit verurteilt, wurde am 2. März 1943 in das KZ Auschwitz verschleppt und dort wahrscheinlich ermordet. Ihr Schicksal wurde das ihrer Millionen Glaubensangehörigen.

Sand-Metapher für Vernichtung

Das Gedicht blickt erwartungsvoll in die Welt; Frauengestalten sind Hauptgestalten bei Gertrud Kolmar: *Die Tänzerin*, *Die Erzieherin, Die Gauklerin, Die Entführte, Die Jüdin* u. a. Das lyrische Subjekt geht in *Die Fahrende* auf eine große Reise, die sowohl moderne Stationen wie auch die jüdische Vergangenheit berührt. In dem Gedicht nennt sie die damals zur Verfügung stehenden, die Moderne repräsentierenden Transportmittel: Eisenbahnen, Schiffe in „großen Häfen", Wanderstraßen –, „alle" – dreifach gesagt – sind ihr dienstbar und könnten sie in die Welt bringen, „fröhlich grüßend". Dann würde sie als Wanderin in die Welt ziehen, mit

Frauengestalten

Weiblicher Ahasver

dem frisch aus einem Tuch geknüpften Sack am Wanderstab, mit der „Erdenkugel" wie einem Apfel und „Kavillgeruch" im Sack: Kalville (Calville) ist eine alte, wohlschmeckende Tafelapfelsorte, die zu den ehrwürdigsten Früchten zählte. Das mutet wie ein weiblicher Ahasver an, der sein Schicksal begriffen hat, die Welt als Wert erkennt und annimmt, eben eine „Fahrende", wobei die Bedeutung des „fahrenden Sängers" mitgedacht werden kann: eine heimatlose Dichterin. Aber: Die zweite Strophe steht im Konjunktiv, ist Wunsch und Sehnsucht. Die Wirklichkeit sieht anders aus: „schwere eherne Gitter", sie wird „bespitzelt", „verirrte Bilder" – das ist die Wirklichkeit, die den Juden entgegentritt und mit der das lyrische Subjekt konfrontiert wird. Nicht die Weite der Weltwanderung, sondern die Enge der beschränkten Möglichkeiten stehen dem Individuum zur Verfügung. Es wird nicht vom Fluch auf dem Kreuzweg wie Ahasver bestimmt, sondern von der Tragödie eines verfolgten Volkes. Für die tatsächliche Fahrt, die sie antreten will, bleiben kümmerliche Reste von Möglichkeiten: „des Blinden Sehnsucht und die Wünsche des Lahmen" trinkt sie aus ihrem „Reisebecher" – eine Metapher, die auch bei C. F. Meyer als Titel vorhanden ist. Sie muss und will mit den Resten der Sehnsucht zufrieden sein, mit dem Himmel, mit dem „schmalen Vorrat" und vom „Weiser", dem Hinweisschild, heimgeschickt zu werden, ohne Bleibendes zu hinterlassen oder hinterlassen zu können, „nichts als Sand in den Schuhen Kommender". Dieses Gefühl herrscht bei jüdischen Dichterinnen vor, bei Else Lasker-Schüler und bei Nelly Sachs, die zu dem letzten Vers eine Fortsetzung und Variation brachte: *Wer aber leerte den Sand aus euren Schuhen*. Hans Magnus Enzensberger schrieb ein Gedicht *Die Verschwundenen (für Nelly Sachs)* (1964) und verwendete dabei ebenfalls die Metapher des Sandes. Gertrud Kolmar dichtete zwar von Reisen, aber beließ es meist bei den Dichtungen. Sie ließ sich bis 1928 auf

Reisen ein, danach gab es kaum solche Abwechslungen. „Das einzige Abenteuer, auf das sie sich rückhaltlos einließ, war der Umgang mit Sprache.“[230]

Wechsel der Modi

Gertrud Kolmars Gedicht ist unauffällig in Metrum und Reim; es lebt vom Wechsel zwischen Konjunktiv (2. Strophe) und Indikativ (1, 3–4. Strophe). Die Zeitformen der Verben sind präsentisch. Doch kommt die Bewegung, die die Verben einbringen, am Ende zum Stehen: Nach einem Futur („wird es Zeit“) treten an die Stelle flektierter Verbformen Infinitive und lassen das Gedicht regungslos ausklingen (zu stehen, heimzugehen, zu sein). Die Bewegung des Beginns ist zum Stillstand gekommen. – Dem Gedicht wird eine „klassizistische Architektur“ bescheinigt, samt der „Tradition der Rilke und George, der Gedichte Georg Heyms etwa und für die spätere Tradition der Lyrik Loerkes und Lehmanns“[231]. Walter Benjamin, der Cousin der Dichterin, vermittelte das Gedicht an die *Neue Schweizer Rundschau*, hrsg. von Max Rychner, wo es 1929 erstmals erschien.

Gedichte: *Das Eisenbahngleichnis* (C) (K) (R); *Im Auto über Land* (C)

Die Eisenbahn als eine alle betreffende Metapher setzte auch **Erich Kästner** (1899–1974) in einem berühmten Gedicht *Das Eisenbahngleichnis*[232] ein.

*Das Eisenbahngleichnis**

Wir sitzen alle im gleichen Zug / und reisen quer durch die Zeit.
Wir sehen hinaus. Wir sahen genug. / Wir fahren alle im gleichen Zug
und keiner weiß, wie weit. //
Ein Nachbar schläft; ein andrer klagt; / ein dritter redet viel.
Stationen werden angesagt. / Der Zug, der durch die Jahre jagt,
kommt niemals an sein Ziel. //
Wir packen aus. Wir packen ein. / Wir finden keinen Sinn.

---

230 Dieter Kühn: *Gertrud Kolmar. Leben und Werk, Zeit und Tod.* Frankfurt a. M.: S. Fischer Taschenbuch Verlag, 2010, S. 144.
231 Klaus Jeziorkowski: *Im Unscheinbaren versteckte Energie*, in: Reich-Ranicki, 7. Bd., S. 125.
232 Kästner, Bd. 1, S. 259 f.

Wo werden wir wohl morgen sein? / Der Schaffner schaut zur Tür herein und lächelt vor sich hin. //
Auch er weiß nicht, wohin er will. / Er schweigt und geht hinaus.
Da heult die Zugsirene schrill! / Der Zug fährt langsam und hält still.
Die Toten steigen aus. //
Ein Kind steigt aus, die Mutter schreit / Die Toten stehen stumm
am Bahnsteig der Vergangenheit. / Der Zug fährt weiter, er jagt durch die Zeit,
und niemand weiß, warum. //
Die 1. Klasse ist fast leer. / Ein feister Herr sitzt stolz
im roten Plüsch und atmet schwer. / Er ist allein und spürt das sehr
Die Mehrheit sitzt auf Holz* //
Wir reisen alle im gleichen Zug / zur Gegenwart in spe.
Wir sehen hinaus. Wir sahen genug. / Wir sitzen alle im gleichen Zug
und viele im falschen Coupé.

*Die sogenannte „Holzklasse" war für die armen Mitreisenden vorgesehen.

Das Gedicht[233] erschien zuerst am 10. August 1931 im *Simplicissimus* (dt.: der Einfältigste). Zwischen 1927 und Januar 1933 veröffentlichte Kästner 27 Beiträge in dieser bis 1944 veröffentlichten Satire-Zeitschrift. Später erschien das Gedicht im Band *Gesang zwischen den Stühlen* (1932). Der Text ist deutlicher Ausdruck des Denkens Kästners. Die Eisenbahn, so steht es im Titel, wird zum Gleichnis. Sie steht für jenes aus der Aufklärung abgeleitete Weltprinzip – nach Leibniz – der ewigen Wiederkehr, das die Welt auf einer unendlichen Reise sieht, bei der das Individuum einen kleinen Teil mitreisen darf.

Es ist das Symbol einer eingerichteten Welt, die verbesserungsbedürftig ist, aber kaum verbessert werden kann. Kästner radika-

233 Vgl. eine ausführliche Interpretation, Wirkungsgeschichte usw. in: Rüdiger Bernhardt: *Erich Kästner. Das lyrische Schaffen.* Königs Erläuterungen Spezial. Hollfeld: C. Bange Verlag, 2010, S. 152–157.

lisierte das Prinzip dahingehend, dass er Veränderungen grundsätzlich ausschloss und daraus seine pessimistische Weltsicht ableitete. Die Eisenbahn hat dabei im 20. Jahrhundert jene Stelle eingenommen, die in vorangegangenen Jahrhunderten das Schiff innehatte: Schiffe wie Sebastian Brants *Narrenschiff* (1494) und Eisenbahnen dienten als Gesellschafts-, Reise- und Lebensmodelle ihrer jeweiligen Zeit. Auf oder in dem Verkehrsmittel ist eine Gemeinschaft von Menschen versammelt, die einen Querschnitt der Gesellschaft bietet und repräsentativ für die sozialen Bedingungen ist. Die Eisenbahn musste dazu ihre symbolische Bedeutung verändern. Als sie im 19. Jahrhundert in die Dichtung aufgenommen wurde, galt sie als Sinnbild von Unterwegsseins und Veränderung, als Zeichen des technischen Fortschritts und der Eroberung neuer Kulturräume. Sie wurde auch in ihrer technischen Perfektion zur dämonischen Bedrohung des Menschen wie in Gerhart Hauptmanns *Bahnwärter Thiel*. Bei Kästner wird sie das Symbol der Gleichförmigkeit, Unveränderlichkeit und Sinnlosigkeit, denen die Menschen unterworfen sind, weil sie die Welt nicht erkennen.

Schiffe und Züge

Kästners *Eisenbahngleichnis* eröffnete die Auswahl *Doktor Erich Kästners Lyrische Hausapotheke* (1936), die in Zürich erschien, während Kästner in Deutschland Publikationsverbot hatte. Die Geschichte wird zur unvermeidlichen Lebensreise. Wie so oft bei Kästner ist es ein Rollengedicht, in dem sich das lyrische Ich hinter einem Wir versteckt und dieses Wir, stellvertretend für die Gesellschaft, seine Rolle sprechen lässt. Der Mensch und die menschliche Gemeinschaft haben keine Möglichkeit, in die Reise des Zuges, in den Verlauf der Geschichte einzugreifen. Da liegen die Grenzen des Weltbildes Kästners. Er hatte mit Gedichten wie *Kennst du das Land* und *Die andre Möglichkeit* – mit seiner Anlehnung an Goethes Mignon-Lied – die Kritik an der Scheinwelt der 1920er Jahre zu einer Kritik des heraufkommenden Faschismus

Rollengedicht

gesteigert und sich auf seinen rigorosen Antimilitarismus gestützt, damit hatte er seinen Platz in der antifaschistischen Bewegung gefunden. Das *Eisenbahngleichnis* thematisiert dagegen das Sich-Abfinden mit scheinbar unveränderlichen Bedingungen und einer Ziellosigkeit der Entwicklung, die auch von den Verantwortlichen, dem Schaffner, nicht beeinflusst werden kann. Eine winzige Chance scheint vorhanden zu sein, die kurz aufleuchtet: „Ein Kind steigt aus." Ein Kind verlässt den Zug, der ohne Sinn „durch die Jahre jagt". Niemand weiß, wo das Kind bleiben wird; nach der Logik des Zuges tritt es in die Vergangenheit ein, könnte sogar tot sein. – Der Rhythmus, in dem das „Wir" immer wieder den Rhythmus vorgibt, erinnert an das Stampfen der Räder [x́ v x́ x x́ x x x́ x x́ - **Wir** (Pause) **sitz** – en **al**-le im **glei**-chen **Zug** (Pause)].

Ballons und Raketen

Der auffälligste reisende deutsche Dichter der 1920er Jahre war **Joachim Ringelnatz** (eigentlich Hans Gustav Bötticher, 1883–1934). Er war unentwegt unterwegs und bedichtete die unterschiedlichsten Fortbewegungsmittel: bevorzugt das Schiff, aber auch Eisenbahn, Flugzeug, sogar Rakete (*Rakete ins Erdfern*[234]) und Ballon (*Freiballonfahrt mit Autoverfolgung*[235]). Er dichtete Seemannslieder (*Kuttel Daddeldu oder Das schlüpfrige Leid*, 1920), *Reisebriefe eines Artisten* (1927) und beschrieb darin Dutzende europäischer Städte, aber auch *Weltverkehr* und selbst *Hong-Kong*[236]. 1929 veröffentlichte er *Flugzeuggedanken*.

Gedichte: *Die neuen Fernen, Die Ameisen, Segelschiffe* (C); *Segelschiffe* (R); *Der Abenteurer, Schiff 1931* (K)

---

234 Ringelnatz, Bd. 1, S. 382.
235 Ebd., Bd. 1, S. 384.
236 Ebd., Bd. 1, S. 217 u. 243.

Ringelnatz war Seemann aus Leidenschaft, mit einer zusätzlichen Leidenschaft für Inseln. Eine davon ist eine der großen Sehnsuchtsinseln der Deutschen geworden; Gedichte über sie füllen Bücher: Hiddensee, das „Capri von Pommern oder des Nordens". Auch Ringelnatz hat sie bedichtet:

Insel Hiddensee

Kühe weiden bis zum Rande / Großer Tümpel, wo im Röhricht
Kiebitz ostert.* – Nackt im Sande / Purzeln Menschen selig töricht. //
Und des Leuchtturms Strahlen segnen / Eine freundliche Gesundheit. //
Andrerseits: Vor steiler Küste / Stürmen Wellen an und fliehen.-
Nach dem hohen Walde ziehen / Butterbrote und Gelüste. //
Fischerhütten, schöne Villen / Grüßen sich vernünftig freundlich. //
Steht ein Häuschen in der Mitte, / Rund und rührend zum Verlieben.
„Karusel" steht angeschrieben. / Dieses Häuschen zählt zu Vitte. //
Asta Nielsen – Grischa Chmara, / Unsre Dänin, und der Russe -, //
Auf dem Schaukelpolster wiegen / Sich zwei Künstler deutsch
umschlungen.-
Gar kein Schutzmann kommt gesprungen.- Doch im Bernstein träumen
Fliegen. //
Um die Insel rudern, dampfen, / Treiben, kämpfen Boote, Bötchen.[237]

*Der Kiebitz gilt als Ostervogel, da er pünktlich zu Ostern stets vier Eier in eine Erdkuhle legt.

Freundschaft mit Asta Nielsen

Das Gedicht erschien in der *Frankfurter Zeitung* 1929/30, Nr. 402–404 vom 1. Juni 1930; mit Asta Nielsen (1885–1972), der berühmten dänischen Schauspielerin des Stummfilms, war er befreundet. Ringelnatz hatte 1929 mit seiner Frau drei Wochen bei der Schauspielerin Asta Nielsen und ihren Mann auf Hiddensee verbracht. Ringelnatz, der die Nielsen schon länger kannte, hatte bereits früher Gedichte auf sie geschrieben: *Über Asta Nielsen*

237 Ringelnatz, Bd. 2, S. 33 f.

(ca. 1927)[238] und *Asta Nielsen weiht einen Pokal* (März 1929)[239]. – Asta Nielsen hatte auf Hiddensee, im Hauptort Vitte, ein Haus gekauft, das von Max Taut gebaut durch seinen Rundbau auffiel und deshalb „Karusel" hieß. Es war einer der Treffpunkte der auf Hiddensee zahlreichen Künstler. Ringelnatz erfasste in dem Gedicht die Spezifik der Insel, zuerst geografisch: Sie liegt langgestreckt westlich von Rügen. Im Norden ist Hochland – der Dornbusch – mit dem Steilufer in die Ostsee und dem Leuchtturm, der zum Symbol der Insel wurde. Dieses Hochufer bricht ständig ab, der Weg auf dem Hochuferweg ist gefährlich; das Abgebrochene wird auf der Boddenseite wieder am Bessin angeschwemmt. In der Mitte der Insel sind die Salzwiesen – sie dienen als Weide für „Kühe", heute meist Pferde und Schafe –, und nach Süden ist die Dünenheide. Die Insel wird flach und immer schmaler.

Blick auf das Dorf Kloster der Ostseeinsel Hiddensee in den 1930er Jahren
© picture alliance / ullstein bild

238 Ebd., Bd. 1, S. 210.
239 Ebd., Bd. 1, S. 422.

Freizügige Insel

Dann geht er zweitens auf die Rolle des Menschen auf der Insel ein: Der Dornbusch ist ein beliebtes Wanderziel, auf dem Weg dahin ziehen Wanderwillige in Strömen („Butterbrote") vom Hafen im Örtchen Kloster hinauf. Frühzeitig wurde die Insel für ihre Freizügigkeit („kein Schutzmann") und ihre FKK-Strände bekannt sowie für die Tanzübungen nackter Tänzerinnen am Weststrand. Schließlich beschreibt Ringelnatz die Sozialstruktur: Wo im 19. Jahrhundert noch rückständige Fischersiedlungen waren und man sich, um die Insel zu besuchen, mit dem Boot an Land bringen lassen musste, siedelten sich immer mehr wohlhabende Bürger und Künstler an oder kamen zu Besuch: „Fischerhütten, schöne Villen" (Gerhart Hauptmann, die Kruses, Thomas Mann, Albert Einstein u. a.). Aber man geht „vernünftig freundlich" miteinander um. Bekannt wurde Hiddensee außerdem für die Bernsteinfunde in den Herbststürmen am Westufer – selbst der Tod wird schön, wie die Fliegen im Bernstein beweisen, sie „träumen" – und als Paradies für Segler und Bootsbesitzer, die inzwischen auch mehrere Yacht-Häfen (Kloster, Vitte) ansteuern können. Ringelnatz hat den Charakter der Insel und ihre Besonderheiten in die schnoddrige Sprache des Kabaretts übertragen („purzeln Menschen"). Selbst unvereinbare Gegensätze vertragen sich miteinander: „selig töricht", erinnernd an die „seligen und törichten Jungfrauen" an den Portalen von Kathedralen.

Flucht, Vertreibung, Holocaust

Während der Zeit des Nationalsozialismus dominierten die Reisen anderer Art, Flucht und Exil einerseits, Konzentrationslager, Massenvernichtungen, Krieg und Gefangenschaft andererseits. Biografien wurden zerstört, und die Überlebenden fanden erst nach dem Ende des Krieges die Kraft, ihre Schicksale der 1930er Jahre aufzuarbeiten.

Nach Schweden emigrierte und in Schweden blieb bis zu ihrem Tod die Nobelpreisträgerin **Nelly Sachs** (1891–1970).

Gedichte: *keine*

Zu den Gedichten über die Verbrechen des Nationalsozialismus, gleichzeitig ein Gedicht über letzte „Reisen", gehört ihre Sammlung *In den Wohnungen des Todes* (1946) mit dem Gedicht:

Wer aber leerte den Sand aus euren Schuhen

Wer aber leerte den Sand aus euren Schuhen,
als ihr zum Sterben aufstehen musstet?
Den Sand, den Israel heimholte,
seinen Wandersang?
Brennenden Sinaisand,
mit den Kehlen der Nachtigallen vermischt,
mit den Flügeln des Schmetterlings vermischt,
mit dem Sehnsuchtsstaub der Schlangen vermischt,
mit allem was abfiel von der Weisheit Salomons vermischt,
mit dem Bitteren aus des Wermuts Geheimnis vermischt –

O ihr Finger,
die ihr den Sand aus Totenschuhen leertet,
morgen schon werdet ihr Staub sein
in den Schuhen Kommender.[240]

Wiederkehrende Motive und Metaphern

Das Gedicht nimmt Gertrud Kolmars Sand-Metapher (*Die Fahrende*, S. 150 ff.) und das Bibelwort auf, dass der Mensch aus Staub ist und zu Staub wird (1. Moses, 3, 17). Zusätzlich werden biblische „Reisen", wie die Flucht der Israeliten aus Ägypten und ihr Zug durch die Wüste, angesprochen. Es häufen sich bei Nelly Sachs wiederkehrende Motive und Metaphern wie Sand, Staub und Trauer, die zu Flucht und erzwungener Reise gehören, die warnenden Droh-, Warn- und Hilferufe wie „O" und der Hinweis auf das Ende als Staub, zu dem alles wird. Auch Nachtigall und Schmetterling – Schmetterlinge und Kinder sind für die Sachs einander ähnlich – haben im „brennenden Sinaisand" keine Überlebenschance. Die Schuhe weisen auf Schreckliches hin, das nach

---

240 Sachs, *Landschaft aus Schreien*, S. 10.

der Befreiung der KZs bekannt wurde: In einem Raum in Auschwitz lagen „Zehntausende Paar Kinderschuhe, Sandalen, Halbschuhe und Schühchen für Zehnjährige, Achtjährige, Sechsjährige und Einjährige. Man kann sich kaum etwas Grauenhafteres vorstellen als dieses Bild ..." – das schrieb der sowjetische Schriftsteller Konstantin Simonow (nach der Befreiung im Januar 1945 in der *Reportage aus Auschwitz*[241]).

Nähe zu Paul Celan

Nelly Sachs' Metaphern sind schwierig: Der „Sehnsuchtsstaub der Schlangen" suggeriert Bedrohung, verstärkt durch die S-Alliteration. Zu erklären ist das Bild mit Beschreibungen über die Bedeutung des Sandes für die jüdische Geschichte, mit dem Sand als Metapher für die Vergänglichkeit und mit „Sehnsucht" als Leitbegriff der Dichterin. Bedrohung sind „Schlangen" auch in Paul Celans *Todesfuge*,[242] Sachs' Gedichte stehen denen Celans nahe. Nelly Sachs wurde kurz vor der Ermordung im KZ gerettet: Nachdem sich 1940 Selma Lagerlöf einschaltete, durfte Sachs gemeinsam mit ihrer Mutter nach Stockholm ausreisen. Die übrige Familie wurde im KZ ermordet. Der Vorgang war die Initialzündung ihrer Lyrik, es wurde „Dichtungszwang"[243].

„Dichtungszwang"

In dem Gedicht werden drei Vorgänge zu einem Vorgang verdichtet: die eigene Bedrohung durch die Vernichtung, die Bedrohung ihrer Familie und aller Juden und schließlich die jahrtausendalte Geschichte Israels, „seinen Wandersand" heimzuholen und die Flucht zu beenden. Was hier erinnert wird, sind nicht die Ahnungen der Vernichtung, sondern die Vernichtung selbst. War die Dichterin davor geflohen, so bedrängten sie danach fortwährend die Bilder der Vernichtung. Am Ende des Gedichtes ist keine

241 Zit. n. Fritz Hofmann, *Nachwort*, in: ebd., S. 107.
242 „Ein Mann wohnt im Haus der spielt mit den Schlangen". Celan, S. 24.
243 Fritz Hofmann, *Nachwort*, in: Sachs, Landschaft aus Schreien, S. 103.

Hoffnung zu finden, sondern die Zukunft bringt nur Untergang – „Staub … in den Schuhen Kommender" – im Blick des lyrischen Ichs. An anderer Stelle wird Hoffnung ahnbar, da die Welt grundsätzlich Verwandlungen unterliegt, und es wird einen Schmetterling geben: „Wohin o wohin / du Weltall der Sehnsucht / das in der Raupe schon dunkel verzaubert / die Flügel spannt"[244]. Der Gedanke findet sich mehrfach bei Nelly Sachs, auch im *Chor der Ungeborenen*, wo ebenfalls Kinder und Schmetterlinge, beides Hoffnungszeichen, verglichen werden.[245]

Gedicht: *Charterflug in die Vergangenheit* (K)

Bis 1933 war **Hans Sahl** (1902–1993) Kritiker in Berlin; danach überlebte er den Nationalsozialismus im Exil, über die Stationen Prag, Zürich und Frankreich gelangte er nach New York. Er wirkte in den USA u. a. als Kritiker und Übersetzer für Thornton Wilder und Tennessee Williams. Erst 1989 kehrte er endgültig nach Deutschland zurück; seit 2009 liegt seine Lyrik vollständig vor.[246]

Strophen

Ich gehe langsam aus der Welt heraus
in eine Landschaft jenseits aller Ferne,
und was ich war und bin und was ich bleibe
geht mit mir ohne Ungeduld und Eile
in ein bisher noch nicht betretenes Land.

Ich gehe langsam aus der Zeit heraus
in eine Zukunft jenseits aller Sterne,
und was ich war und bin und immer bleiben werde
geht mit mir ohne Ungeduld und Eile,
als wär ich nie gewesen oder kaum.[247]

---

244 Sachs, *Landschaft aus Schreien*, S. 44.
245 Ebd., S. 26.
246 Hans Sahl: *Die Gedichte*. Hrsg. von Nils Kern und Klaus Siblewski. München: Luchterhand, 2009.
247 Hans Sahl: *Strophen*, in: Reich-Ranicki, 7. Bd., S. 449.

Das Leben wird in der Tradition der Barockgedichte als Lebenswanderung begriffen; das lyrische Subjekt steht am Ende dieser Reise und vor dem völlig Unbekannten, dem Jenseits. Statt dieses Ortes verwendet der Autor aber „jenseits" als Adverb und sieht „eine Landschaft jenseits aller Ferne". Die Lebensbilanz, die von Flucht, Heimatlosigkeit und Sehnsucht geprägt ist, geht auf diese Erschütterungen kaum ein – für den Wissenden anklingend im letzten Vers – und wird mit einem schlicht und traditionell anmutenden Wortmaterial beschrieben. Das lyrische Subjekt hat für sich die ihm auferlegten Leiden bewältigt – deshalb wird das Gedicht auch als Grabspruch genutzt –, aber die Bilanz dieses Lebens ist, im Gegensatz zu dem, was es hätte bringen können, bedeutungslos. Dafür gilt es, ein Grundgedanke Sahls in zahlreichen Gedichten, den Nachkommenden Sinn und Sinnlosigkeit der Emigration, der Leben auf erzwungenen Reisen, zu vermitteln; deshalb spielen in anderen Gedichten die Leiden des Exils eine große Rolle. Sahl war der Meinung und stellte sich damit gegen Theodor W. Adorno, der gemeint hatte, nach Auschwitz sei kein Gedicht mehr möglich, gerade das Gedicht könne vieles sagen, was sonst nicht sagbar ist. Sagbar ist es aber nur, solange das lyrische Subjekt lebt, danach ist es, „als wär ich nie gewesen oder kaum". Er variiert damit Gertrud Kolmars „Sand in den Schuhen"; an anderer Stelle schreibt Sahl auch von der „Narbe im Gras", die der Mensch hinterlässt. „In seinem Leben hat sich das alte Wort bestätigt: Einmal Exilant – immer Exilant. Es blieb sein Thema – lebenslänglich."[248] Nirgends wird in *Strophen* erwähnt, dass das lyrische Subjekt eine stationsreiche Emigration hinter sich hat. Es schimmert der Glaube an das bleibende Wort durch; in ihm wirkt der Mensch weiter. Bezeichnend für das Gedicht ist, dass Worte der Alltagssprache (Welt,

Leiden des Exils

---

248 Horst Krüger: *Heiteres Entgleiten*, in: Reich-Ranicki, 7. Bd., S. 451.

Landschaft, Ferne, Land, Zeit usw.) durch die sie umgebenden Alliterationen (w-Alliterationen), Assonanzen (e-Assonanzen) und Wiederholungen in Epipherform (Vers 1 und 2 und Vers 6 und 7 werden durch wenige Worte unterschieden, die Verse 5 und 9 wiederholen sich vollständig) überhöht werden und Würde zurückbekommen. Dafür wird auf poetische Metaphern verzichtet, der Tod wird als sachlich-natürlicher Vorgang wahrgenommen.

Erzwungenes Reisen

Eine Außenseiterrolle in der deutschen Literatur spielte **Mascha Kaléko** (1907–1975), die in den zurückliegenden zwanzig Jahren ins Bewusstsein der literarisch Interessierten geriet. Ihr Leben war ein fortwährendes erzwungenes Reisen, beginnend in ihrer Kindheit im Ersten Weltkrieg, einen Höhepunkt erreichend 1938, als sie Deutschland verlassen musste. Nach dem Zweiten Weltkrieg kam sie nur zu Besuch. Sie lebte in Jerusalem und starb in Zürich.

Gedichte: *Auf Reisen, Vagabundenspruch, Post scriptum* (C), *Sehnsucht nach dem Anderswo, Schienen-Sehnsucht* (K), *Interview mit mir selbst (Post Scriptum)* (R)

Kaléko schrieb um 1930 ähnlich Erich Kästner ironisch-satirische Texte, spottete wie dieser und verfügte über den Ton ironischer Melancholie wie Kurt Tucholsky. Zahlreiche Reise- und Wander-Gedichte stammen von ihr, aber sie schrieb auch bleibende Gedichte über die Flucht *Im Exil*. Die Reise ins Ungewisse war die prägende Erfahrung ihres Lebens und wurde thematisiert wie in *Interview mit mir selbst II. Post Scriptum. Anno fünfundvierzig*

Interview mit mir selbst II. Post Scriptum. Anno fünfundvierzig

Inzwischen bin ich viel zu viel gereist,
Zu Bahn, zu Schiff, bis über den Atlantik.
Doch was mich trieb, war nicht Entdeckergeist,
Und was ich suchte, keineswegs Romantik.

oder in

Ich hatte einst ein schönes Vaterland, / so sang schon der Refugee Heine.
Das seine stand am Rheine, / das meine auf märkischem Sand. //
Wir alle hatten einst ein (siehe oben!) / Das fraß die Pest, das ist im Sturm zerstoben
O, Röslein auf der Heide, / dich brach die Kraftdurchfreude. //
Die Nachtigallen wurden stumm, / sahn sich nach sicherm Wohnsitz um,
und nur die Geier schreien / hoch über Gräberreihen. //
Das wird nie wieder wie es war, / wenn es auch anders wird.
Auch, wenn das liebe Glöcklein tönt, / auch wenn kein Schwert mehr klirrt. //
Mir ist zuweilen so als ob / das Herz in mir zerbrach.
Ich habe manchmal Heimweh. / Ich weiß nur nicht, wonach ...[249]

Emigranten-Monolog (ursprüngl.: *Im Exil*)

Während der Entstehung diskutierte die Dichterin 1957 Formulierungen mit dem Lektor des Rowohlt-Verlages und Schriftsteller Wolfgang Weyrauch. Es ging um Rhythmus, Grammatik und Semantik. Die Formulierung „als ob" verlangt eigentlich den Konjunktiv „zerbreche" nach sich, aber Kaléko beharrte auf ihrem Indikativ „zerbrach", denn eine „Korrektur hier käme der Amputation gleich"[250]. Damit wollte sie darauf aufmerksam machen, dass es sich zwar um eine Metapher handelt – Konjunktiv –, dass aber das Erlebnis nicht anders treffend benannt werden kann – Indikativ. Auch löste die heute aktuell gewordene Formulierung „Refugee Heine" die Formulierungen „Heinrich Heine" und die treffende „Flüchtling Heine" ab. – Kaléko suchte ihre Heimat in ihrer Dichtung, deren Thema die Heimatlosigkeit wurde.

Thema Heimatlosigkeit

Dabei wird auf bekannte deutsche Gedichte, bevorzugt von Heine, zurückgegriffen: Die Eröffnung „Ich hatte einst ein schönes Vaterland" geht auf Heines *In der Fremde* (aus: *Neue Gedichte*,

Bezug zu Heine

---

249 Kaléko, Bd. 1, S. 186.
250 Ebd., Bd. 4, S. 59.

1844) zurück. Der Schlussvers der 4. Strophe erinnert an Heines *Die Grenadiere* (aus: *Buch der Lieder*, 1827). Der Vers „Das Herz in mir zerbrach." findet sich fast identisch in Heines *Enfant perdu*. Insgesamt ist das Gedicht ein Bekenntnis zu einer Heimat, aus der man vertrieben wurde, sowie zu Heine, das sie lebenslang immer wieder ablegte: Im Heinejahr 1956 schrieb sie auf einer Deutschlandreise *Deutschland. Ein Kindermärchen*, sich anlehnend an Heines *Deutschland. Ein Wintermärchen*: „Nach siebzehn Jahren in ‚U.S.A.' / Ergriff mich das Reisefieber. / Am letzten Abend des Jahres wars, / Da fuhr ich nach Deutschland hinüber."[251]

Im Exil

Das Gedicht *Im Exil* erinnert an Verluste bei der erzwungenen Reise und durch die entstehende Heimatlosigkeit, die die Autorin von Kindheit an begleitete: Als Kind erlebte sie im Ersten Weltkrieg die Flucht ihrer Familie aus Galizien, als erfolgreiche Autorin musste sie 1933 aus Deutschland fliehen. „Das New Yorker Künstlerviertel Grennwich Village wurde die nächste Station erzwungener Wanderschaft."[252] 1966 siedelte die Dichterin nach Jerusalem über – eine Heimat fand sie nirgends. „Ein Leben lang hoffte sie auf Wunder und hielt die Koffer stets bereit."[253] Danach weist das Gedicht auf Goethes *Heidenröslein* hin, nicht wegen seines biografisch-individuellen Gehaltes, sondern als charakteristisches Beispiel der Heimat, denn vernichtet wurde diese Tradition durch die nationalsozialistische Urlaubs- und Freizeitorganisation „Kraft durch Freude" (KdF): Sie verschaffte den deutschen Arbeitern anfangs preiswerte Reisen, wurde aber vor allem genutzt, um Strukturen für die Aufrüstung zu schaffen. So konnten die KdF-Urlaubsschiffe bei Kriegsbeginn in Transportschiffe umgerüstet

Reisen als Mittel zum Zweck des Krieges

---

251 Ebd., Bd. 1, S. 246.
252 Beate Pinkerneil: *Reisen nach Nirgendland*, in: Reich-Ranicki, 8. Bd., S. 221.
253 Ebd., S. 220.

werden, wie das Beispiel der *Gustloff* beweist. Es geschah eine Umwertung der Reisen zum Krieg. Masche Kaléko hatte ein ständig wiederverkehrendes Vokabular, mit dem sie ihre Erfahrungen erfasste. Dazu gehörten die „fremde Stadt" (im Gedicht *In einer fremden Stadt*, 1930), verspätete, aber auch in die Ferne fahrende Züge (im gleichen Gedicht; *Schienen-Sehnsucht*, 1932).

Nachkriegszeit

Die Zeit des Kriegsendes wurde von den heimkehrenden Emigranten mitbestimmt, die im Gegensatz zu den in der Mehrzahl schuldig gewordenen Deutschen unschuldig geblieben waren und sich nun den anstehenden Aufgaben der Überwindung der faschistischen Hinterlassenschaft und des zugehörigen Gedankengutes stellten. Andere Emigranten blieben dagegen in den Fluchtländern, teils aus Angst, teils aus Abneigung gegen die alte Heimat und deren jüngste Vergangenheit.

2.8 Unterwegs in der Lyrik nach 1945 bis in die Gegenwart

Zahlreiche Lyrikansätze

Nach 1945 entstanden verschiedene Lyrikansätze, ausgelöst durch die Heimkehr aus dem Exil, durch die Besinnung auf verschüttete Traditionen, durch Einsichten und Erschütterungen, durch die Vernichtung großer Teile einer Generation, durch Neubesinnung und Neuanfang. Aus dieser Vielfalt werden einzelne mögliche Konzentrationspunkte gewählt.

Das Odysseus-Modell

Berühmtester Vertriebener der Weltliteratur

Nach 1945 legten Dichter, die auf die „Reise" ihres Lebens, ins Exil, gejagt worden waren und nun nach der Befreiung vom Faschismus in ihre Heimat zurückkehrten, ihr Schicksal oft dem berühmtesten Vertriebenen der Weltliteratur auf: dem Herrscher von Ithaka und griechischem Helden Odysseus (lat.: Ulysses). Die Wahl des Themas hatte in den 1930er Jahren begonnen (z.B. Anna Seghers, 1900–1983, die in Mexiko im Exil war: *Der Baum des Odysseus*, Sage, 1940). Das Thema des Umhergetriebenen verband sich mit der Sehnsucht nach der Heimat.[254] **Johannes R. Becher** (1891–1958), der in die Sowjetunion in die Emigration gegangen war, hatte 1938 seine Gedichte *Odysseus*[255], ein Sonett, das nicht die Irrfahrten, sondern die Klugheit des Odysseus besang, und 1944 *Ithaka* veröffentlicht – nach der Heimatinsel sehnte sich Odysseus während seiner zehnjährigen Irrfahrt. Das dreißig vierzeilige Strophen umfassende Gedicht beschreibt die „Reisen":

---

254 Vgl. Bernhardt, S. 16 ff.
255 Becher, Bd. 4, S. 74.

Ithaka

Seit vielen Jahren irre ich umher,
Um nur das *eine, eine* aufzufinden –
Einst zog ich fort in einem großen Heer
Sah bald das Heer in vielen Schlachten schwinden,

Der Götter Stürme jagten mich hinaus
Ins offne Meer, sie rissen dort zu Fetzen
Die starken Schiffe, noch tobt das Gebraus
Des Sturms in mir, und wie die Furien hetzen

Den Flüchtigen so waren hinter mir
Die Wellen her, und die nicht mit versanken
Mit unserm Schiff, ergriffen sie mit Gier –,
Ich aber – welchem Gott hab ich's zu danken? [256]

Becher betrachtete das individuelle Schicksal innerhalb der Gesamtentwicklung des Vertreibens und Tötens. Dabei sollte die deutsche Tradition nicht verloren gehen: Eichenhain, Wipfelkronen, Quelle, Felsenhang mit Hirten, bunte Wiesen und Berge waren Bechers Erinnerungswerte an diese Heimat, des deutschen Ithaka, das am Ende der Reise wiedergefunden wurde.

Gedichte: *keine*

Erich Arendts (1903–1984) um 1950 entstandenes Sonett *Ulysses' weite Fahrt* – eines der vollkommensten Gedichte deutscher Sprache – beginnt:

Ulysses' weite Fahrt

Nicht nur von ungefähr vertrieben und verschlagen
vollendet er die große Fahrt. Zur Sendung nimmt
er Wind und Stillen, ins Unbekannte hinzutragen
sein Lächeln noch, wo Menschenblut den Tag bestimmt.
... [257]

---

256 Ebd., S. 594 f.
257 Erich Arendt: *Ulysses' weite Fahrt*, in: Erich Arendt: Werke, Bd. 1, S. 42. Eine abweichende Fassung steht in Erich Arendt: *Gedichte. Aus fünf Jahrzehnten*. Rostock: Hinstorff Verlag, 1968, S. 84.

Odysseus und die Sirenen, Gemälde von H. J. Draper 1909

Es steht im Zusammenhang mit der Rückkehr des Dichters aus dem kolumbianischen Exil und eröffnete die Sammlung *Trug doch die Nacht den Albatross* (1951). Das Sonett erinnert an den Aufbruch ins Exil, an die europäische Fluchtstation der Balearen – heute bekannt als Massenziel des Reisens –, der das Exilland Kolumbien folgte, in dem er eine sinnlich-farbige Welt und die der Indios kennengelernt hatte. Arendt wurde in einer Sprache und Literatur heimisch, die er fortan verbreitete, u. a. als Übersetzer der Dichtungen des Nobelpreisträgers Pablo Neruda (1904–1973). Von Neruda, der als Diplomat Chiles in die Welt reiste und den Arendt mit Odysseus verglich, übernahm er Unterwegssein als Prinzip der Menschheitsgeschichte und eine Wanderung zu immer größerer Vervollkommnung.

Der Dichter wählte die strenge Form des Sonetts, in die er für das Sonett, das aus der romanischen Dichtung kommt, ungewohnte Reimschemen aufnahm, die Alliteration und die Assonanz, germanisch klassifizierte Formen also, die eine außergewöhnliche Kombination entstehen ließen. – Arendts Spätwerk wurde beispielhaft für Reisen zu klassisch-antiken Stätten (*Gesang der sieben Inseln* [1957], *Ägäis* [1967]) und für Reisen mit Bildungszielen. Seine Griechenlandfahrten seit den 1950er Jahren waren Reisen in die klassische Antike und zu jener Bildung, die die europäische Kultur wesentlich ausmacht. Ein Ergebnis war das Gedicht *Steine von Chios* (1963), in dem das lyrische Subjekt Homer beim Überflug der Insel Chios begegnet und der Humanismus aus Antike und Christentum sichtbar wird:

Steine von Chios

Einmal, ausgeweitet / vom Ölbaum das Schaf / Hängt. Lachen. /
Weinduft. Ein Tanz. /
– Welt! meint / der Schritt.[258]

Das Ziel allen Wanderns war weit in der Zukunft eine Utopie. Am Schluss von *Steine von Chios* wird sie mit Friedenssymbolen, Tanzschritten im Dreivierteltakt und glücklichen Menschen als Bild umrissen. Mit diesen Dichtungen nahm Arendt Einfluss auf die jüngere Generation. Lyriker wie Heinz Czechowski, Sarah Kirsch, Karl Mickel, Wulf Kirsten und in jüngster Zeit Lutz Seiler, der heute das Haus Peter Huchels und Erich Arendts in Wilhelmshorst verwaltet, haben von ihm gelernt.

Gedichte: *keine*

Ähnlich wie Becher und Arendt ging **Louis Fürnberg** (1909–1957) in seinem Gedicht *Der neue Odysseus*, aus: *Das wunderbare Gesetz* (1956), mit den Irrfahrten des Odysseus um:

Der neue Odysseus

Am Abend stieg der Wald in mein Gesicht, / schwebende Gondel des
Monds. Aus tausend
Träumen und Ahnungen hob sich mein Herz / in ihrer silberne Ferne //
Wohin? Um der Fahrten willen, des steten Entdeckens, /
um der unersättlichen Neugier planlosen Suchens
nimmer innezuhalten und hinzutreiben, /
tatenarmer Odysseus ohne Ithaka ---? //
Und wär dies mein Schicksal auch /
bis ans ruhmlose Ende, - ach, ich bin nicht müde,
den Sirenen zu lauschen und den / einäugigen Zyklopen Rede zu stehn. //

---

258 Arendt: Werke, Bd. 2, S. 10.

Und auch ihnen wird in der steigenden Sonne /
einmal das Herz erglühen und schmelzend
Sich ein feuriger Lavastrom über den Abgrund /
ergießen, das Böse versteinend.[259]

Das für Fürnbergs Lebenswanderung aufschlussreiche Gedicht entstand am 14. Juni 1948 in Karlsbad; Fürnberg hatte es

> „also in der Heimat geschrieben, sogar gewissermaßen in der Vaterstadt; denn der in Iglau Geborene wuchs in Karlsbad auf. Da aber noch der Heimgekehrte von einem seltsam gemischten Gefühl aus Heimweh und Fernweh bedrängt und auf diese Weise zum Vergleich mit dem verwandten Odysseus gedrängt wird, sehen wir uns vor die Frage gestellt, warum sich denn die Heimat des Dichters nicht ohne Weiteres als das ersehnte und endgültige Ithaka erwies."[260]

Die Reise in die Heimat war noch nicht beendet.

Variation zu Rilkes *Herbsttag*

In *Wanderer in den Morgen. Ein Gedichtkreis* (1951) bedichtete Fürnberg seinen Umgang mit dem Wandern, darunter in dem Gedicht *Herbst*, einer kongenialen Variation zu Rilkes *Herbsttag*[261]. Fürnberg war nach „Reisen" ins Exil und zurück in der Heimat angekommen, die die Familie Fürnberg aber als Deutsche verlassen mussten. Wie in Rilkes *Herbsttag* bestimmt ländliches Leben das Ende einer Lebenswanderung. Die Ähnlichkeit der Gedichte sind verblüffend: Sie beginnt beim Titel, *Herbst* und *Herbsttag*, und endet beim übereinstimmenden Versmaß, dem Endecasillabo (Elfsilber).

---

259 Fürnberg: *Gesammelte Werke*, Bd. 2, S. 392.
260 Hans Richter: *„Der neue Odysseus"*, in: Hans Richter: Verse, Dichter, Wirklichkeiten. Aufsätze zur Lyrik. Berlin und Weimar: Aufbau Verlag, 1970, S. 164.
261 Vgl. dazu: Rüdiger Bernhardt: *Utopien in Louis Fürnbergs Lyrik nach 1945*. In: Rüdiger Bernhardt (Hrsg.): Wanderer in den Morgen. Colloquia Baltica 4. München: Martin Meidenbauer Verlagsbuchhandlung, 2005, S. 91 ff.

Gedichte: *keine*

Für **Marie Luise Kaschnitz** (eigentl. Marie Luise Freifrau von Kaschnitz von Weinberg, 1901–1974) gehörten Reisen zur Lebensgestaltung, für ihre Dichtung wurden sie geistige Voraussetzung und Gestaltungsanregung (*Wohin denn ich*, 1963; *Orte, Aufzeichnungen* 1973). Kaschnitz' Dichtung entstand aus Bildung – der Umgang mit der Antike vor allem – und wurde Abbild ihres Lebens, bestimmt von zahlreichen Reisen, vor allem nach Italien. Wanderung wurde von ihr als Lebenswanderung begriffen, die mit der Kindheit beginnt. Das Leben war für sie ständige Überwindung von Entfernungen. Eines der frühen Gedichte, die dafür stehen, war *Aegina*. Die griechische Insel, die den Titel gab, wird aus einem fremden Eiland zum vertrauten Gebiet:

Aegina

(...)
Wie seltsam war der Tag vergangen: / Wir kamen, gingen ungehemmt.
Nicht ahnend, was die Kinder sangen, / Wir waren Wanderer und fremd. //
Doch als wir so vom Leib der Erde / Genossen, ward uns jeder Laut,
Der Menschen Sprache und Gebärde / Auf einmal wunderbar vertraut. //
Und als der Ruderschlag verklungen, /
Kein Schein des Lichtes mehr uns traf.
Da sangen uns mit tausend Zungen / Attische Winde in den Schlaf.[262]

Das lyrische Subjekt versteht auf seinen Reisen nicht, „was die Kinder sangen", aber es kennt die Geschichtsträchtigkeit der Insel, weiß um die beispiellose Blüte an Reichtum und Kunst im 6. Jahrhundert v. d. Z. und die Wirren, die durch Kriege entstanden. Gleichzeitig weiß es um das Nebeneinander antiker, dem Zeus und der Athene gewidmeter Tempel und christlicher Stätten wie einer Kapelle des Hlg. Elias. – Die dichterische Präsenz der Kaschnitz

---

262 Kaschnitz, S. 22.

war erst nach 1945 gegeben. 1946 entstand ihr Zyklus *Rückkehr nach Frankfurt*: Sie traf auf eine zerstörte Stadt und fand die Hoffnung bei den Kindern:

Rückkehr nach Frankfurt

Und man hörte sie im Hofe singen / Ihre freundliche Verkündigung.
Und man ahnte ihrer Knie Neigung, / Ihrer Arme liebliche Verzweigung,
Sah sie wandern, sich bücken / Unter den goldenen Brücken -[263]

Bekannte Verse schließen sich an:

Das wusste ich nicht, wie bald / Ruinen verwittern
Wie sie, noch eh die Gestalt / Vergessen ist und die Namen
Ausgelöscht, sich besamen, / Wie die Gräser wehen und zittern
Über dem Bogen und drin / Zinnkraut und blühende Halme
Stehn wie am Urbeginn. (...)

Begehrenswerter Odysseus

Das Gefühl der Geborgenheit ist verloren gegangen, die Natur aber sucht neue Anfänge, mit denen der Mensch, der sie vernichtet hat (*Die Gärten*), zurechtkommen muss. Für ihn ist ständiges Unterwegssein ein Lebensprinzip. In ihrem Spätwerk suchte auch Kaschnitz die Begegnung mit Odysseus. In ihrem Gedicht *Nausikaa* erreicht der Held weit entfernt von Ithaka eine Station. Er ist von seiner Irrfahrt gezeichnet, tangüberwachsen und muschelbestückt, dennoch ein begehrenswerter Mann. Seine Irrfahrten bieten neben Abenteuern auch Liebeserlebnisse. Auf Ithaka wird er dann Alter und Tod erleben, nach einem Leben „Voll von Männergeschichten / Fragwürdigen Abenteuern“[264], der Begegnung mit Frauen wie Nausikaa. Odysseus wurde bei Kaschnitz wieder Mensch.

---

263 Ebd., S. 28.
264 Ebd.

Lyrische Vorbilder – Abbruch und Aufnahme

Unterschiedliche Neuansätze

Die Neuansätze nach dem Kriegsende, der Niederlage der nationalsozialistischen Herrschaft und der Befreiung vom Faschismus waren unterschiedlich. Kaum fielen sie auf, wo poetische Konzeptionen fortgesetzt wurden wie bei **Gottfried Benn** (1886–1956)[265]. Er benötigte für seine Vergangenheitsaufarbeitung keine Gestalt wie Odysseus; er war nicht im Exil gewesen. Seine Poesieauffassung und seine Dichtungen gingen nicht von Bewegung, sondern von Statik aus. *Statische Gedichte* (1946) hieß eine vielzitierte Sammlung nach dem Krieg, entgegengesetzt einem chaotischen und immer in Bewegung befindlichen Leben. Das 1943 entstandene Titelgedicht bestimmte: „Zu- und Abreisen / ist das Zeichen einer Welt, / die nicht mehr klar sieht.“[266] Er erklärte „Entwicklungsfremdheit / ist die Tiefe des Weisen.“[267] Damit wurden Bewegungen abgelehnt. Reisen, Wandern und Unterwegssein hatten für Benn keine Bedeutung. Selbst wenn das Reisen in einem Gedicht thematisiert scheint, ist das ein Irrtum. Das Gedicht *D-Zug* (1912) hat nichts mit einer Reise zu tun, sondern beschreibt einen Liebesakt am Meer im D-Zug-Tempo.[268] Ein *Schnellzug* (1913) wird das „Gleitende, das in den Fenstern steht“[269]. Das Gedicht *Reise* (1916) beschreibt Selbstgenügsamkeit: „Es muss nichts zueinander hin.“[270] *Meer- und Wandersagen* (1925) sind „unbewegter Raum, / keine Einzeldinge ragen / in den Südseetraum“[271]. Im Gedicht *Traum* (1953): „‚Haltestelle und Lebensbahn‘ / las ich gerade in der Zeitung“, machen aber das lyrische Subjekt „so klug wie vorher /

Der Anti-Reisende

---

265 Vgl. zu Benns Lyrik: Rüdiger Bernhardt: *Gottfried Benn. Das lyrische Schaffen*. Königs Erläuterungen Spezial. Hollfeld: Bange Verlag, 2009.
266 Benn, S. 323.
267 Ebd.
268 Ebd., S. 35.
269 Ebd., S. 71.
270 Ebd., S. 82.
271 Ebd., S. 177.

wie vor Haltestelle und Lebensbahn"[272]. Modellgestalten, die umhergetrieben wurden wie Odysseus, fanden nicht Benns Interesse. – Es bleiben zwei Gedichte, die sich dem Thema nähern, aber um es zu negieren. Das erste ist *Gefilde der Unseligen* (1910), in dem sich das lyrische Subjekt bereits im ersten Vers für „Satt bin ich meiner Inselsucht"[273] erklärt; „Insel" ist ein mit Reisen unmittelbar verbundener Begriff. Das lyrische Subjekt bezieht sich auf zwei Bilder Arnold Böcklins mit antikisierenden Elementen: der Titel auf dessen *Gefilde der Seligen*, die Verse auf dessen *Toteninsel*. Beide lehnt das lyrische Subjekt ab und bekennt sich zu „fremde[m] Blut" und dem dortigen Toten („ertrunken"). In dem Gedicht *Reisen* (1950) kommentierte er ironisch ein Reisen von Sinn- und Bedeutungslosigkeit:

Gedichte:
Reisen (C), (K), (R); *D-Zug*, *Wenn dir am Ende* (C)

Reisen

Meinen Sie Zürich zum Beispiel / sei eine tiefere Stadt,
wo man Wunder und Weihen / immer als Inhalt hat? //
Meinen, Sie, aus Habana, / weiß und hibiskusrot
bräche ein ewiges Manna / für Ihre Wüstennot? //
Bahnhofsstraßen und rue'en, / Boulevards, Lidos, Laan –
selbst auf den fifth avenue'en / fällt Sie die Leere an - //
ach, vergeblich das Fahren! / Spät erst erfahren Sie sich:
Bleiben und stille bewahren / das sich umgrenzende Ich.[274]

Konzentration aufs Ich

Das Gedicht lehnt Städtereisen ab, andere geraten gar nicht erst ins Blickfeld. Im Zentrum steht ein Reisender, dem die erwünschten Reiseziele samt ihrer Wunder – Manna fiel nachts für die Israeliten bei ihrer Wanderung durch die Wüste vom Himmel – ausgeredet werden, um ihn auf sich selbst zurückzuwerfen, auf das auf sich selbst konzentrierende Ich. Das entsprach Benns Poesie-

---

272 Ebd., S. 431.
273 Ebd., S. 19.
274 Ebd., S. 384.

verständnis. Der Umfang der Ablehnung ist groß: Er reicht von Zürich über Kuba (Havanna), die französischen Boulevards und die niederländischen Laans bis zu den beliebten Lidos in Italien. Nichts erfahre man dort über sich; das tritt erst „spät" ein, wenn – man darf hier den Zyniker Benn mitdenken – der Mensch sich kaum mehr bewegen kann. Schärfer kann Reisen nicht abgelehnt werden. Der Rhythmus des Gedichtes tut ein Übriges: Während Wanderlieder bevorzugt von vierhebigen Jamben getragen werden (Das *Wan*dern *ist* des *Mül*lers *Lust,* Wem *Gott* will *rech*te *Gunst* er*wei*sen), schon um der treibenden Bewegung willen, die durch den Rhythmus entsteht, werden bei Benn Trochäen im Wechsel mit Daktylen (*wo* man *Wun*der und *Wei*hen – x́ x x́ x x x́ x) verwendet, beide Maße eignen sich eher für Rede und Erzählung, weniger für die Beschreibung bewegter Handlungen. Eine vergleichbare Haltung zum Reisen, ohne den Benn'schen Zynismus, nimmt in der Gegenwartslyrik das lyrische Subjekt **Durs Grünbeins** (geb. 1962) in *Kosmopolit* (1999) ein, das schon eingangs zugesteht: „(...) ich verstehe vom Reisen nichts" und endet: „Reisen ist ein Vorgeschmack auf die Hölle." [275].

Gedicht:
Kosmopolit (K)

Johannes R. Becher (1891–1958) wurde in der DDR Benns Gegensatz. Er entwickelte zum Reisen und Wandern in der Zeit nach 1945 ein eigenwillig-umfassendes Programm: Becher bedichtet nicht nur traditionelles Reisen, sondern gesellschaftlich-zeitbestimmte, teils sogar politische Vorgänge, für die er Metaphern des Reisens und Wanderns in Anspruch nimmt. Es gibt Gedichte, die sich Reisezielen widmen und diese feiern wie das Sonett *Kopenhagen* (1948):

---

275 Durs Grünbein: *Nach den Satiren.* Frankfurt a. M.: Suhrkamp-Verlag, 1999, S. 85.

Kopenhagen

Diese Stadt ist wie ein Karussell, / Wie ein zauberhaftes Sich-Umkreisen
Und ist wie ein Ausflug und Auf-Reisen, / Und das Licht, das kreist,
ist überhell.[276]

Bechers Gedichte thematisieren auch die deutsche Teilung nach 1948/49. Sein Gedicht *Am Grenzbaum* (1949) beschreibt einen Reisevorgang, der sich durch die Trennung in zwei deutsche Staaten ergibt und unter der das lyrische Subjekt leidet, das sich dadurch selbst getrennt fühlt, auf Grund von Bechers Biografie durchaus nachzuvollziehen:

Am Grenzbaum

War es nicht Deutschland? War er nicht wie die
Sein Land: zerrissen und zu Tod getroffen?
Wie hieß er denn, wenn er nicht Deutschland hieß!
Was hatte dies sein Land noch zu erhoffen

Und er mit ihm, in Ost und West zerteilt,
Und jeder Teil ein Gegenteil des andern!
Die alten Wunden blieben unverheilt.
Ein Deutschland schien ins andre auszuwandern.

Wenn jemals er die Grenze überschritt,
Die mitten durch sein Land gezogen war,
War dies ein Schnitt, der ihm das Herz durchschnitt,
Und dieser Schmerz, war er nicht unteilbar[277]

Das 12-strophige Gedicht ist in Haltung und Thema eine Ausnahme in der deutschen Literatur. Die Reise wird zum unangemessenen, unverständlichen und nicht annehmbaren Vorgang, da er erst durch eine Trennung notwendig wird, die dem lyrischen Subjekt als sinnlos erscheint.

---

276 Becher, Bd. 6, S. 39.
277 Ebd., Bd. 6, S. 48.

Zeit zum Wandern

Bertolt Brecht (1898–1956) legte seine Reisen im Exil mythischen Modellen auf, ohne dass der Vorgang dominierte, etwa in *Heimkehr des Odysseus* (um 1936):

Heimkehr des Odysseus

Dies ist das Dach. Die erste Sorge weicht.
Denn aus dem Haus steigt Rauch, es ist bewohnt.
Sie dachten auf dem Schiff schon: vielleicht
Ist unverändert hier nur mehr der Mond.[278]

Gedichte: *Das Schiff, Lied der Starenschwärme, Der Radwechsel, Die Landschaften des Exils* (C), *Der Radwechsel, Gedanken über die Dauer des Exils* (K), *Bericht vom Fliegen* (R)

Der Heimkehr nach langer Irrfahrt galt die Sehnsucht des lyrischen Subjekts, erkennbar im hinweisenden „dies“. Ein wichtiges Indiz Brechts für Leben wird eingesetzt: „aus dem Haus steigt Rauch“. Der Vers wiederholt sich fast wörtlich in Brechts Gedicht *Der Rauch*[279] (1953) aus den *Buckower Elegien*. Es bleiben andere Sorgen, vor allem die, ob und wie sich während der zehnjährigen Reise des Odysseus-Brecht die politisch-gesellschaftlichen Verhältnisse verändert haben. Das schlug sich in den Gedichten nach dem Krieg nieder. Grundsätzlich bekam das Unterwegssein die Dialektik zurück, die jeder Bewegung zugehört. Berühmt wurde sein Gedicht *Der Radwechsel*:

Der Radwechsel

Ich sitze am Straßenhang. / Der Fahrer wechselt das Rad.
Ich bin nicht gern, wo ich herkomme. / Ich bin nicht gern, wo ich hinfahre.
Warum sehe ich den Radwechsel / Mit Ungeduld?

---

278 Brecht, Bd. 14, Gedichte 4, S. 339.
279 Ebd., Bd. 12, Gedichte 2, S. 308.

Karsunkes *Matti wechselt das rad*

Das Gedicht gehört zu den 1953 entstandenen *Buckower Elegien*. Es wurde 1957 erstmals in der Zeitschrift *Sinn und Form* (Heft 9) gedruckt.[280] Im Umkreis des Gedichts findet sich *Beim Lesen des Horaz*. Beide Texte haben jeweils sechs Verse. In beiden Gedichten geht es um Bewegung, Fahren und Reisen, um „Ungeduld" im *Radwechsel* und um Dauer im *Horaz*-Gedicht. Es sind zusammengehörige Größen: Im *Radwechsel* wird die Zeit für das Individuum thematisiert, im *Horaz*-Gedicht die Zeit der Geschichte. *Der Radwechsel* war des Lyrikers Karl Mickel „liebstes Brecht-Gedicht"[281]. Es hat eine vielgestaltige Nachfolge entwickelt; dazu gehört Yaak Karsunkes *Matti wechselt das rad* (1969). Brechts *Der Radwechsel* wird zitiert, dann setzt Karsunke ein:

Matti wechselt das rad

während ich den reifen abmontiere / haut sich der chef auf die wiese,
sieht dauernd rüber.
als fahrer verwartest du stunden, warum / wird er nervös, wenn er einmal
auf mich warten muss? Wenn die panne / ihm zu viel zeit kostet: er
kann mir ja helfen.[282]

Antigedicht

Es ist die Sicht von unten, die Mattis, einer Gestalt aus Brechts Drama *Herr Puntila und sein Knecht Matti* (1940/41). Während sich der „Chef" Gedanken über die Dialektik des Fahrens macht, erscheint sein Verhalten Matti als Faulheit. Während der Knecht die Unruhe des „Chefs" nicht versteht, beunruhigt den Chef der Radwechsel, vielmehr sieht er seinen Denkprozess, dem die Fahrt dient, gestört. Mattis Sätze fügen sich zu einem Antigedicht, das keine poetischen Merkmale hat, sondern den Vorgang lapidar bis an den Rand vulgärer Umgangssprache („haut sich der chef") beschreibt.

---

280 Ebd., S. 310.
281 Karl Mickel: *Mein liebstes Brecht-Gedicht*. In: Neues Deutschland, 19. Januar 1998.
282 Yaak Karsunke: *reden & ausreden. Gedichte*. Berlin: Wagenbach, 1969, S. 26.

Zur Wirkung des Gedichtes gehört auch Hans Nogaj: *Radwechsel* (2007)

Radwechsel

Wirklich gern / war ich nicht / wo ich herkomme. //
Man ist schnell woanders. / Wir brauchen weiter Geduld.[283]

Gedicht: Nogaj: *Radwechsel* (K)

Volker Braun (geb. 1939; s. S. 198 ff.) stellt unter Berufung auf die Brecht'sche Ungeduld eine andere Situation gegenüber: In seinem Gedicht *Tagtraum* steht das lyrische Subjekt im „Niemandsland zwischen den Grenzen" der seit 1949 bestehenden deutschen Staaten, und stellt fest: „... und kein / Rad war zu wechseln hier ungeduldig."[284] Das lyrische Subjekt sieht sich von historischen Zwängen und in seinem Unterwegssein beeinträchtigt. Das Unterwegssein und Reisen scheint zwar manchmal von diesen Zwängen frei zu sein bzw. sich frei zu machen, aber tatsächlich bestimmen die historischen und sozialen Verhältnisse diese Bewegungen wesentlich.

Formale Merkmale

Brechts Gedicht ist poetisch in sich geschlossen. In den ersten vier Versen finden sich vier einfache Sätze, wobei es zwischen dem 3. und 4. eine stilistische Beziehung gibt: Sie unterscheiden sich durch Vorsilben („her", „hin") und die Verben (kommen, fahren); es ist eine Epipher, eines der ältesten stilistischen Mittel, bekannt aus biblischen Texten. Die Situation ist eindeutig: Das lyrische Subjekt ist auf einer Dienstreise – sonst wäre „Fahrer" sinnlos –, als das Auto – aus „Fahrer" und „Rad" zu erschließen – eine Reifenpanne hat. Anstatt die Pause zur Erholung zu nutzen, ist das lyrische

---

283 Hans Nogaj: *Radwechsel*, in: Versnetze. Das große Buch der neuen deutschen Lyrik. Hrsg. von Axel Kutsch. Weilerswist: Ralf Liebe, 2008, S. 135.
284 Braun, Bd. 8, S. 83 f.

Subjekt ungeduldig, obwohl es nicht gern dort ist, wo es hinfährt. Das hat weniger mit Abneigung – jugendliche Interpreten meinen, Brecht gäbe den Rat, nicht durchs Leben zu hetzen und sich nicht dem Alltag hinzugeben[285] – als vielmehr mit unermüdlicher Bewegungslust zu tun: Ungeduld ist bei Brecht positiv konnotiert.

Zwischen Ruhe und Ungeduld

Das Thema der *Buckower Elegien* war Brechts Gegenwart, die für ihn aufregend genug war. Die „Ungeduld“, von der Brechts lyrisches Subjekt spricht, ist keine aus Angst und Sorge, sondern eine der Bewegung und Veränderung. Es entsteht eine produktive Spannung zwischen der Sehnsucht nach Ruhe und Zufriedenheit einerseits und Unzufriedenheit über jeden Stillstand andererseits. Das Rad ist ihr Sinnbild.

Poetische Landschaften: Thrakien und Sarmatien, Böhmen am Meer

Nähe zu Arendt und Bobrowski

Peter Huchel (1903–1981) war als Lyriker Erich Arendt und Johannes Bobrowski vergleichbar; seine Metaphern sind ihren Metaphern oft ähnlich.

Gedicht: *Thrakien* (R)

Es gab jedoch einen großen Unterschied: Huchel verließ in seiner Dichtung nur selten seine Heimat, seine Wirklichkeit war Berlin und Brandenburg, vor allem der Bauernhof des Großvaters in Langerwisch (heute: eingemeindet in Michendorf). Er unternahm zahlreiche Reisen, besonders nach Italien, aber sie waren für ihn von weit geringerer Bedeutung als die Arendts in die Ägäis und Bobrowskis Sarmatienprojektion (s. u.). Trotzdem waren diese erlebten Landschaften bedeutungsloser in seiner poetischen Welt als die ländliche, spröde Heimat. Er hat diese geliebt, weil sie ein Reservoir des Gedächtnisses war, aus der er seine Lyrik schöpfte.

———

285 Benjamin Harders: *Der Radwechsel*. (www.schoolwork.de/gedichte/brecht_radwechsel.php; Stand: Juli 2019).

Weg-Metapher

Eine wichtige Metapher bei ihm war der „Weg“, nicht die Straße. Die *Chausseen*[286] in einem berühmten Gedicht waren Ausnahme, gehörten aber letztlich zur „Wegmetapher“[287]. Es waren die Straßen der Flucht, von Tod und Vernichtung, an die Straßen aus Ostpreußen ist zu denken, an die Trecks am Ende des Zweiten Weltkrieges (*Der Treck*[288]), „hauslos, ortlos, vertrieben, zwischen ungewissen Zufluchten und undeutbaren Zeichen unterwegs durch die stürzende Zeit – so sieht es aus mit dem Menschen.“[289] Die märkische Landschaft – mit Havel, Seen und Fischern – war die Landschaft von Huchels Dichtung. „Der begrenzte Raum Erde in Brandenburg waren sein Initialerlebnis der Poesie, der Bauernhof in Alt-Langerwisch, wie er ihn in seiner Kindheit erlebte, Schlüssel und Modell seiner ganzen lyrischen Welt“.[290]

Nur wenige Reisegedichte

Gedichte, die das Reisen thematisieren, sind bei Huchel selten: *Die Reise*, gewidmet Marie Luise Kaschnitz, beschreibt einen Weg an den Rand des Lebens, das „Gepäck, / das leichter war als der Nachtwind / über dem Schilf“. Geführt wird dieser Weg nicht vom „Fährtenkundigen“, sondern „der Schwache / mit schwärender Schulter führte mich“, und das Ziel ist, „wo an den Pfählen / der weiße Rauch / ins Dickicht eiserner Disteln zog“[291]. Ohne Gepäck wird das lyrische Subjekt im Zeichen der Märtyrer – der Distel, einer zentralen Metapher Huchels für die Abgeschiedenheit – in den Tod geführt, denn aus diesem Dickicht ist keine Rückkehr möglich. (Im Kloster Zinna konnte Huchel im Kreuzgewölbe eine solche Distel finden.)

---

286 Huchel, S. 140.
287 Joseph Anton Kruse: *Fluchtwege*, in: Reich-Ranicki, 8. Bd., S. 20.
288 Huchel, S. 143.
289 Rino Sanders: *Chausseen, Chausseen*, in: Hans Mayer (Hrsg.): Über Peter Huchel. Frankfurt a. M.: Suhrkamp Verlag (edition suhrkamp 647), 1973, S. 34.
290 Henning: Ziebritzki: *Meister der diskreten Unterschiede*, in: Text und Kritik. Hrsg. Heinz Ludwig Arnold, Gastredaktion: Lutz Seiler und Peter Walther. Heft 157, Januar 2003, S. 81.
291 Huchel, S. 231.

Thrakien

Ein Flamme züngelt / Hier nachts am Boden,
Es wirbelt weißes Laub. / Und mittags zerschellt
Die Sichel des Lichts. / Das Rascheln des Sandes
Zerklüftet das Herz. //
Hebe den Stein nicht auf, / Den Speicher der Stille.
Unter ihm / Verschläft der Tausendfüßler
Die Zeit. //
Über den Pass, / Gekerbt von Pferdehufen,
Weht eine Mähne aus Schnee. / Mit rauchlosen Schatten
Vieler Feuer / Füllt sich am Abend die Schlucht. //
Ein Messer / Häutet den Nebel,
Den Widder der Berge. / Jenseits des Flusses
Leben die Toten. / Das Wort
Ist die Fährte. [292]

Antike Landschaft

Huchels *Thrakien* weist auf die antike Landschaft, aus der neben Orpheus auch Apoll und Dionysos stammen sollen, eine bedeutende griechische, später römische Provinz. Die Landschaft reicht an die Grenzen des Totenreiches: „Jenseits des Flusses / leben die Toten. / Das Wort / ist die Fähre.“ Das lyrische Subjekt ist ans Ufer von Acheron oder Lethe gelangt; überschreitet man einen der Flüsse, beginnt das Vergessen. Bewahren kann die Erinnerung aber die Dichtung. Der Weg an diese Ufer ist von Zeichen der Vergänglichkeit geprägt: vom „Rascheln des Sandes“, das an die Sanduhr erinnert, die „zerschellende“ Sichel des Lichts, die auf Dunkelheit verweist; „rauchlose Schatten“ nehmen die Vergänglichkeit vorweg, und selbst die Nebel, die wie ein Schaffell die Berge bedecken, werden mit dem Messer von den Bergen gehäutet; nichts als der tote Fels bleibt. Die Ufer des Flusses sind erreicht. Mit dem Tod tritt das Vergessen ein, nur im Wort ist alles zu bewahren. [293]

---

292 Ebd., S. 103.
293 Ebd.

Reisen nach Sarmatien

Huchels *Thrakien* erinnert an geheimnisvolle Mythen, Bobrowskis Gedichte in *Sarmatische Zeit* eröffnen eine historische Landschaft, die zur poetischen Landschaft wird. Die Reisen nach Sarmatien sind eine Ausnahme in der deutschen Literatur. **Johannes Bobrowski** (1917–1965) ist damit bekannt, berühmt und einzigartig geworden.

Gedichte: *keine*

Die Deutschen und der Osten

Diese Reisen sind nicht von der Biografie des Dichters zu trennen; aber es waren durchweg Wanderungen in die Vergangenheit. Zu diesen Reisen gehören auch Begriffe wie „Erinnerung“ und „Gedächtnis“; sie waren organisierend in seinem Denken: „Ich bebaue also das Erinnerungsthema“[294]. Bobrowskis überragendes Thema waren die Deutschen und ihre historische Beziehung zum europäischen Osten. Das übergreifende nationale Generalthema hatte eine individuell-literaturgeschichtliche Ergänzung, erkennbar in der Neigung zum Friedrichshagener Dichterkreis sowie zu Jean Pauls „zwischen grotesker Stilisierung und herzhaft volkstümlicher Frische wechselnden großartigen Humor“[295].

Der Wanderer

Abends, / der Strom ertönt, / der schwere Atem der Wälder,
Himmel, beflogen / von schreienden Vögeln, Küsten / der Finsternis, alt,
darüber die Feuer der Sterne. //
Menschlich hab ich gelebt, / zu zählen vergessen die Tore,
die offenen. An die verschlossnen / hab ich gepocht. //
Jedes Tor ist offen. / Der Rufer steht mit gebreiteten / Armen. So tritt an
den Tisch.
Rede: Die Wälder tönen, / den eratmenden Strom / durchfliegen die
Fische, der Himmel
Zittert von Feuern.[296]

---

294 Johannes Bobrowski: *Dorfgedichte*, in: Bobrowski, Bd. 4, S. 334.
295 Johannes Bobrowski: *Jean Paul. Leben Fibels, des Verfassers der Bienrodischen Fibel*, in: Bobrowski, Bd. 4, S. 349.
296 Bobrowski, Bd. 1, S. 88.

Thematische Fortsetzung

Das Gedicht aus dem Band *Schattenland Ströme* (1962), Bobrowskis zweitem Gedichtband nach *Sarmatische Zeit* (1961), ist am 25. Juli 1960 entstanden. Es setzt die Thematik des ersten Bandes fort: Sarmatien. Ptolemäus hatte im 2. Jahrhundert alle Länder zwischen Weichsel und Wolga bis zum Kaspischen Meer als Sarmatien bezeichnet. Bobrowski nahm diesen Begriff auf, erweiterte ihn durch seine Heimat Tilsit, Rastenburg, Königsberg und die Memel, durch Kriegserfahrungen am Ilmensee und um Nowgorod und sah in ihm eine unzerstörte Einheit von Landschaft, Kultur, Geschichte und beteiligten Menschen. Es war ein vergangener, aber nie zerstörter Begriff für ein Gebiet, das in der Moderne unter Krieg und Zerstörung leiden musste, am nachhaltigsten unter der deutschen Vernichtung im Osten während des Zweiten Weltkrieges, für die sich Bobrowski mitverantwortlich sah. Das wurde das Thema seiner Dichtungen, auch in diesem Gedicht.

Ankunft eines Wanderers

Beschrieben wird die Ankunft eines Wanderers: „Abends" hört der Wanderer die Natur deutlicher als am Tage, da ist sie unverwechselbarer und bestimmender, wie überhaupt diese Landschaft groß – die Memel wird zum Strom, nicht zum Fluss –, schwer, alt und weiträumig ist. Es ist eine genau bestimmte Landschaft an der Memel, es finden sich nur bestimmte Artikel wie „der" Strom. Ein Tag ist vergangen; es ist eine bei Bobrowski oft verwendete Einheit, die als Struktur des Lebens überschaubar wird. Die Menschen sind in dem Gedicht hinter den Türen zu ahnen, sie sind eins mit der gewaltigen Natur, in der sie kaum auffallen. Die Natur dagegen wird mythisiert und personalisiert in Riesen: den Strom, der ertönt, den Wald, der schwer atmet, den Himmel, der zittert von Feuern. Die Menschen sind darin ungefährdet, ihre Türen stehen offen. Wie ein Messias – der Rufer – verkündet er die Größe der Natur, die alles übertönt, zuerst der Fluss, dann die Wälder, deren Leben dem Menschen Ruhe bringt. Das Gedicht beschwört einen Zustand der Natur, der in einem unberührten Kindheitszustand bewahrt ist, ebenfalls eine beliebte Metapher des Dichters (*Kindheit*). Zu diesem Zustand ist der Wanderer unterwegs. In dieser Landschaft sind Unendlichkeit und Frieden spürbar, nach denen sich der Wanderer sehnt. Dieser ist gegenwärtig („ertönt"), aber darüber darf die Vergangenheit nicht vergessen werden („hab ich gelebt"), denn der Vers „An die verschlossnen / hab ich gepocht." ist mehrdeutig. Hatten sich die Menschen aus Angst eingeschlossen und der Soldat sie aufgestört? Der Wechsel zwischen Präsens und Perfekt/Imperfekt gehört zu Bobrowskis bevorzugten Gestaltungsmitteln, um unterschiedliche Zeiten miteinander in Beziehung zu setzen.

Gedichte: Aus: *Lieder von einer Insel* (C), *Böhmen liegt am Meer* (R)

Zu den bedeutendsten deutschsprachigen Schriftstellerinnen des 20. Jahrhunderts gehört **Ingeborg Bachmann** (1926–1973). Aus dem letzten Lebensabschnitt stammt eines der „schönsten"[297] Gedichte Ingeborg Bachmanns:

Böhmen liegt am Meer

Sind hierorts Häuser grün, tret ich noch in ein Haus.
Sind hier die Brücken heil, geh ich auf gutem Grund.
Ist Liebesmüh in alle Zeit verloren, verlier ich sie hier gern.

Bin ich's nicht, ist es einer, der ist so gut wie ich.

Grenzt hier ein Wort an mich, so lass ich's grenzen.
Liegt Böhmen noch am Meer, glaub ich den Meeren wieder.
Und glaub ich noch ans Meer, so hoffe ich auf Land. (…)

297 Hans Dieter Zimmermann: *„Böhmen liegt am Meer"*. In: Text und Kritik. Hrsg. Heinz Ludwig Arnold, Gastredaktion: Lutz Seiler und Peter Walther. Heft 157, Januar 2003, S. 51.

Bezug zu Shakespeare

1964 entstand das Gedicht, gemeinsam mit *Prag Jänner 64*, und wurde mehrfach überarbeitet. Gemeinsam mit drei anderen Gedichten erschien es als Zyklus *Vier Gedichte* im Heft 15 der Zeitschrift *Kursbuch*[298]. Es waren die letzten Gedichte, die Ingeborg Bachmann selbst zur Veröffentlichung gab. Anlass für die beiden Gedichte waren Reisen nach Prag im Januar und Februar 1964; insgesamt entstanden sieben „Böhmische Gedichte“ (Hans Höller)[299]. Ingeborg Bachmann wechselte ihre Lebensorte frei und vielfach, sie pendelte „zwischen verschiedenen europäischen Ländern hin und her“[300]. In der DDR hatte sie Hans Mayer in Leipzig kennengelernt, besuchte Peter Huchel und nahm 1965 am Begräbnis Johannes Bobrowskis teil. 1962 erschien Franz Fühmanns Erzählung *Böhmen am Meer*. Inhaltliche Beziehungen zwischen Fühmanns Erzählung und Bachmanns Gedicht sind schwer herzustellen, „aber dass der Fühmann-Titel bei ihr etwas ausgelöst haben könnte, und sei es unbewusst, ist dennoch nicht auszuschließen“[301]. Inhaltliche Beziehungen sind zu finden: Es geht in beiden Texten um eine Heimat, eine verlorene und eine gefundene. Bei Ingeborg Bachmann wurde das Gedicht zur Beschreibung zum Ende einer Reise und einer Heimkehr.

Böhmen liegt am Meer verknüpfte „die persönliche Erfahrung der Poetin (...) Mit einer allgemein menschlichen Hoffnung, der auf eine Utopie, in der wir endlich zu uns selber finden. Eine im Grunde metaphysische Hoffnung auf ein anderes Land und ein anderes Leben, ein Leben nach dem Tod.“[302] Der Titel geht auf

---

298 Vgl. Ingeborg Bachmann: *Vier Gedichte (Kleine Delikatessen, Enigma, Prag Jänner 64, Böhmen liegt am Meer).* In: Kursbuch 15. Frankfurt a. M.: Suhrkamp Verlag 1968, S. 91–95. Dazu wird angemerkt: „Die Gedichte (...) sind 1963/64 in Berlin geschrieben.“ (S. 198)

299 Zit. n. Hartwig, S. 285.

300 Stoll, S. 106.

301 Hartwig, S. 137.

302 Hans Dieter Zimmermann: *„Böhmen liegt am Meer“*. In: Text und Kritik. Hrsg. Heinz Ludwig Arnold, Gastredaktion: Lutz Seiler und Peter Walther. Heft 157, Januar 2003, S. 52

Shakespeare zurück: In *Wintermärchen* (1610) lautet der Szenenhinweis im 3. Akt, 3. Szene: „Böhmen, eine wilde Gegend am Meer." Die Szene beginnt mit der Frage, ob das „Schiff gelandet (sei) / An Böhmens Wüstenei'n". Die Bachmann lehnte sich rhythmisch und geistig an Shakespeare und seine Übersetzer August Wilhelm Schlegel und Tieck an, sie nennt ein Böhmen, das wie bei Shakespeare fiktiv ist. Es ist das Land der Poesie. Die Reise im Januar 1964 von Berlin nach Prag bedeutete für die Autorin eine Art Heimkehr in das vergangene Kaiserreich Österreich-Ungarn. Traditionen waren vorhanden: „Die Wiederbegegnung mit dem böhmischen Erbe ihrer Herkunft riss sie aus dem Dunkel des persönlichen und geografischen Exils. Das *Königreich* ihres Schreibens lag innerhalb des untergegangenen Vielvölkerstaates, nur hier war sie wirklich zu Hause."[303] Es war eine Ankunft im Erinnerbaren. Ein Ergebnis war das Gedicht. 1965 las Ingeborg Bachmann das Gedicht anlässlich der 600-Jahr-Feier der Universität Wien und auf Einladung der Österreichischen Gesellschaft für Literatur im Palais Palffy.[304] Man verstand es als ein Bekenntnis zu Österreich. Martin Mumme, einer der Bekannten der Bachmann, hielt es sogar für „‚das schönste Gedicht des 20. Jahrhunderts'".[305] Aus dem subjektiven Wohlbefinden, das die Bachmann bei ihren zwei Aufenthalten im Januar und Februar 1964 in Prag umfing, wurde die Metapher vom glücklichen Böhmen. Dorthin wurden alle gerufen, die ebenfalls glücklich sein wollten, gleichgültig woher sie waren. Böhmen wurde zum Inbegriff der Glückseligkeit.

Bekenntnis zu Österreich

---

303 Stoll, S. 270.
304 Ebd., S. 284.
305 Zit. n. Hartwig, S. 204.

Gedicht: *Dein Haar überm Meer* (K)

Im Mai 1948 waren sich Ingeborg Bachmann und **Paul Celan** (eigentlich: Antschel, sein Name Ce-lan ist ein Anagramm; 1920–1970) begegnet. Sie hatten eine mehrfach unterbrochene Liebesbeziehung. Beide Dichter gelten als die bedeutendsten Repräsentanten einer sprachexperimentell orientierten modernen deutschsprachigen Poesie.

Thema Holocaust

Die Hauptthemen von Celans Lyrik sind Schuld und Verbrechen an den Juden: Schuldig fühlte er sich, weil er glaubte, er habe seine Eltern im Stich gelassen, die im Holocaust umkamen. Den Verbrechen der Nazis war auch er ausgesetzt, er überlebte jedoch (*Todesfuge*, 1945). Auf Grund seiner Herkunft sprach Celan Rumänisch, Ukrainisch, Jiddisch, Hochdeutsch und lernte Hebräisch. Das ergab eine ständige Auseinandersetzung mit Sprache; seine Dichtungen sind sprachintensiv, bis ins einzelne Wort bedarf es einer Entschlüsselung, die Celans hermetische Gedichte aber nicht restlos erhellt. Der Sprache gehörte seine Aufmerksamkeit, doch er „erfand" sie für sich neu, um dichten zu können. Er wählte eine Gruppe von Schlüsselwörtern, die diese Dichtung dominierte: Nacht und Dunkel, Sand und Asche. In diese Wörter bannte Celan die Erinnerung an die Toten.

Heimatlosigkeit

Celans Leben war heimatlos, es wurde vom Unterwegssein bestimmt. Er hat 1958 in seiner Bremer Rede darauf Bezug genommen, sprach über die „Landschaft" aus der er kam, auf „welchen Umwegen! Aber gibt es das denn: Umwege?". Er verglich „das Erreichbare, fern genug, das zu Erreichende hieß Wien" und fügte hinzu: „Erreichbar, nah und unverloren blieb inmitten der Verluste dies eine: die Sprache."[306] Über Rudolf Alexander Schröder und Rudolf Borchardt kam er zur Dichtung; aus seinen Wegen, Umwegen, Irrwegen durch Landschaften und Sprache entstand

---

306 Celan, S. 183 f.

„Ereignis, Bewegung, Unterwegssein, es war der Versuch, Richtung zu gewinnen.“[307] – Traditionelle Reise- oder Wandergedichte entstanden nicht, Celans Gedichte müssen vom Wort her erschlossen werden. Jedes Wort bildet ein Universum, dessen Wortfeld, Tradition und mögliche ritualisierte Verwendung der Leser sich anzueignen hat, um den im Wort enthaltenen Vorgang zu verstehen. Deshalb sind die Verse oft kurz und bestehen manchmal nur aus einem Wort, um die Konzentration darauf zu lenken.

Anabasis

Dieses / schmal zwischen Mauern geschriebne / unwegsam-wahre
Hinauf und Zurück / in die herzhelle Zukunft. //
Dort. //
Silben- / mole, meer- / farben, weit / ins Unbefahrne hinaus. //
Dann: / Bojen-, / Kummerbojen-Spalier / mit den
sekundenschön hüpfenden / Atemreflexen –: Leucht- /
glockentöne (dum-, / dun-, un-, / *unde suspirat / cor*), / aus- / gelöst, ein- /
gelöst, unser. //
Sichtbares, Hörbares, das / frei- / werdende Zeitwort: // Mitsammen.[308]

Antiker Kriegszug

Hätte *Anabasis* (aus dem Band *Die Niemandsrose*, 1963) nicht seine Überschrift, wäre es kaum verständlich. Der Leser wüsste nicht, dass es sich dabei um ein großes Unterwegssein handelt, um einen persischen Kriegszug 401 v. d. Z. mit einem griechischen Heer unter Führung des persischen Prinzen Kyros nach Kleinasien, um seinem älteren Bruder die Macht abzuringen. Zwar siegten die Griechen, aber Kyros fiel und so wurde der Plan hinfällig. Der Historiker Xenophon führte die beteiligten Griechen – wohl 10.000 – auf einem langen Marsch zurück. Den Bericht darüber betitelte er *Anabasis* (Hinaufmarsch; der Weg ins Landesinnere

---

307 Ebd., S. 184.
308 Paul Celan: *Die Niemandsrose. Gedichte*. Berlin: Verlag Volk und Welt 1983, S. 58 f.

weg vom Meer). Der gewaltige und berühmte Marsch ist in dem Gedicht als Vorgang nicht zu finden, obwohl es ihn betrifft. Alles ist in dem „Hinauf" als Übersetzung von *Anabasis* konzentriert und das Ergebnis im „Zurück", woraus sich ein neuer, utopischer Ansatz ergibt, „die herzhelle Zukunft". Lag der Ausgangspunkt des Marsches in Sardes nahe dem Mittelmeer, so das neue Ziel in Trapezus am Schwarzen Meer. „dort" ist der Ort, das Dort wird durch maritime Wörter markiert (-mole, meer-, ins Unbefahrne): Xenophon führte die Griechen ans Schwarze Meer. Bekannt wurde der Ausruf der das Ziel Erreichenden: „Thalatta! Thalatta! (Das Meer! Das Meer!)" Dem Ort folgt im Gedicht das Dann, die Zukunft. Unterschieden vom Ort wird es durch einen Doppelpunkt, der Weiterführendes verlangt statt des abschließenden Punktes: Es liegt am Meer, in einer gestalteten Landschaft, Hafengelände ist angedeutet mit den Bojen und der Hafenglocke am Meer mit den Glocken „dum-, dun-, un-,", die auf die zeitlich ferne Motette von W. A. Mozart (KV 165) weisen: unde suspirat cor – unter denen das Herz seufzt. Dann werden die Menschen nicht mehr gegeneinander ziehen und kämpfen, sondern „Mitsammen" leben. Aus dem antiken Geschehen wird der Weg in die ferne Zukunft über das Christentum geführt, die Zukunft ist die Utopie der Gemeinsamkeit. Das wird eine andere Welt sein, in der die Versprechen „eingelöst" sind; nicht zufällig erinnert das folgende Wort „unser" an das Vaterunser: Immer erbeten, erhofft wird es kommen, womit das Verb „einlösen" frei wird für die nächste Utopie. Der Marsch der Zehntausend wird die Zukunftssuche nach der Niederlage und daraus schließlich der Zug in die Zukunft, in die erfüllte Utopie, aus der der Marsch zur nächsten Utopie weitergeht. Es ist ein gewaltiges Reisegedicht, und doch ist von einer Reise buchstäblich nichts zu lesen, aber in der verwendeten Sprache von deren Stationen.

Der utopische Charakter des Gedichts ermöglicht nicht nur eine Lesart. Der Dichter **Jürgen Theobaldy** (geb. 1944) sah im „Unbefahrnen" einen Aufbruch: „Der Aufbruch, einmal ‚ausgelöst' und selbst Erwartungen auslösend, wird durch das Gedicht ‚eingelöst' und somit ‚unser'."[309] Das Unbefahrne lässt eine weitere Deutung zu: 1965 schrieb **Karl Mickel** (1935–2000) das Gedicht *Odysseus in Ithaka* – erstmals erschienen in der an Dante erinnernden Sammlung *Vita nova mea* (1966) –, das mit dem Aufbruch Odysseus' ins Unbekannte, der Version Dantes vom Schicksal des Odysseus, endet: Auch dieser Aufbruch war die Reise in „Unbefahrnes", um Utopien in die Wirklichkeit zu holen. Wie bei Mickel kann es auch bei Celan an Gestalten wie Odysseus erinnern.

Utopischer Charakter

Gefahren des Reisens im Alltag

Auch in Grass' Schaffen finden sich zahlreiche Reisen, meist als Handlungselemente seiner Prosa (*Das Treffen in Telgte*, 1979). Der Nobelpreisträger **Günter Grass** (1927–2015) reiste vielfältig: durch die Welt, durch Deutschland, durch die Poesie, durch die Geschichte und durch das Reich der Fantasie. Oft verband er mehrere Ziele miteinander. Zumeist entstanden daraus weltberühmte Romane und Erzählungen, manchmal, als Beigabe zu den epischen Werken, auch Gedichte.

Bachmann und Grass

Gedichte: keine

---

309 Jürgen Theobaldy: *Die Dichtung ist unterwegs*, in: Reich-Ranicki, 8. Bd., S. 350.

Zum Fürchten

Im Wald laut rufen. / Die Pilze und Märchen / holen uns ein. //
Jede Knolle treibt jüngeren Schrecken. / Noch unter eigenem Hut,
doch die Angsttrichter rings / sind schon gestrichen voll. //
Immer war schon wer da. / Zerstörtes Bett – bin ich es gewesen?
Nichts ließ mein Vorgänger stehn. //
Wir unterscheiden: schmackhafte / ungenießbare giftige Pilze.
Viele Pilzkenner sterben früh / und hinterlassen gesammelt Notizen. //
Reizker, Morchel, Totentrompete. //
Mit Sophie gingen wir in die Pilze. / Das war, als Napoleon nach Russland zog.
Ich verlor meine Brille / und nahm den Daumen; / sie fand und fand.[310]

Durch Wald und Märchen

Das lyrische Subjekt wandert mit Sophie in die Pilze; es wird ein langer Weg, führt er doch nicht nur durch den Wald, sondern auch in die Märchen. Eins davon ist das von der Liebe, das beide für sich wirklich werden lassen auf ihrer Wanderung, während Napoleon nach Russland zog. Hinzugegeben wurde eine Lithografie mit Pilzen mit deutlich phallischer Ausstrahlung.

Bildende Kunst und Lyrik

Grass war nicht nur Schriftsteller, sondern auch bildender Künstler; für ihn kam das Zeichnen dem Gedicht am nächsten. Das wurde besonders in dem Band *Mit Sophie in die Pilze gehen*, 1976 als Mappe und 1987 als Buch, deutlich. Der Band bereitete den Roman *Der Butt* (1977) vor; darin unternimmt der Ich-Erzähler eine Reise durch dreitausend Jahre. Es ist aber nicht nur eine Reise durch die Geschichte, in diesem Gedicht geht es um Napoleons Marsch nach Russland 1812, sondern auch eine Reise durch die Sexualität und Erotik der Jahrtausende. Das Gedicht *Zum Fürchten* verwendet ein Märchenmotiv – das Fürchten – und einen märchenhaften Ort: den Wald. Beides spielte in der Romantik eine große Rolle; die Zeit, in der das Gedicht angesiedelt wird, ist die

---

310 Günter Grass: *Mit Sophie in die Pilze gegangen. Gedichte und Lithographien.* München: Deutscher Taschenbuch Verlag 1995, [S. 10].

Romantik, denn in dieser Zeit zog Napoleon nach Moskau. Es wird „eine Gegenkraft in einer allzu platt rationalen Welt. Dem ‚Verlieren' des klareren Gesichtssinns und dem Zurückgeworfensein auf das Tasten, das ‚Gefühl', korrespondiert dabei das traumsichere, glückhafte Finden."[311] Es verbindet sich mit erotischer Hoffnung, die das Ich auf Sophie richtet, mit der er unterwegs ist. Symbol dieses Hoffens ist der Pilz; der Volksmund scheint das Ich zu bestätigen: „Erst ging'se in die Pilze, / nun stillt'se. / Sch … pilze."[312]

Rückkehr zur Tradition

Die Beispiele von Brecht (*Der Radwechsel*) und Grass zeigen, dass nach dem Zweiten Weltkrieg, nach Vertreibung und Exil, verbunden mit massenhaften fluchtbegründeten Reisebewegungen, die Dichter in der Nachkriegszeit zur Normalität des Reisens, der Wanderungen und des Unterwegsseins zurückkehrten. Dies setzte auch die nachfolgende Autorengeneration, die Krieg und Vertreibung kaum selbst erlebt hatte, fort. Doch war der Anschluss an Traditionen nicht mehr bruchlos möglich, denn die Zeit ungebrochener Naturbetrachtung, Reisen durch ungefährdete Gegenden und des Unterwegsseins in einer naturgewachsenen Landschaft waren vorbei. Nun begannen die Dichter, die Gefahren und Bedrohungen, etwa durch einen Atomkrieg oder durch Umweltverschmutzung, mitzudenken. Das war etwa ein Thema bei **Wulf Kirsten** (geb. 1934 in Klipphausen bei Meißen), den Martin Walser als den „Autor der eigensinnigsten Gedichte der Weltliteratur"[313] bezeichnete.

Gedicht:
ausflug (C)

---

311 Volker Neuhaus: *Nachwort*, in: ebd., [S. 49]
312 Zit. n. ebd.
313 Martin Walser: *Das waren Freudentage*, in: DER SPIEGEL vom 8. Juni 2019, Nr. 24, S. 116.

abendgang

im dunkel liefen wir ins nächste dorf.
leicht übers flachland hob sich die hügelkette:
hebungen, senkungen, wettinisch.
wir nahmen nur noch die umrisse wahr,
den saum aus sperrigem astwerk,
stillgelegter weinberge verworrene zeichen.
unkenntlich schon das grab des generals,
der unter Napoleon diente.
in Seeben richteten die frauen das abendbrot,
ihre bewegungen, hart gezeichnet im licht,
unterschieden sich nicht.
durch die geöffneten fenster quoll küchendunst.
lehmgemäuer flankierten die gasse,
scheunenwände mit kugeleinschlägen.
von salven punktiert die jahreszahl
neunzehnhundertdreiundzwanzig –
in der blutspur der erhebungen
liefen wir stadtein.[314]

Unzeitgemäß

Die Gedichte des Bandes *der bleibaum* sind zwischen 1973 und 1975 entstanden. Sie muten märchenhaft-archaisch an, oft mit unbekannt-altertümlichem Wortmaterial angereichert. Auf diese Weise entstehen unverwechselbare Landschaften vorwiegend sächsischer, lausitzscher oder böhmischer Herkunft, durch die das lyrische Subjekt, auch als Gemeinschaft „wir", zieht. Sowohl in der Wortwahl als auch in den Objekten fehlen Modernismen. Die Gedichte wirken unzeitgemäß, aber dauerhaft gültig. Sie sind auf die einfachen Menschen der Region gerichtet, in einem ernsthaften Sinn bekannt und volkstümlich, wie es Kirsten bei seinen Vorbildern Huchel und Bobrowski gefunden hatte. Prägend sind auch Kirstens Zeiten: Oft sind seine Gedichte am Tagesbeginn oder am Abend angesiedelt; daraus ergibt sich ein Dämmerzustand, der die

314 Wulf Kirsten: *der bleibaum. Gedichte*. Berlin und Weimar: Aufbau-Verlag 1977, S. 56.

Menschen in ihrer Umgebung verschwimmen lässt. Nur wenn sie ins Licht treten, sind sie „hart gezeichnet". Das lyrische Subjekt versichert sich im Kreis von Freunden der Vergangenheit, indem es seine Landschaft erwandert. Es ist eine sächsische Landschaft; mit dem Hinweis auf „wettinisch" wird das bis 1918 regierende Herrscherhaus der Wettiner angesprochen, deren Herrschaftsgebiet einst Thüringen und Sachsen umfasste. Das lyrische Subjekt und seine Freunde erkunden eine Landschaft, die geheimnisvoll, mythisch und historisch (wettinisch, 1923), aber auch sozial erkennbar und altertümlich-traditionell (Lehmgemäuer, Gasse) geprägt ist.

Gliederung in zwei Teile

Das Gedicht gliedert sich in zwei Teile, geschieden durch den Ortsnamen Seeben: Das einstige Dorf ist heute ein Stadtteil von Halle (Saale). Dazu werden ein mythisch-historischer und ein sozial-politischer Beitrag miteinander konfrontiert: Einerseits gibt es dort einen auffälligen Stein, der vermutlich aus der Jungsteinzeit stammt und als „Franzosenstein" bekannt ist. An ihn knüpfen sich zwei Legenden: Der Teufel soll ihn vom Petersberg geschleudert haben bzw. ein französischer Offizier soll unter ihm begraben worden sein, der im Gefecht bei Halle am 2. Mai 1813, während der beginnenden Befreiungskriege, dort gefallen ist. Andererseits erinnert die eingefügte Jahreszahl an die Staatskrise der Weimarer Republik 1923, verbunden mit mehreren Besetzungen, Aufständen usw. In Sachsen und Thüringen bildeten sich damals Regierungen aus SPD und KPD, es wurden proletarische Hundertschaften gebildet, gegen die die Reichsexekution ausgerufen wurde. Die Reichswehr ging gegen Kommunisten vor; es gab Tote und Verwundete. – Hier wird die jüngere Vergangenheit nicht nur erschlossen, „sondern ist zugleich Ausgangspunkt für die Rückschau in eine geschichtliche Ferne, die in der Gegenwart weiterwirkt. Die ‚blutspur der erhebungen' bezeichnet den Weg der Herkunft, dem sich der Dichter verpflichtet weiß"[315]. Beide Entwicklungen gehen in der weiterführenden neuen Struktur „stadtein" auf: Deutlich veränderte sich in der Gegenwart das ländliche Leben, das zunehmend urbanisiert wurde. Dörfer wurden an die Städte angeschlossen, damit sie sich effizienter verwalten ließen. Eine derartige Übersicht während einem „abendgang" zu bekommen, gehört zu den Besonderheiten der Lyrik Kirstens. Er „erkundete seine Herkunft und die seiner Vorfahren. Zugleich eröffneten die geschichtlich weiträumig gespannten, in die Gesamtkomposition des Bandes eingebundenen Verse Ausblicke auf Zukünftiges. Die Landschaft geriet derart in Bewegung, der Mikrokosmos Provinz spiegelte den Makrokosmos Welt."[316]

Gedichte: *Bestimmung* (K), *Tagtraum* (R)

Ebenfalls von der sächsischen Herkunft ausgehend und in die Landschaft der Vorfahren fahrend, wird die Reise zur Begegnung mit Geschichte beim Georg-Büchner-Preisträger **Volker Braun** (geb. 1939).

Landwüst

Natur, wie zieht mich, mit grüner Schlinge / Das Blühen an, das Lodern
Des Winds auf den kahlen Kuppen / Und die harten halten mich,
die verbohrten
Kirschbäume, auf den Schiefern! //
Aber ich geh / In die Wälder, wo sie am dichtesten sind
Auf die gelassene Erde / Und seh sie gedreht und gewendet
Von Hand, und der Hang menschlich / Bestanden mit grüner Erfahrung.
Noch unter dem Dorf / Unter Disteln und Fladern verschollen
Spür ich ein Dorf / Meiner Voreltern Schlag /
Und aufgebrannt der Welt ein Fleck / Zum Leben. //
Und der Berg, herzieht der mich ab- / Gerichtet. Fingerhut
Welch blutiges Rot. Den harten Zügen / Folge ich, Haufen

---

315 Heinz Czechowski: *Nachbemerkung*, in: Kirsten, ebd., S. 113.
316 Jürgen Engler: *Fortschritt und Rückblick. Wulf Kirsten: „der bleibaum"*. In: NDL (Neue Deutsche Literatur). Berlin: Aufbau-Verlag, 1977, Heft 8, S. 140.

Leichnamen der Geschlachteten. / Eisern noch
Strahlt der Morgenstern hier. Und ungestalt
Scheint alles Leben, wild / Und unbetreten die Tage. //
Natürlich bleibt nichts. / Nichts bleibt natürlich.
Die Signale wachsen gelb, in den / Acker. Ställe
Steigen herauf zu den Burgen / Der Silos. Traktoren unter den Peitschen-
Lampen. Ich Nachfahr / Lauf über die grauen Entwürfe
Ohne Geduld. //
Wirtsberg / Rundblick 360 Grad
Der voll Winkel der Zukunft: gefüllt schon / Ein Streif.[317]

Abfolge der Geschlechter

Als das Gedicht zuerst 1974 im Band *Gegen die symmetrische Welt* erschien, unterschied sich seine zweite Hälfte von späteren Variationen. Auffallend waren die „Vorvoreltern" statt der „Voreltern", statt „ab-/gerichtet" „abgerichtet / Für Galgen", statt „Leichnamen der Geschlachteten" „Leichnamen der geschlachteten Bauern", statt „gelb" „grün" u. a.[318] Zwei Fakten wurden in der frühen Fassung herausgestellt: Das lyrische Subjekt stellte sich nachdrücklich in die Abfolge der Geschlechter und der Geschichte, sah sich historisch begründet und historisch vergehend, während die Landschaft in der Veränderung bestehen bleibt und neue Schönheiten bekommt: Statt der Burgen entstehen Silos, statt der Waffen wie Morgensterne Traktoren. Das gehörte zu einem Vorgang, der nicht nur Braun, sondern die Dichter seiner Generation betraf: Es war „ein heiteres, fast selbstverständliches Inbesitznehmen der den Menschen gemäßer werdenden Landschaft"[319]. Die Ahnen des Ichs reichten in den Bauernkrieg zurück, in dem sich bei Landwüst ein großes Feldlager der „Christlichen Brüder" befand. Sie waren Bauern, beteiligt am Krieg und betroffen von der Vernichtung. Der

---

317 Braun, Bd. 4, S. 85 f.
318 Volker Braun: *Gegen die symmetrische Welt*. Halle (Saale): Mitteldeutscher Verlag 1974, S. 27 f.
319 Christel und Walfried Hartinger: *Nachwort*, in: Volker Braun: Gedichte. Leipzig: Reclam 1979 (3., erweiterte Auflage) RUB 51, 1979, S. 145.

andere wesentliche Unterschied: Das Ich war ungeduldig; die Entwicklung ging ihm zu langsam, aber aus dem „grün“ von 1974 wurde nun 1989 nach dem Ende der DDR „gelb“, die Hoffnung auf Entwicklung geriet ins Stocken, die Ungeduld blieb. – Das lyrische Subjekt, dem in Dresden geborenen Autor ähnlich, reist in die Landschaft seiner Ahnen, ins Vogtland: Landwüst (seit dem 1. Januar 1999 nach Markneukirchen eingemeindet) und Wirtsberg sind bekannte Ausflugsziele. Vom 664 m hohen Wirtsberg, eine „kahle Kuppe“ und baumfrei das Elstergebirge überragend, ist der Blick frei vom südwestlichen Erzgebirge über das Egerbecken bis an die bayerische Grenze. Das lyrische Ich bei Braun hat seine Hoffnung nicht aufgegeben, dass nicht nur ein Streif – gemeint war die Landschaft seiner Ahnen im Vogtland/Sachsen –, sondern einst „der volle Winkel der Zukunft“ gefüllt sein werde. Die Reise des Ichs ins Vogtland galt touristischen Zielen, sie wurde eine Reise in die Familiengeschichte, in die Geschichte und in die Zukunft. Aus der touristischen wurde eine fiktiv-fantastische Reise.

Gedichte: keine

Thomas Rosenlöcher (geb. 1947) hat in seinen Gedichtbänden *Ich lag im Garten von Kleinzschachwitz* (1982) und *Schneebier* (1988) aus Orten, die es zu bereisen gilt, ein großes Verzeichnis entwickelt, an dessen Spitze die heimatliche Elbe und das Elbtal stehen. Landschaften sind ihm schön, aber der Lyriker hat Angst um sie. Er sah und sieht die Landschaften bedroht von Industrie und Technik; schon frühzeitig war Rosenlöcher ein Warner und Umweltschützer, als diese Begriffe noch Seltenheitswert hatten.

Ausfahrt

Die halbe Nacht bist du gefahren, / quer durch das Land hierher,
in seiner Majestät nach Jahren / erstehn zu sehn das Meer. //
Und gehst längs eines Felds umflirrt / von mohndurchschossnem Gelb,
da zwitschernd eine Lerche schwirrt, / als gälte es die Welt, //
die scharfgeschnittnen Hügel an. / Und wirklich kommt zur Linken
das Meer bis an das Dorf heran / als krauses Kräuselblinken, //
da sich über den Hügelrand / ein Riesengletscher schiebt,
und du dastehst und unverwandt / schaust: Dass es Wolken gibt. //
Hals über Kopf losläufst und schreist, / nicht weißt, wohin dich wenden.
Das Meer, das links ein Zipfel war, / liegt nun an allen Enden, //
Und dehnt sich aus rings um dich her, / unnahbar nah im Bogen,
und hinter ihm ist noch ein Meer / ergrauend aufgezogen. //
Bis an den fernsten Himmelsstrich / von Schiffen überwacht.
Und auf den Inseln drehen sich / die Fledermausohren der Macht. //
Doch deine Augen halten fest, / dass dich, glanzübersonnt,
ein drittes Meer mitfahren lässt, / bis hintern Horizont.[320]

Reise an die Ostsee

Die in dem Gedicht 1988, also kurz vor der Wende, beschriebene Reise geht an die Ostsee, beginnend in Dresden, Rosenlöchers Heimatstadt. Für den Binnenländer ist die Fahrt an die See ein großes Erlebnis; das wird in diesem Gedicht deutlich: Das lyrische Subjekt fährt im Juni – der Ginster blüht und ist „mohndurchschossen". Anzunehmen ist, dass die Fahrt auf die Insel Hiddensee geht, die im Mai und Juni durch blühenden Ginster geprägt wird und deren scharfgeschnittener Hügel der Dornbusch ist. Hinzu kommt die mehrfache Sicht auf das Meer: Zuerst wenn man sich der Insel nähert und auf der Überfahrt sieht man den Bodden und seine Verbindungen zum Meer, dann auf der Insel das Meer ringsum und schließlich die Wolkenwand, die wie ein drittes Meer wirkt. Mitten in diesem unbegrenzt scheinenden Meer sind aber die Grenzsicherungen: Die Schiffe auf dem Meer sind Wachboote und die Abhöranlagen sind die des DDR-Sicherheitsdienstes. Spätes-

---

320 Rosenlöcher, *Schneebier*, S. 16 f.

tens dort ist die Reise zu Ende: Wenn das lyrische Subjekt bereits zuvor völlig verunsichert wegläuft, dann vor diesem Widerspruch von unbegrenzter Weite des Reisens und geringer Möglichkeit. Der Wechsel von vier- und dreihebigen jambischen Versen tendiert zum Rhythmus eines Volkslieds und weist damit auf Bewegung.

Wanderung in den Harz

Thomas Rosenlöcher dachte 1990 über Gehen, Wandern und ihre Bedeutung für Dichtung nach. Er bezog sich absichtsvoll auf Heinrich Heine und dessen *Harzreise*, die er in den Titel seiner Schrift *Die Wiederentdeckung des Gehens beim Wandern. Harzreise* (1991) aufnahm. Der Ich-Erzähler, bis hin zur äußerlichen Beschreibung als der Autor zu erkennen und dessen Ironie, teils auch einen ungewohnten Zynismus verwendend, macht sich am 1. Juli 1990 auf zur Wanderung „in den Harz“ [321]: Es ist der Tag der Einführung der Deutschen Mark im Osten. Bereits zu Beginn seiner Wanderung, auf den Stationen vor dem Harz, erlebt er historische Veränderungen und bringt sie, unter Nutzung des berühmten Goethe-Wortes über die Schlacht von Valmy, zur Erkenntnis: „Von hier und heute ging einer der größten Bankrotte der Weltgeschichte aus, und unsereins musste sagen, er wäre dabei gewesen.“ [322] Er erinnert an Kronzeugen deutscher Reisedichtung wie Klopstock, Seume, Goethe, wandert zu Orten Heines wie Göttingen usw., aber das frühere Reisen, Wandern und Unterwegssein sind längst abgelöst worden von einer modernen Art des Reisens, wenn schon nicht mit chromglitzernden Autos, dann sind „ganze Büros“ unterwegs und: „Scharenweise grölten sie aufwärts.“ Der wandernde Dichter mit Rucksack und sich lösenden Sohlen sieht sich als „die Verteidigung des wirklichen Wanderns“ [323]. Sein skeptischer Be-

321 Rosenlöcher, *Die Wiederentdeckung des Gehens beim Wandern*, S. 9.
322 Ebd., S. 16.
323 Ebd., S. 76.

richt über das Wandern wird zum skeptischen Bericht über die historische Situation und deren Entwicklung und zur ernüchternden Bestandsaufnahme von Reisedichtung.

Ausblicke

Beliebigkeit und Belanglosigkeit

In der Zeit seit 1960 wurden die Anlässe für Wandern und Reisen immer unverbindlicher. Tourismus, schließlich in der Form des Massentourismus, trat mit seinen Belanglosigkeiten an die Stelle. Das wird auch in der Lyrik deutlich, die in dieser Zeit entstand: Sie widmet sich nebensächlichen und beiläufigen Vorgängen; von den geschichtlichen, politischen und sozialen Spannungen werden kaum einmal Vorgänge abgezogen und in diese Lyrik eingebracht. – Einzelne Sammelbände geben Übersichten über den Stand oder mindestens Hinweise zu sinnvollem Reisen wie *Gedichte für Reisende*, hrsg. von Anton G. Leitner und Gabriele Trinckler.[324] Darin stehen neben Gedichten klassischer auch Gedichte aktueller Autoren u. a. von **Ilma Rakusas** (geb. 1946) *Meerwärts* (2013), das diese Entwicklung beschreibt: Alles Sehenswerte wird beliebig, als Meer kann es „gelb sein oder / schwarz weiss oder rot“, geografisch „persisch indisch pazifisch“ und der Reisende selbst kennt sich „nicht mehr“[325]. Das lyrische Subjekt nimmt dieses ruhelose Leben als ihres an und es wird auch ihrer Biografie gerecht; aber darüber hinaus wurde das Gedicht der erfolgreichen und produktiven Schweizer Autorin und Übersetzerin, die als glühende Europäerin gilt, zur Beschreibung eines literarischen Zustandes. Schon früher hatte der DDR-Lyriker **Günter Kunert** (geb. 1929), der 1975 als Gastdozent an der University of Warwick lehren durfte, seinen Zielen in Reisegedichten kaum Beeindruckendes abgewinnen können:

---

324 Anton G. Leitner, Gabriele Trinckler (Hrsg.): *Gedichte für Reisende*. München: dtv, 2015.
325 Ilma Rakusa: *Meerwärts*, in: ebd., S. 57 f.

Blists Hill nahe Ironbridge

Die Umgebung einsam und düster / wie er Mittelpunkt: /
zerbrochene Ziegelei
verfallene Eisenschmelze / verschorftes Metall gebeingleich
aus dem Lehmboden gewaschen …[326]

Fluchtpunkt

Kunert sah in England Zerstörungen, ahnte die Bedrohung der Erde durch die Ansprüche der Industrie, und seine Zukunftsbild wurde immer pessimistischer; es hat sich auch im Laufe der Zeit nicht aufgehellt. Die Bedrohung der Menschheit wird allein in den Metaphern deutlich, die aus dem Wortfeld von Tod und Vergänglichkeit genommen wurden (verschorft, gebeingleich usw.). Aber auch der westdeutsche Schriftsteller **Hans Magnus Enzensberger** (geb. 1929) vertrat einen ähnlichen Standpunkt:

Kleiner Abgesang auf die Mobilität

Es war kalt in Bogotá. / Alle Restaurants hatten Ruhetag / in Mindelheim
an der Mindel.
Auf Fidji strömender Regen. / Helsinki war ausgebucht. / In Turin streikte
die Müllabfuhr.
Überall Straßensperren / in Bujambara. Die Stille / über den Dächern von
Pécs war der Panik nahe. / Noch am ehesten auszuhalten /
war es unter dem Birnbaum zu Hause.[327]

Abgesang auf das Reisen

So wenig Besonderheiten des Reisens genannt werden, so wenig bedürfen diese Gedichte eine intensive Interpretation, denn sie dokumentieren – und wollen das so – die Sinnlosigkeit heutigen Reisens, stattdessen erinnern sie an alte Tugenden, für die in diesem Fall der Birnbaum steht. Wer will, kann bis zu Theodor Fontanes Ballade *Herr von Ribbeck auf Ribbeck im Havelland* (1889) weiterdenken, in der ein Birnbaum die Hauptrolle spielt.

---

326 Günter Kunert: *Blists Hill nahe Ironbridge*. In: Ulrich Berkes und Wulf Kirsten (Hrsg.): Vor meinen Augen, hinter sieben Bergen. Gedichte vom Reisen. Eine Anthologie. Berlin und Weimar: Aufbau-Verlag, 1977, S. 145.

327 Enzensberger, S. 225.

In den letzten Jahren entstand im Strom der zahlreichen Gedichtbände aber auch eine Lyrik mit überraschenden Ansätzen für eine neue Sicht auf das Reisen, Wandern und Unterwegssein. Das erfolgte parallel zu einer Besinnung auf die Möglichkeiten der Naturlyrik und ist sicher eine Reaktion auf die zunehmende Gefährdung der Erde durch die Klimaentwicklung und die sich potenzierende Hektik im Tourismus. Ein Ansatz war, dass lyrische Begabung mit wissenschaftlicher Ausbildung gepaart wurde, woraus spannungsvolle Poesiekonzeptionen entstanden. Eine davon entwickelte die erfolgreiche Lyrikerin und Romanautorin **Silke Scheuermann** (geb. 1973 in Karlsruhe); man ehrte sie 2014 u. a. mit dem Hölty-Preis für *Skizze vom Gras*. Sie steht in einer Vielzahl literarischer Traditionen ihre Besonderheit ist die Lösung davon und auch der Ausbruch aus dem bisher zur Verfügung stehenden Wissen, das nur noch ermöglicht, „nicht zu begreifen“. Alte philosophische Fragen des Verstehens werden neu gestellt.

Aktuelle Entwicklungen

Massentourismus und Klimakrise

Pollen

Ich würde später verstehen, hieß es, / erst einmal eine Reise tun.
Als wüsstest ihr nicht, wie es sich anfühlt, / unwissend unterwegs zu sein.
Zu fliegen in dem Bewusstsein, / nicht zu begreifen, weshalb
man über die Erde gleitet, über die / Gräser am Gartenrand, die halb
offenen Tulpen. Als Kinder, / die pubertierten, wart ihr mir ähnlich.
Immer ein wenig zu weich und zu weiß, / seidig, bei Gott, aber ohne
bestimmte Kontur,
die man nachvollziehen, begreifen kann. /Ohne einen anderen Namen
als jenen, der noch nicht passte, nach dem sich / umzudrehen noch keinen
Sinn macht,
nicht wirklich. Alles noch Übung, / Lehrschule, Stoff, Hoffnung, dass,
irgendwann,
endlich, deine stolzeste Stimme erklingt, / behauptet, dass „Ich“ etwas ist,
das befruchtet ist, einem höheren / Wunsch nachgibt, Leben schafft.

Und ich habe endlich die Ahnung, / wohin es, vielleicht, geht –
aber dann diese Willkür: / leicht zunehmender Wind,
und ich werde umgelenkt, / mein Unmut, mein Unverständnis.
Da war nie ein Ziel für mich. / So ist es kein Ankommen.[328]

Prosaischer Ton

Ungewöhnliche Schritte werden vom lyrischen Subjekt im fast prosaischen Ton getan, um in unbekannte Bereiche des Wissens – und des Glaubens (?) – einzudringen. Die Klarheit und Eindeutigkeit des verwendeten Wortmaterials, der Verzicht auf Metaphern folgen dem Anspruch: „Lehrschule, Stoff, Hoffnung" sollen eine neue Qualität des Ich schaffen. Das erklärt den Titel: Das ist der Pollen für die andere Entwicklung. Die Grenzen zwischen Bereichen, etwa zwischen Genetik und Kunst, werden zu fließenden Grauzonen, „endlich die Ahnung". – Der veränderte Zugriff zu Unterwegssein war die Folge einer langfristigen intensiven Beschäftigung mit der Natur, Scheuermann sieht den Menschen gegenüber der Natur „tief im Gestrüpp der Schuld"[329]. Nur eine Renaissance, eine *Zweite Schöpfung*, eingeleitet vom Menschen, wäre eine Lösung, dass ausgestorbene Tiere und Pflanzen – Bison, Dodo und alle anderen Opfer – wieder erscheinen. Aber die Hoffnung schlägt noch um in „Unmut", „Unverständnis", weil sie „umgelenkt" wird, denn „die Welt ist dunkel"[330]. – Das Ungewöhnliche an den Gedichten des Bandes ist die Umkehrung der Entwicklung. Das zitierte Gedicht stammt aus dem 4. Teil des Gedichtbandes, in dem die Göttin Flora regiert; es ist ein Hinweis auf die Rolle der Frau bei der Überwindung dieser Schuld des Menschen. Dafür eine Voraussetzung ist, eine Reise wissend zu tun. Damit wird das Gegenteil des touristischen Massenbetriebs beschworen.

---

328 Scheuermann, S. 45.
329 Ebd., S. 7.
330 Ebd., S. 48.

Zukunftsreisen im Angesicht der Bedrohung

Neben der inflationär werdenden Unverbindlichkeit in der aktuellen Reise- und Wanderlyrik, denen Silke Scheuermann die Umkehr des Entwicklungsgedankens entgegenstellt, finden sich gedankliche Reisen in die Zukunft, im Angesicht einer bedrohten Menschheit. Das Gefühl wird bei einigen Lyrikern verstärkt durch prägende Erfahrungen in anderen Teilen der Welt, die oft noch abgelegen waren bzw. sind: Die Beispiele sind unterschiedlich; zuerst ist es ein Gedicht von **Margarete Wein** (geb. 1947, promovierte Germanistin mit langjährigem Aufenthalt in fremden Ländern, besonders in Mosambik). Nach frühen leidenschaftlichen Gedichten, die teils in Anthologien veröffentlicht wurden, äußerte sie sich erst wieder als Lyrikerin öffentlich nach ihrem Arbeitsleben:

Vision

ein urmeer / landlos / wie vor jahrmillionen / das die erde / ringsumhüllt
und irgendwann / im feuersturm / der sterbenden sonne /verdampft //
während wir / in den uns nachgeborenen / längst wandern / unter einem
andern stern /
auf anderen planeten / mit anderem gesicht // wann? // dann![331]

Drohende Apokalypse

Der Ansatzpunkt ist mit dem Silke Scheuermanns identisch: Die Erde hat sich so verändert, dass sie unterzugehen droht. Als Möglichkeit wird ein anderer Stern angeboten, weniger eine Realität als vielmehr eine Metapher für eine grundsätzliche Veränderung. Aber auch hier klingen Trauer und Angst durch, dass es so kommen wird; sie wird abgefangen mit spröder Ironie, die leicht zynisch klingt („wann? // dann").

Aufbruch ins All

Die Verfasserin setzt den Vorgang des Wanderns in einen menschheitsgeschichtlichen Zusammenhang: Der Mensch reist durch Zeit und Raum, der von Werden und Vergehen geprägt wird.

---

331 Wein, S. 25.

Das Gedicht warnt in dieser Zukunftsvision vor der Vernichtung der bewohnbaren Erde; die Ozeane haben das Festland überschwemmt, wodurch der Mensch gezwungen wurde, zu anderen Sternen zu reisen, um weiterleben zu können. Hier scheinen sich Erfahrungen der eigenen Reisetätigkeit nach Mosambik auszuwirken: die vom Wasser bedrohten Staaten, der Anklang des Märchenhaften – das Urmeer –, mit denen in bestimmten Ländern Entwicklungen ins Bild gebracht werden, das Verschwinden begrenzter Räume in einem Weltganzen usw.

Bezug zu Brecht

Es wird von Margarete Wein an die Geschichte der Menschheit erinnert, in der die Nachgeborenen das Schicksal tragen müssen, das ihre Vorgänger ihnen bestimmt hat. Damit schließt das Gedicht an Bertolt Brechts berühmtes Gedicht *An die Nachgeborenen* an. Ging es bei Brecht um die geschichtliche Verantwortung in den „finstren Zeiten", den Zeiten von 1933 bis 1945 in Deutschland, die durch politisches Handeln finster wurden, so geht es jetzt um das weltgeschichtliche Handeln des Menschen „unter einem andern Stern" zur Erhaltung der Erde. Das Gedicht sucht nach einem trochäischen Rhythmus, der mit einem Auftakt eröffnet wird (ein *ur*meer) und seinen Rhythmus auch findet, aber dann beim Vers „der sterbenden Sonne / verdampft" scheitert. Nun bricht das poetische Gebäude zusammen und muss erst, fast qualvoll, seinen Rhythmus wieder suchen, den das lyrische Subjekt, das für ein Wir spricht, schließlich auch unter neuen, anderen Bedingungen wiederfindet (unter einem andern stern / auf anderen planeten / mit anderem gesicht) und schließlich lapidar in dem Reim mündet, der nichts mehr zulässt: wann? – dann!

Dichterarzt

Ein drittes Beispiel, wenn auch anderer Art, für Neuansätze bietet der Dichterarzt **Jörg-Martin Pönnighaus** (geb. 1947 in Menninghüffen, heute: Löhne/Westf.), der vierzehn Jahre seines Lebens als Arzt in Malawi, sechs in Tansania, kürzere Zeiten in anderen Ländern, auf den Philippinen und in Indien unterwegs war und arbeitete. Im Alter zog er sich ins Vogtland zurück und widmete sich der Literatur. Pönnighaus lernte die fernen Länder kennen, als sie noch wenig vom Tourismus berührt waren, und erkannte dadurch Gegensätze, aber auch Grundsätzliches. Die Folge war

Tätigkeit im Ausland

> „eine Erweiterung meines Horizontes, wie ich sie kaum für möglich gehalten hätte. Ich erfuhr neue Landschaften, neues ‚seitenverkehrtes' Licht und vielleicht vor allem ganz andere Vorstellungen von der Wirklichkeit … Ich hörte Hexenfindern zu und ließ mir Geschichten erzählen von Dingen, die wir nicht glauben können." [332]

Sein medizinisches Wirken und seine Reisen in fremde Länder wirkten sich auf seine mehr als dreißig Bücher aus, Prosa und Lyrik. Eindrücke werden in seinen Gedichten mitgeteilt und Erfahrungen eines intensiv gestalteten Lebens; sie sind ernüchternd:

Soweit / ich auch gewandert bin / mit meiner kleinen Kerze, //
immer / blieb Dunkelheit / vor mir.
Und jetzt, / da ich müde geworden bin //
und mir das Licht / schon auf den Nägeln brennt? // Nichts. [333]

Malawianisches Tagebuch XVIII

Der Dichter hat ein ereignisreiches Leben geführt, das er in den Dienst der Gesellschaft stellte. Dabei war er unentwegt als Arzt und als Dichter auf Erkenntnissuche, um am Ende der Lebenswanderung über gültiges Wissen zu verfügen, mit dem die Welt zu gestalten und zu verändern wäre. Dabei verließ er die Heimat und

332 Bisher unveröffentlichte Selbstaussage von Jörg Pönnighaus gegenüber dem Autor von 2019.
333 Pönnighaus, *Auf leisen Sohlen*, S. 56 f.

ging auf große Reisen; die Suche nach Erkenntnissen aber blieb weitgehend ergebnislos:

Brief an Frau A.

Ja, / ich gehe hier fort, / endgültig, / im Dezember. //
Wissen Sie, ich bin Sinnlosigkeit / ja gewohnt. //
und kann lächeln, / wenn der Stein, / den ich hoch gewälzt habe,
wieder anfängt / hinunterzurollen. //
Nur wechseln / muss ich den Stein // von Zeit / zu Zeit.[334]

Es ist eine „endgültige" Reise, das lyrische Subjekt kehrt aus der Welt in die Heimat zurück. Nach Jahrzehnten intensiver Arbeit auf weltweiten Reisen hat sich an seinem Zweifel an der Entwicklung zum Guten, nichts geändert: Sisyphos ist seine Modellgestalt geblieben, nicht jener Sisyphos von Albert Camus, den man sich nach der Aussage des Autors als „einen glücklichen Menschen vorstellen" solle, weil „der Kampf gegen Gipfel (...) ein Menschenherz auszufüllen"[335] vermag, sondern der Repräsentant der Sinnlosigkeit. Pönnighaus' Reisen und seine Arbeit haben den Autor in der Grundhaltung bestärkt.

Die hier exemplarisch ausgewählten Neuansätze in der Gegenwartslyrik sind tastend und gegensätzlich. Aber sie stimmen darin überein, dass die Leichtigkeit und Natürlichkeit des Reisens – allen Last-Minute- und All-Inclusive-Angeboten zum Trotz – weitgehend verloren gegangen ist. Das bedeutet jedoch nicht, dass die Traditionen des Reisens, Wanderns und Unterwegsseins in der Lyrik aufgegeben werden, sondern diese Neuansätze rufen vielmehr dazu auf, sich mit ihnen im Licht der Gegenwart und aktueller Probleme zu beschäftigen.

---

334 Pönnighaus, *Tagewerk in Lugala*, S. 90.
335 Albert Camus: *Der Mythos von Sisyphos*. Hamburg: Rowohlt Taschenbuch Verlag, 1959, S. 101.

ZWÖLF FRAGEN AN JEDES GEDICHT

1. Wer ist der Reisende/Wandernde und auf welcher Reise ist er unterwegs? Geben Sie mögliche Orte an, auch fiktionale.
2. Wie ist das Verhältnis des Dichters zu dem Reisenden?
3. Welche Bedeutung hat die Reise in dem Gedicht für das Leben (von der Reise als Flucht, als Lebensführung, als Pilgerreise usw. bis zur Reise als Belanglosigkeit)?
4. Aus welcher Zeit stammen Gedicht und Reisender? Was wird an historischen Verweisen aus der Entstehungszeit in das Gedicht eingebracht?
5. Was wird an sozialen, privaten oder emotionalen Beziehungen des Reisenden auf der Reise erkennbar?
6. Welche Zeit wird in dem Gedicht beschrieben, unabhängig von der Entstehungszeit?
7. Unter welchen Voraussetzungen findet die Reise statt und mit welchem Ziel?
8. Stellen Sie Attribute zusammen wie z. B. „Koffer“, die für Reise und Wanderschaft in dem Gedicht zu finden sind, aber auch Transportmittel bzw. Bewegungsvorgänge wie „Kutsche“, „Eisenbahn“ u. ä.
9. Welche Stationen werden bei der Reise/Wanderung berührt und wie ist der zeitliche Verlauf der Reise?
10. Welche Erfahrungen, Entdeckungen und Erlebnisse mit welchen Menschen wurden gemacht?
11. Nennen Sie Attribute, die oft mit Reisen und Wandern in Verbindung gebracht werden wie „Nebel“, „Morgendämmerung“ u. a.
12. Lässt sich eine symbolische Bedeutung des Reisevorgangs feststellen, wenn ja, welche?

LITERATURVERZEICHNIS

Aktuelle Anthologien zum Thema

Greiff, Vanessa (Hrsg.): *Reisen. Gedichte*. Stuttgart: Philipp Reclam jun. Verlag, 2018 (RUB 19528) → (R).

Lindenhahn, Reinhard; Peter Merkel: *Lyrik: Reisen vom Sturm und Drang bis zur Gegenwart*. Kursthemen Deutsch. Berlin: Cornelsen Verlag, 2018 → (C).

Nachreiner, Arnhild: *unterwegs sein. Lyrik vom Barock bis zur Gegenwart*. Texte mit Materialien. Stuttgart, Leipzig: Ernst Klett Verlag, 2018 → (K).

Zitierte Werkausgaben und ausgewählte Sekundärliteratur

Albrecht, Wolfgang; Hans-Joachim Kertscher (Hrsg.): *Wanderzwang – Wanderlust. Formen der Raum- und Sozialerfahrung zwischen Aufklärung und Frühindustrialisierung*. Tübingen: Max Niemeyer Verlag, 1999 (Hallesche Beiträge zur Europäischen Aufklärung 11).

Arendt, Erich: *Kritische Werkausgabe*. Hrsg. von Manfred Schlösser. 2 Bände. Berlin: Agora Verlag, 2003.

Arnim, Ludwig Achim von; Clemens Brentano: *Des Knaben Wunderhorn. Alte deutsche Lieder*. Hundertjahrs-Jubelausgabe. Hrsg. von Eduard Grisebach. Leipzig: Max Hesses Verlag, 1906.

Bachmann, Ingeborg: *Die Gedichte.* Nachwort von Vera Hauschild. Leipzig: Im Insel Verlag, 1980.

Becher, Johannes R.: *Gesammelte Werke.* Hrsg. vom Johannes R. Becher Archiv der Deutschen Akademie der Künste zu Berlin. Berlin und Weimar: Aufbau-Verlag, Bd. 1–6: 1966–1973.

Benn, Gottfried: *Gedichte in der Fassung der Erstdrucke.* Mit einer Einführung hrsg. von Bruno Hillebrand. Frankfurt a. M.: Fischer Taschenbuch Verlag, 2006.

Bernhardt, Rüdiger: *Odysseus' Tod – Prometheus' Leben. Antike Mythen in der Literatur der DDR*. Halle-Leipzig: Mitteldeutscher Verlag, 1983.

Braun, Volker: *Texte in zeitlicher Folge.* 10 Bände. Halle – (Leipzig): Mitteldeutscher Verlag, 1989–1993.

Brentano, Clemens: *Gedichte. Erzählungen. Märchen.* 2 Bände. Berlin: Union Verlag, 1978.

Bobrowski, Johannes: *Gesammelte Werke in sechs Bänden.* Hrsg. von Eberhard Haufe. Berlin: Union Verlag 1987 (erschienen nur 1–4), Stuttgart (1998–1999, Bände 5 und 6).

Brecht, Bertolt: *Werke. Große kommentierte Berliner und Frankfurter Ausgabe.* Hrsg. von Werner Hecht, Jan Knopf, Werner Mittenzwei, Klaus-Detlef Müller. Berlin und Weimar: Aufbau-Verlag, Frankfurt am Main: Suhrkamp-Verlag, 1993.

Celan, Paul: *Die Silbe Schmerz. Ausgewählte Gedichte.* Hrsg. von Klaus Schuhmann. Berlin und Weimar: Aufbau-Verlag, 1980.

Chamisso, Adelbert von: *Werke.* Eingeleitet von A. Reimann (Meisterwerke deutscher Klassiker). Berlin: Verlag von Paul Oestergaard o. J. (1910).

Claudius, Matthias: *Der Wandsbecker Bote.* Hrsg. von Werner Weber. Zürich: Manesse Verlag, 1947.

Daemmrich, Horst S. und Ingrid: *Themen und Motive in der Literatur. Ein Handbuch.* Tübingen: Francke Verlag 1987 → S. 336–340 „Wandern" mit Literaturverzeichnis.

Dante Alighieri: *Die Göttliche Komödie.* Aus dem Italienischen von Philalethes (König Johann von Sachsen). Frankfurt am Main: Fischer Taschenbuch Verlag 2008, Nr. 90008

Deicke, Günther; Uwe Berger (Hrsg.): *Deutsches Gedichtbuch.* Berlin: Aufbau-Verlag, 1959.

Droste-Hülshoff, Annette von: *Werke und Briefe.* 3 Bände. Hrsg. und eingeleitet von Dr. Karl Martin Schiller. Meeersburg: F.W. Hendel Verlag (Meersburger Ausgabe), 1928.

Eichendorff, Joseph von: *Gesammelte Werke.* Hrsg. von Regine Otto. 3 Bände. Berlin: Aufbau-Verlag, 1962.

Enzensberger, Hans Magnus: *Gedichte 1950–2005.* suhrkamp taschenbuch 3823. Frankfurt a.M.: Suhrkamp Verlag, 2006.

Freiligrath, Ferdinand: *Werke in sechs Teilen.* Hrsg. von Julius Schwering. Berlin-Leipzig-Wien-Stuttgart: Deutsches Verlagshaus Bong & Co., o. J.

Freund, Winfried: *Deutsche Lyrik. Interpretationen vom Barock bis zur Gegenwart.* München: Wilhelm Fink Verlag, 1990 → Im Zusammenhang mit vorliegender Erläuterung finden sich darin Interpretationen zu Gryphius, Goethe, Eichendorff, Lenau, Hille, Trakl, Bobrowski u. a.

Fürnberg, Louis: *Gesammelte Werke in sechs Bänden.* Hrsg. von der Deutschen Akademie der Künste zu Berlin. Berlin und Weimar: Aufbau-Verlag, 1965.

Geibel, Emanuel: *Heroldsrufe. Ältere und neuere Zeitgedichte.* Stuttgart und Berlin: J. G. Cotta'sche Buchhandlung Nachfolger, 6. Aufl. 1902.

Goethe, Johann Wolfgang von: *Berliner Ausgabe. Poetische Werke.* Bd. 1 bis 3 *Gedichte und Singspiele.* Bd. 10 und 11 *Wilhelm Meisters Lehr-* und *Wanderjahre.* Berlin und Weimar: Aufbau-Verlag, 1962–66.

Golz, Jochen (Hrsg.): *Das wahre Glück, ein Mensch zu sein. Lyrik der Aufklärung und des Sturm und Drang.* Berlin: Rütten & Loening, 1973.

Günther, Johann Christian: *Werke in einem Band.* Hrsg. von Hans Dahlke. Weimar: Volksverlag (BDK), 1962.

Hartung, Günter: *Gesammelte Aufsätze und Vorträge.* 5 Bände. Leipzig: Universitätsverlag, 2002.

Hartwig, Ina: *Wer war Ingeborg Bachmann? Eine Biographie in Bruchstücken.* Frankfurt a. M.: S. Fischer Verlag, 2017.

Hebbel, Friedrich: *Werke in vier Bänden. Nebst zwei Ergänzungsbänden: Hebbels Tagebücher.* Hrsg. von Friedrich Brandes. Leipzig: Reclam (1912).

Heine, Heinrich: *Sämtliche Schriften.* 6 Bände in 7 Teilbänden. Hrsg. von Klaus Briegleb. München: dtv, 2005 → Band- und seitenidentisch mit der in München-Wien: Carl Hanser Verlag 1968 und öfter erschienenen Ausgabe.

Herder, Johann Gottfried: *Werke. Kritisch durchgesehene und erläuterte Ausgabe.* Hrsg. von Theodor Matthias. 5 Bände. Leipzig und Wien: Bibliographisches Institut o. J.

Hille, Peter: *Gesammelte Werke in sechs Bänden.* Hrsg. von Friedrich Kienecker. Essen: Ludgerus Verlag, 1984.

Hölderlin, Friedrich: *Sämtliche Werke.* Hrsg. von Friedrich Beißner. Leipzig: Im Insel-Verlag, 1965.

Huchel, Peter: *Gedichte.* Berlin, Darmstadt, Wien: Deutsche Buchgemeinschaft, o. J.

Kaléko, Mascha: *Sämtliche Werke und Briefe in vier Bänden,* Hrsg. und kommentiert von Jutta Rosenkranz. München: Deutscher Taschenbuch Verlag, 2., durchges. Aufl. 2013.

Kampa, Daniel (Hrsg.): *Wanderlust. Ein Lesebuch.* Zürich: Diogenes Verlag, 2012 → Neben einigen auch hier vorgestellten Autoren (Eichendorff, Wilhelm Müller, Mörike Hesse, Wilhelm Busch) werden zum Thema auch Beispiele internationaler Literatur und aus der Prosa geboten.

Karsch(in), Anna Louisa: *O, mir entwischt nicht, was die Menschen fühlen. Gedichte und Briefe.* Märkischer Dichtergarten. Hrsg. von Gerhard Wolf. Berlin: Buchverlag Der Morgen, 1981.

Kaschnitz, Marie Luise: *Nicht nur von hier und von heute. Ausgewählte Prosa und Lyrik.* Düsseldorf: Claasen Verlag, 1971.

Kästner, Erich: *Werke in sieben Bänden.* Hrsg. von Franz Josef Görtz. München Wien: Carl Hanser Verlag, 1998.

Kerner, Justinus: *Anthologie aus den Werken.* Nationalbibliothek der Deutschen Classiker, 72. Band. Hildburghausen und New York o.J.

Kirsch, Sarah: *Sämtliche Gedichte.* München: Deutsche Verlags-Anstalt, 2005.

Klabund: *Kunterbuntergang des Abendlandes. Lyrik, Kleine Prosa, Tagebücher, Briefe.* Berlin: Rütten & Loening, 1967.

Klopstock, Friedrich Gottlieb: *Gesammelte Werke in vier Bänden.* Mit einer Einleitung von Franz Muncker. Stuttgart: J. C. Cotta'sche Buchhandlung – Gebrüder Kröner, o.J.

Kolmar, Gertrud: *Weibliches Bildnis. Sämtliche Gedichte.* München: DTV, 1987.

Lasker-Schüler, Else: *Sämtliche Gedichte.* Hrsg. von Friedrich Kemp. München: Kösel-Verlag, 1966.

Lenau, Nikolaus: *Sämtliche Werke in einem Bande.* Hrsg. von G. Emil Barthel. Leipzig: Reclam, (1883).

Meyer, Conrad Ferdinand: *Sämtliche Werke in zwei Bänden.* Mit einer Einleitung von Christfried Coler. Leipzig: Dieterich'sche Verlagsbuchhandlung, 1956.

Mickel, Karl: *Schriften.* 6 Bände. Halle-Leipzig: Mitteldeutscher Verlag, 1990–2000.

Mörike, Eduard: *Sämtliche Werke in vier Büchern.* Hrsg. von Walter Heichen. Berlin: Verlag von A. Weichert, o.J. (1930).

Moritz, Karl Philipp: *Werke*. 3 Bände. Hrsg. von Horst Günther. Frankfurt am Main: Insel Verlag, 1981.

Mosen, Julius: *Sämtliche Werke in acht Bänden.* Oldenburg: Verlag von Ferdinand Schmidt, 1863.

Müller, Wilhelm: *Vermischte Schriften.* Hrsg. von Gustav Schwab in fünf Bänden. Leipzig: F. A. Brockhaus, 1830.

Nietzsche, Friedrich: *Werke in vier Bänden.* Hrsg. von Gerhard Stenzel. Erlangen: Karl Müller Verlag o. J. (ca. 1985).

Novalis: *Schriften.* Hrsg. von Paul Kluckhorn. Leipzig: Bibliographisches Institut AG, o. J.

Oswald von Wolkenstein: *Leib- und Lebenslieder.* Ausgewählt und übertragen von Hubert Witt. Leipzig: Dieterich'sche Verlagsbuchhandlung 1968 (Sammlung Dieterich Band 397).

Pinthus, Kurt (Hrsg.): *Menschheitsdämmerung. Ein Dokument des Expressionismus.* Deutsche Literatur Band 4, Reinbek bei Hamburg: Rowohlt Taschenbuch Verlag, 1959.

Platen, August von: *Sämtliche Werke in vier Bänden.* Mit einer biographischen Einleitung von Karl Goedeke. Stuttgart: J.G. Cotta'sche Buchhandlung, o. J.

Pönnighaus, Jörg M.: *Auf leisen Sohlen. Gedichte.* Oberhausen: ATHENA-Verlag, 2015.

Pönnighaus, Jörg M.: *Tagewerk in Lugala. Lyrik*. Frankfurt a. M.: edition fischer, 2009.

Preisendörfer, Bruno: *Als Deutschland noch nicht Deutschland war. Reise in die Goethezeit.* Berlin: Verlag Galiani, 2015.

Reich-Ranicki, Marcel (Hrsg.): *1000 Deutsche Gedichte und ihre Interpretationen.* Zehn Bände. Frankfurt a. M., Leipzig: Insel-Verlag, 1994.

Rilke, Rainer Maria: *Werke. Kommentierte Ausgabe in vier Bänden.* Hrsg. von Manfred Engel u. a. Frankfurt a. M. und Leipzig: Insel Verlag, 1996.

Ringelnatz, Joachim: *Das Gesamtwerk in sieben Bänden.* Hrsg. von Walter Pape. Zürich: Diogenes Verlag, 1994.

Rosenlöcher, Thomas: *Schneebier. Gedichte.* Halle, Leipzig: Mitteldeutscher Verlag, 1988.

Rosenlöcher, Thomas: *Die Wiederentdeckung des Gehens beim Wandern.* edition suhrkamp Neue Folge Band 685. Frankfurt am Main: Suhrkamp Verlag, 1991.

Sachs, Hans: *Ausgewählte poetische Werke.* 2 Bände. Sprachlich erneuert, mit Einleitung und Anmerkung versehen von Karl Pannier. Leipzig: Reclam o.J., (1879).

Sachs, Nelly: *Landschaft aus Schreien. Ausgewählte Gedichte.* Berlin und Weimar: Aufbau-Verlag, 1966.

Scheuermann, Silke: *Skizze vom Gras. Gedichte.* Frankfurt am Main: Schöffling & Co., 2. Aufl. 2015.

Schiller, Friedrich von: *Schillers Werke. Nationalausgabe (NA).* Hrsg. von 1. Bd. Julius Petersen und Gerhard Fricke, 2. Bd. Norbert Oellers und Siegfried Seidel. Weimar: Hermann Böhlaus Nachfolger 1. Bd. 1943, 2. Bd., Teil 1 1983.

Schiller, Friedrich von: *Sämtliche Werke in zehn Bänden. Berliner Ausgabe (BA).* Hrsg. von Hans-Günther Thalheim und einem Kollektiv von Mitarbeitern. Berlin und Weimar. Aufbau-Verlag, 1980 ff.

Schillers Briefe. Ausgewählt und erläutert von Karl-Heinz Hahn. 2 Bände (Bibliothek Deutscher Klassiker – BDK). Berlin und Weimar: Aufbau-Verlag, 1982.

Schubart, Christian Friedrich Daniel: *Leben und Gesinnungen, von ihm selbst im Kerker aufgesetzt.* 2 Bände 1791/93. In: C.F.D. Schubart's, des Patrioten, gesammelte Schriften und Schicksale. Stuttgart: J. Scheibli's Buchhandlung, 1839.

Seume, Johann Gottfried: *Ein Lesebuch für unsere* Zeit. Hrsg. von Peter Goldammer und Heinz Pietzsch. Weimar: Thüringer Volksverlag, 1954.

Silesius, Angelus: *Der cherubinische Wandersmann. Geistreiche Sinn- und Schlussreime.* Hrsg. und mit einem Nachwort von Erich Brock. Zürich: Diogenes Verlag, 1979 (Diogenes Taschenbuch 20644).

Stadler, Ernst: *Der Aufbruch und Verstreute Gedichte aus den Jahren 1910–1914.* Hrsg. von Martin Reso. Berlin und Weimar: Aufbau-Verlag, 1983.

Stoll, Andrea: *Ingeborg Bachmann. Der dunkle Glanz der Freiheit.* München: C. Bertelsmann Verlag, 2013.

Storm, Theodor: *Werke.* Nach der von Theodor Hertel besorgten Ausgabe neu bearbeitet und ergänzt von Fritz Böhme. 9 Bände. Leipzig: Bibliographisches Institut (1936).

Straube, Karl Robert: *Veränderte Landschaften. Form und Funktion des Landschaftsbildes in Lyrik aus der DDR.* Dissertation MLU Halle-Wittenberg, 2012.

Tieck, Ludwig: *Werke in drei Bänden*. Hrsg. von Gotthold Ludwig Klee. Leipzig und Wien: Bibliographisches Institut (1892).

Trakl, Georg: *Der Wahrheit nachsinnen – Viel Schmerz.* 2 Bände. Hrsg. von Franz Fühmann. Leipzig: Reclam jun., 1981.

Uhland, Ludwig: *Frühlingsglaube. Gedichte Betrachtungen Reden Briefe.* Hrsg. von Uwe Berger. Berlin: Rütten & Loening, 1974.

Waiblinger, Wilhelm: *Gedichte aus Italien*. 2 Bde. Hrsg. von Eduard Grisebach. Leipzig: Reclam, o. J.

Waiblinger, Wilhelm: *Werke.* Hrsg. von Paul Friedrich. Berlin: Dom-Verlag, 1922.

Walther von der Vogelweide: *Frau Welt ich habe von dir getrunken*. Gedichte. Hrsg. von Hubert Witt. Berlin: Rütten & Loening, 2. Aufl. 1980.

Weber, Carl Julius: *Deutschland, oder Briefe eines in Deutschland reisenden Deutschen.* Stuttgart: Gebrüder Franckh Verlag. Zweite, verm. u. verb. Aufl. 1834 → 1. Aufl. 1828.

Wein, Margarete: *ZeitDruck für Mußestunden*. Gedichte. Halle (Saale): Mitteldeutscher Verlag, 2009.

Werner, Hans-Georg: *Geschichte des politischen Gedichts in Deutschland von 1815 bis 1840.* Berlin: Akademie-Verlag, 2. Aufl. 1972.

Wiens, Paul: *Vier Linien aus meiner Hand. Gedichte 1943–1971*. Leipzig: Reclam, 2. Aufl. 1976 (RUB 510).

Zänker, Eberhard: *Johann Gottfried Seume. Eine Biographie.* Leipzig: Faber & Faber, 2005.

Zech, Paul: *Die Häuser haben Augen aufgetan. Ausgewählte Gedichte.* Hrsg. von Manfred Wolter. Berlin und Weimar: Aufbau-Verlag, 1976.

Zoozmann, Richard (Hrsg.): *Deutscher Minnesang*. Regensburg. Druck und Verlag von J. Habbel (1910).

NAMENSREGISTER

Sachregister